中国软科学研究丛书

丛书主编：张来武

“十一五”国家重点图书出版规划项目

国家软科学研究计划项目（2003DGQ1D089）

公共政策的风险评价

尹贻林 陈伟珂 王亦虹 著

科学出版社

北京

内 容 简 介

本书在对传统政策科学进行系统梳理的基础上，针对公共政策系统的特征，运用风险管理理论、系统分析理论和项目管理理论对公共政策领域的风险进行系统研究。采取流程图法和环境分析法相结合的综合辨识方法实现了公共政策过程中的风险辨识，基于控制区间和记忆模型创造性地构建了公共政策的风险评价模型，将工作分解结构和综合应急评审与响应技术相整合，提出一种全新的风险控制模式——风险分解和控制系统，从而为解决传统政策科学中所困惑的不确定性问题提供了一种全新的理论范式。

本书适合管理学、经济学和政治学相关专业的高校师生和科研工作者阅读，并可为政府部门提供理论指导和决策借鉴。

图书在版编目(CIP)数据

公共政策的风险评价/尹贻林，陈伟珂，王亦虹著. —北京：科学出版社，2011

（中国软科学研究丛书）

ISBN 978-7-03-031674-5

Ⅰ. ①公… Ⅱ. ①尹… ②陈… ③王… Ⅲ. ①政策-风险评价 Ⅳ. ①D0

中国版本图书馆 CIP 数据核字（2011）第 115118 号

丛书策划：林　鹏　胡升华　侯俊琳

责任编辑：陈　超　杨婵娟/ 责任校对：桂伟利

责任印制：李　彤 / 封面设计：黄华斌

编辑部电话：010-64035853

E-mail：houjunlin@mail. sciencep. com

科学出版社 出版

北京东黄城根北街 16 号

邮政编码：100717

http://www.sciencep.com

北京凌奇印刷有限责任公司 印刷

科学出版社发行　各地新华书店经销

*

2012 年 4 月第　一　版　开本：B5（720×1000）

2022 年 1 月第五次印刷　印张：12 1/2

字数：247 000

定价：59.00 元

“中国软科学研究丛书”编委会

总 序 PREFACE

软科学是综合运用现代各学科理论、方法，研究政治、经济、科技及社会发展中的各种复杂问题，为决策科学化、民主化服务的科学。软科学研究是以实现决策科学化和管理现代化为宗旨，以推动经济、科技、社会的持续协调发展为目标，针对决策和管理实践中提出的复杂性、系统性课题，综合运用自然科学、社会科学和工程技术的多门类多学科知识，运用定性和定量相结合的系统分析和论证手段，进行的一种跨学科、多层次的科研活动。

1986 年 7 月，全国软科学研究工作座谈会首次在北京召开，开启了我国软科学勃兴的动力阀门。从此，中国软科学积极参与到改革开放和现代化建设的大潮之中。为加强对软科学研究的指导，国家于 1988 年和 1994 年分别成立国家软科学指导委员会和中国软科学研究会。随后，国家软科学研究计划正式启动，对软科学事业的稳定发展发挥了重要的作用。

20 多年来，我国软科学事业发展紧紧围绕重大决策问题，开展了多学科、多领域、多层次的研究工作，取得了一大批优秀成果。京九铁路、三峡工程、南水北调、青藏铁路乃至国家中长期科学和技术发展规划战略研究，软科学都功不可没。从总体上看，我国软科学研究已经进入各级政府的决策中，成为决策和政策制定的重要依据，发挥了战略性、前瞻性的作用，为解决经济社会发展的重大决策问题作出了重要贡献，为科学把握宏观形势、明确发展战略方向发挥了重要作用。

20多年来，我国软科学事业凝聚优秀人才，形成了一支具有一定实力、知识结构较为合理、学科体系比较完整的优秀研究队伍。据不完全统计，目前我国已有软科学研究机构2000多家，研究人员近4万人，每年开展软科学研究项目1万多项。

为了进一步发挥国家软科学研究计划在我国软科学事业发展中的导向作用，促进软科学研究成果的推广应用，科学技术部决定从2007年起，在国家软科学研究计划框架下启动软科学优秀研究成果出版资助工作，形成“中国软科学研究丛书”。

“中国软科学研究丛书”因其良好的学术价值和社会价值，已被列入国家新闻出版总署“‘十一五’国家重点图书出版规划项目”。我希望并相信，丛书出版对于软科学研究优秀成果的推广应用将起到很大的推动作用，对于提升软科学研究的社会影响力、促进软科学事业的蓬勃发展意义重大。

科技部副部长

2008年12月

前言 FOREWORD

政策科学一直缺乏完善的概念体系和有影响的理论假设[①]。迄今为止，人们对什么是理性的、科学的公共政策等问题仍然不能确认；同时也无法理解为什么研究者提出了如此众多的关于公共政策的思想、理论和方法，政府仍然在公共政策问题上手忙脚乱、捉襟见肘、不得要领，实际的公共政策问题仍然堆积如山、错误百出、不可思议[②]。甚至，人们普遍的看法是政府自身制造的公共问题比所解决的问题还多，政府的政策与计划不仅没有给人们的生活带来益处，反而还降低了人们的生活质量[③]。

无论是政府面临的新问题，还是其本身的"固有无能"，都使政府和国家处于现实和潜在的风险之中。这种国家风险的承受边界既不是经济上的破产，也不是国家组织人员生理和心理上的崩溃，而是国家组织政权的稳定性[④]。也就是说，公共政策出现重大失误所导致的最为严重的后果将是政府危机、政权颠覆。而更为普遍的情况是公共政策一般意义上的失误，它将导致政府的公信力下降、政治制度基础受到侵蚀以及政治资源分裂等后果。简而言之，这些就是纯粹意义上的公共政策风险。

虽然早在20世纪中叶哈罗德·拉斯韦尔（Harold Lesswell）就已经提出，对政府决策行为进行科学的研究是现代政治科学的一项重要内容，但是他过分强调了决策过程的阶段化、科学化，没有看到政治决策的多样性、复杂性[⑤]。也就是说，拉斯韦尔所确定的政策科学研究的基本范式是基

---

① 叶海卡·德罗尔．2009．逆境中的政策制定．王满船，尹宝虎，张萍译．北京：国家行政学院出版社．1。

② 张国庆．1997．现代公共政策导论．北京：北京大学出版社．348。

③ 史蒂文·科恩，威廉·埃米克．2001．新有效公共管理者：在变革的政府中追求成功（第二版）．王巧玲，潘娜，王冬芳，等译．北京：中国人民大学出版社．1。

④ 王城．1997．竞争策略与风险管理．商务印书馆．301。

⑤ 王福生．1991．政策学研究．成都：四川人民出版社．4。

于政策决策过程，探讨如何将其科学化。这一点从政策科学的研究方法也能略见一端——目前政策科学所使用的研究方法主要有社会实验系统结构、比较研究和定量分析等。值得一提的是，其中的定量分析方法也是服务于如何使“决策科学化”的，即从有关政策的大量问题或现象中抽取一组特征量，进行分析并量化。有时还需要制定政策方案的数学模型①。可以说，对公共政策“科学决策”之中是否存在着不科学的风险，乃至“科学决策”之后是否存在不科学的政策执行风险问题，一直以来却少有研究者涉足。

同时，已有的政策理论和政策方法尽管为数不少，但大多具有过浓的纯学术的意味，或者具有典型的经院式哲学的气息。这就在无形中造成了教授与政府官员的隔阂，形成了政策理论与政策实践相分离的现象②。

本书正是基于以上现实，创造性地将发展较为成熟的风险管理方法引入政策科学研究领域，构建了公共政策风险评价体系，给出了政策科学研究的一种新范式，以解决政策科学传统理论和现实操作中令人困惑的不确定性的问题。本书采取流程图法和环境分析法相结合的综合辨识方法实现公共政策制定及执行过程中的风险识别，并针对公共政策风险的特点，采用 CIM 法对其进行风险评价。然后将普遍应用的项目管理技术——工作分解结构（WBS）和综合应急评审与响应技术（SCERT）相整合，提出一种全新的风险控制模式——风险分解和控制系统（RBCS），针对识别出的不同层级的各个风险，给出相应的响应对策。同时，根据风险评价过程中不同层级中各个风险的风险期望值，找出主要风险，针对这些主要风险重点实施相应对策。最后得出公共政策风险辨识与控制手册。

在本书即将出版之际，我们欣喜地得知广东省将在今年内全面推广实施重大事项社会稳定风险评估制度。为了从源头上防范由决策失误引发的不稳定因素，从 2008 年开始，广东省先后在广州、深圳等 6 个城市试点实施重大事项社会风险评估制度，该制度要求凡是绝大多数群众反对、影响社会稳定的事项都将被暂停或者是叫停。应当说，类似社会风险评估这样的制度应该越多越好，有赖于此，科学、民主公共决策的基石将更加稳固。一个敬畏民意的政府，必将具备足够的权威去推行为最多的利益相关群体认可或接受的政策，并消解可以预期、完全可控的风险③。

作者

2011 年 6 月

---

① 王福生 . 1991. 政策学研究 . 成都：四川人民出版社 . 21。

② 张国庆 . 1997. 现代公共政策导论 . 北京：北京大学出版社 . 362。

③ 佚名 . 2011-5-2. 公共政策尊重民意，社会风险必然可控 . 南方都市报，AA02。

目 录

CONTENTS

第一章 公共政策风险评价的重要性

现代公共政策是政府公共管理的重要功能，或者说，是公共管理的主要组成部分之一。公共政策也是政府与社会相连接的主要纽带。政府部门正是通过一系列的公共政策，实现对社会、经济等各个领域的发展导向，以及各项事务的管理，塑造良好的社会、经济和政治秩序。

——顾建光

第一节 公共政策对于现代社会的重要性

一 世界各国对公共政策的重视

在人类社会的发展进程中，存在着大量关系国计民生的社会现象，其中一部分构成社会问题，进而转化为政策问题（韩锋和史彦波，2010）。

公共政策有着悠久的历史，经历了漫长的演化过程。但是，由公共政策的演化实践产生公共政策科学，则是近期的事。从人类社会的政治发展历史来看，长久以来，国家和社会的公共权力都为少数人或少数的社会阶层（统治阶层）所掌控。以国王为代表的王公贵族无论是在名义上，还是在实际上，都享有、控制和掌握了国家几乎全部的公共权力，并且据此制定和执行服务于自我的国家政策。正因为如此，近代以来，资产阶级革命分子的矛头首先指向了“君权神授”的神权逻辑和“王位世袭”的封建法统伦理，提出了资产阶级的以自然法理论和契约论为核心的国家观，进而提出了“立法至上”的政治主张。在资产阶级革命取得胜利以后的相当长一段历史时期内，法律始终被认为具有决定性的意义，其与“立法至上”的政治主张相一致。相应的，由法律所决定的及为了保证法律得以顺利实行的政治制度、政治功能、政治行为的规则等，也始终为人们所普遍关注。20 世纪以来，尤其是第二次世界大战之后，随着社会公共事务的日益增加及其关系的日益多元化、复杂化和动态化，人们发现，法律制度具有重要地位。但是，仅仅依靠法律制度并不能有效地解决人类所面临的种种严峻的现实问题。为了应对不断涌现的、复杂的社会公共问题，政府需要制定出相应的政策。此外，需要强调的是，从根本上说，法律条文本身也是以先前的公共政策研究和决定为前提的。也就是说，现代社会法律的基础和依据正是公共政策。

顾建光在《公共政策风险引论》一书中指出：20世纪30年代以来，世界各国，尤其是发达国家，开始放弃“放任主义”的自由市场经济传统思维模式，已经将公共政策作为政府调控现代市场经济的一个不可或缺的重要手段。各国的实践表明，社会经济发展的程度越高，政府宏观调控的重要性就越明显，从而，公共政策的作用和影响也就越大。正是在这样的背景下，于20世纪50年代发端的公共政策研究兴盛起来，成为新兴学科。至今，虽然其发展只有50年的时间，但是由于社会急需，发展十分迅速，已成为当今一门注重实践应用的重要学科。在西方发达国家，公共政策是各大学培养公共管理硕士（MPA）的主要课程。一些学校还设立了公共政策硕士（MPP）专业学位。就学科来说，由于公共政策学科是新兴学科，其研究也侧重应用的实效方面，至今尚未形成完善的政策科学的理论体系（顾建光，2002）。

从我国的情况来看，虽然我国公共政策学科的引进和发展时间不算长，且研究者大部分是照搬外国的研究模式，但是近年来，公共政策对于我国经济、社会的建设与发展日益显示出重大的现实意义。

二 我国对公共政策的重视

从当今世界各国的发展历程可以看出，公共政策在公共管理中的重要性已经为大多数国家和地区所认同，并且在广泛的政策实践中得到印证。而在我国这样一个拥有庞大政府体系的国家，各个地区社会经济发展差异性大，各地方政府公共政策的模式不尽相同，政策问题和政策环境复杂多变，公共政策的制定及执行显得尤为重要（田欣颖，2010）。改革开放以来，为适应我国经济社会发展的需要，科学、有效的公共政策的制定显得尤为重要。近半个世纪的历史进程表明，我们所处的时代是一个更加重视知识和管理的时代。知识经济的到来使得一些包括管理实践、专门技术的知识门类引起人们的关注，并逐渐成为所谓的“显学”（通常是指与现实联系密切、引起社会广泛关注的学问）。现代公共政策学正是这样一门学科。1997年，江泽民总书记在中国共产党第十五次全国代表大会上指出：“要把改革和发展的重大决策同立法结合起来。逐步形成深入了解民情、充分反映民意、广泛集中民智的决策机制，推进决策科学化、民主化，提高决策水平和工作效率。”2002年党的“十六大”，尤其是十六届四中全会《中共中央关于加强党的执政能力建设的决定》明确提出，构建社会主义和谐社会。基本政策的完善是社会和谐治理的重要手段。基本政策的完善对社会和谐治理的贡献在于以宪法和法律或党纲的形式颁布新的政策以解决旧的基本政策无法解决的各种严重失衡的问题，从而达到人与人、人与社会、人与自然的和谐相处。要实现社会和谐治理就是要通过对基本政策的完善形成一个有利于构建和谐社会的政策（栗祎然，2010）。

从世界各国对于公共政策的重视中，可以看出公共政策科学对现代社会的重要性。而公共政策科学之所以会在较短的时间内迅速地兴起和发展，并得到世界各国的重视，一方面是由现代社会的特征所决定的。具体体现在，现代社会世界各国的公共政策所面临的已不再是单一、简单及基本稳定或是一再重复出现的社会问题和矛盾，而是大量出现的，相互关联、相互制约的，更加错综复杂、相互渗透的各类社会问题。这就使得公共政策的科学制定面临越来越多的难题，政府部门必须对其更加重视以应对不断涌现的社会问题。与此同时，社会公众所关注的问题及焦点，也不再是抽象的理念或原则问题，而是那些与切身利益密切相关的、特殊的公共政策问题，诸如环境保护问题、社会安全问题、经济发展问题、社会稳定问题、外交政策问题及住房、卫生、社会保障、公共交通等一系列的实际问题。由于这类问题直接关系到人们自身境况的改善，人们对这类问题的关注与日俱增。这就使一批具有较高学术素养，同时具备相当实际经验的学者和政府官员深切感到，应当建立一种能够兼容各相关学科优势，且能够解决各种现实问题的公共政策学。而包括社会科学和自然科学在内的诸多学科的不断发展，也为公共政策学科的形成提供了一定的理论基础和实用技术，现实社会公共问题的压力和未来发展导向的需要则为其提供了有力的发展推动力。从这一意义上说，公共政策学科的产生和发展是有其历史必然性的。另一方面，从负面的角度来看，公共政策制定与执行中的失误，导致一些国家行政的低效率，乃至引发社会的动乱、经济的倒退、财政的危机及在国际市场竞争中衰败，此类现象比比皆是。事实上，在许多发达国家，公共政策与公共行政已成为推动政府这部机器正常运行的缺一不可的两个轮子。公共政策必须靠公共行政来推行，而公共行政主要内容之一也就是制定和实施公共政策（顾建光，2002）。

第二节　公共政策研究现状及问题

一　西方公共政策研究发展及其特点

西方发达国家对于公共政策的研究，最初是从一般的咨询业萌发起来的。第二次世界大战以来，由于科学技术和社会经济的快速发展，企业经营活动已经不能仅靠经验，而需要许多专门的知识，从而需要各方面的专家进行参谋和咨询。于是，咨询业有了突飞猛进的发展。

从第一次世界大战到第二次世界大战前夕，西方国家为了应付经济危机、政治危机，解决国内种种矛盾，加强对外扩张和处理战争问题，先后建立了一些政府性的研究机构，如美国于 1919 年成立的“胡佛战争与和平研究所”、1921 年创建的“对外关系委员会”、1927 年美国的一些企业家创建的“布鲁金斯学会”。这些机构主要从事经济政策、外交政策和政府活动三个方面的研究咨询活动。

1933 年美国的“罗斯福新政”实际上是由罗斯福总统的智囊团提出来的。1932 年，罗斯福在竞选时就开始竭力网罗大批学有专长的人士为其出谋划策。当时的美国《经济时报》编辑詹姆斯·基兰把这些参与制定决策的人称为“brain trust”（脑库或智囊团），后来罗斯福总统也把他们称为“brain trust”。罗斯福的智囊团在霍普金斯的领导下，提出了如下的主张：加强政府对企业的干预，以大量贷款和津贴扶持工商业；运用各种财政措施，刺激私人投资；借助温和的通货膨胀提高物价，以刺激产业和对外贸易；缩减工业生产，销毁农产品以克服商品的生产过剩；建设大规模的公共工程以增加就业；对失业者提供最低限度的救济；对紊乱的金融制度进行整顿重建，暂停外汇买卖；扩大联邦储备银行的权限和范围等。罗斯福采纳了这些主张。“新政”对于缓和美国当时的危机，刺激生产复苏，起了一定的作用。也是从“新政”的实施过程中，罗斯福总统看到了智囊团的重要作用，他一直主张大力发展政策研究机构，使美国的政策研究机构在数量和质量上居于世界领先地位。

但是，就这个时期来说，政策机构的发展很不均衡。美国已经粗具规模，而其他资本主义国家几乎没有像美国那样的政策研究机构。即便是在美国，政策研究机构也没有纳入法律的轨道，尚未法制化、制度化。政策研究机构还没有建立一整套的组织体系和规范程序，还没有被社会广泛承认。

第二次世界大战以后，世界进入计算机和原子能的时代，政府面临的形势日益繁杂、瞬息万变，为应对这些复杂的局面，政府需要及时采取有效的政策措施，涉及许多学科，动态变化很大，不确定因素很多，随机性强，决策一旦失误就会酿成大错。任何领导人都不可能是万能专家，因此，必须依靠专家、学者，充分利用新的科学技术成果。

在这样的背景下，公共政策研究机构，即所谓的“智囊团”、“思想库”（think tank）出现了。其中最为著名的有美国的“兰德公司”（Rand，“Research & Development”的缩写）、“企业与公共政策研究所”，日本的“野村综合研究所”，英国的“伦敦国际战略研究所”等。这些政策研究机构后来不仅服务于企业，也服务于政府公共部门，在国内外享有很高的声誉，对这些国家公共部门战略和政策的制定产生了巨大的影响。政策咨询研究的范围也从经济、商务领域扩展到了政治、法律、环境、军事、外交等广泛的领域。

总的来说，发达国家现有的公共政策咨询机构具有以下一些主要的特点：

(1) 其研究工作多以问题为导向，没有严格的学科界限。一些大型思想库的研究范围极为广泛，囊括现代社会的各类重大问题。对这些问题的系统分析研究，单靠某一学科的知识显然是不够的，需要各个不同领域的专家学者的共同参与。

(2) 研究工作具有独立性。多数研究咨询机构在组织上一般不隶属于某个公共部门或者企业，不受其制约或控制，具有研究的独立性。

(3) 多数机构都标榜不以营利为目的，但它们通过多种途径筹集经费。主要经费来源于委托研究的合同收入，研究基金的募集，基金会、大企业以及私人的捐赠，出版发行各种研究成果的收入等。

(4) 研究机构集研究、咨询和培训于一体，要求研究人员也同时具备这三个方面的能力。三个方面相得益彰，取得了良好的效果。

(5) 在研究工作中广泛使用专职研究人员，却拥有众多的兼职研究人员，与此同时还建立了广泛的相关研究人员的联系网络。在得到研究课题的时候，就借助各方力量，联合攻关。

二 我国公共政策的发展

长期以来，我们党和国家一直高度重视政策的实践，并积累了丰富的经验。但是，一直未能根据国外成功经验形成适合中国国情的系统政策科学的学科。从我国的公共政策研究发展的情况看，在党的十一届三中全会以后，随着党的工作重心的转移，为适应以经济建设为中心和改革开放新形势的要求，政策咨询和科学决策在我国蔚然成风。尤其是近几十年来，我国政府实行的一系列切合我国实际的改革开放政策发挥了极为巨大的作用，使得我国经济和社会发生了翻天覆地的变化，取得了举世瞩目的成就。随着改革开放的深入，社会利益主体的多元化，公共政策对于不同的利益主体产生了切实的意义。随着社会的发展，人们也意识到决策的民主化、科学化和政策研究机构的多层次化、多元化的重要意义。纵观这一发展历程，我国公共政策研究大致可以划分为四个主要发展阶段。

第一阶段是从党的十一届三中全会至党的十二届三中全会，这是政策咨询业的萌发期。党的十一届三中全会开创了经济体制的改革，也为我国政策咨询业的发展奠定了发展的平台。此外，从 1979 年开始，党中央先后成立了中央书记处研究室、中央农村政策研究室，国务院三个研究中心，中央和国务院各部委也相继建立了政策研究机构。随后，全国各大省市如北京、上海、四川、辽宁等也都成立了研究室、政策研究室或经济研究中心。虽然它们的名称不尽相同，但其职责几乎是一致的，也就是为党和政府的决策提供咨询，发挥参谋作用。

第二阶段是从党的十二届三中全会到邓小平同志南巡。以 1984 年党的十二届三中全会为标志，中国的经济体制改革进入了第二阶段。此时经济体制改革的重点从农村转向城市，进入了经济体制全面改革的新阶段。由此，我国的政策咨询业也进入了一个蓬勃发展的新阶段。在这段时间里，公共政策研究把我国的改革和发展密切结合作为主要的研究特点。在体制改革方面，积极探索如何突破旧体制的束缚；在发展方面，努力寻求有利于解放生产力的新模式。围绕着价格改革、财税体制改革、外贸改革、企业改革等问题，中央和地方各级政策研究机构做了大量的研究工作。为形成全国统一的政策思路与方法，各级政策研究和咨询人员做出了重要贡献。

第三阶段是从邓小平同志南巡到党的“十五大”召开。1992 年邓小平同志视察南方并发表了著名的“南巡讲话”，改革发展的号角再次吹响，标志着中国的改革开放进入了第三个阶段。这一阶段改革的重点是冲破旧体制，建立社会主义市场经济新体制。经过十几年的改革开放实践，我国已经基本形成了一套符合中国实际的体制模式，即社会主义市场经济体制框架。在这个阶段，我国的政策研究在贯彻党的“十四大”精神的基础上，全面分析了在社会主义市场经济条件下经济发展过程中出现的一些带有规律性的问题，在系统阐述与进一步丰富社会主义市场经济的理论体系和体制框架方面，做出了积极的努力，取得了丰硕的成果。

第四个阶段是从党的“十五大”召开至今。1997 年召开的党的“十五大”，在高举邓小平理论伟大旗帜的基础上，科学地制定了党在社会主义初级阶段的基本路线和行动纲领，规划了把建设有中国特色社会主义的伟大事业全面推向 21 世纪的宏伟蓝图。从党的“十五大”召开到 2010 年的十几年，是我国实现第二步战略目标、向第三步战略目标迈进的关键时期，也是中国改革的攻坚阶段。而建立比较完善的社会主义市场经济体制在此改革阶段显得尤为重要，其目的在于更好地促进我国国民经济持续、快速、健康地发展。与此同时，我国公共政策的实施也必须紧紧围绕党的“十五大”所提倡的基本纲领和战略目标，深入地研究具有中国特色的社会主义现代化建设，尤其是研究中国如何迈向 21 世纪这一系列关键性的问题。

科学的公共政策决策对于改革开放和社会主义现代化建设的实践尤其在经济和社会发展方面起着举足轻重的作用，这一点已经为各级政府所认识。任何一项重大公共政策的颁布和实施都必须要经过政府和社会各级政策研究机构的充分论证与咨询。某个地区和城市是否能在经济、社会方面取得良好的发展也常常与当地政府能否科学决策有着必然联系。事实上，迄今为止，我国理论界对于公共政策这门学科的研究还存在很大缺陷，远远滞后于公共政策实践前进的步伐。

第三节　公共政策科学研究现状

一　公共政策科学存在问题

政策的重要性无可置疑，政策优劣决定事业兴衰，这是政策的权威性、选择性、阶段性、普遍性、强制性、问题解决性和未来导向性等特点使然。政策的优劣用“政策价值”表达，政策价值可以分为正价值、零价值和负价值。追求高的正价值是政策的理性目标。

高价值政策源于科学制定，然而凭直觉乃至好恶制定和实施政策，从而影响事业发展的教训众多，且目前依然存在。科学制定政策需要有效的政策方法论，需要政策研究和政策制定之间优势互补。但是，政策学在我国总体上仍处于“引进”阶段，尚未完成“消化、吸收尤其是创新”过程，从某种程度上说，目前我国政策科学研究领域更多的是借鉴西方公共政策科学的观点、范式、模型等。因此，符合国情的政策方法论研究目前尚处于空白。

近些年，国内一些有远见的公共政策学者对我国公共政策科学 20 年来的发展历程做出了很有价值的阶段性小结和评价。如表 1-1 所示：

表 1-1　公共政策科学存在问题综述

学者	意见
陈振明	指出我国公共政策科学在学术研究、人才培养和知识运用等方面都取得了显著的成就，但是，在理论发展中同样存在着不少的困难和问题：①对国外公共政策理论研究的新趋势、新理论和新方法以及新成就跟踪研究不够，对其成果的引进、消化和吸收能力较弱；②我国公共政策科学的学术根底不牢，学科分支领域分化程度低，分析方法尤其是定量分析方法缺乏；③对我国的政策实践尤其是政策系统、政策过程和现实重大的政策问题缺乏全面与深入的研究，学科本土化特点不够鲜明，理论应用的成果不突出
胡象明	认为目前我国的公共政策学科研究有以下几个问题：①从其他学科进行理论移植，套用其他理论的术语来解释政策现象，使政策科学缺乏应有的独创性；②从西方引进政策科学理论，学术语言和理论体系的西方味道太浓，使我国的公共政策科学缺乏本土化气息；③把公共政策科学当成了是对目前我国的方针、政策的介绍和概括，对政策过程规律性的研究较少，缺乏理论的深度
刘立京	指出当前我国公共政策科学研究的主要问题是理论的不成熟、体系的非制度化等，具体有：①学科的社会建制规模狭小；②公共政策科学研究方法单一和落后；③公共政策系统方面存在明显的缺陷；④比较研究薄弱；政策研究人员的知识结构和年龄结构的配置不合理；⑤学科综合化程度不高
徐湘林	指出我国的公共政策科学在借鉴西方公共政策理论方面过于被动和盲目，要摆脱当前的理论困境，必须使我国的公共政策科学走向本土化

资料来源：杨海华．近年来我国公共政策科学研究评估（2004—2008）．江南社会学院学报，2010，12（03）：64～68.

总结这四位学者的观点可以看出，他们一致认为：我国的公共政策科学面临的发展困境主要体现在理论创新能力不强、本土化研究缺乏、政策科学体系不规范、研究方法落后等几个方面。而目前我国学者针对这些问题对于公共政策的研究主要集中于三个方面：一是公共政策问题的界定研究；二是公共政策在执行过程中存在的问题及对策的研究；三是对于公共政策的评价方面的研究。

二 公共政策问题的界定研究

并不是所有的公共问题都是政策问题。詹姆森·安德森认为："从政策意图的角度看，政策问题可以被定义为某种条件或环境。这种条件和环境引起社会上某一部分人的需要或不满足，并为此寻找援助或补偿。寻求援助和补偿活动可以由那些受环境影响的人直接从事，也可以由别人以他们的名义进行。"威廉·邓恩认为："政策问题是有待实现的价值、需要或发展机会，它不管是怎样被确定的，都可以通过公共行为实现。"陈庆云认为："所谓公共政策问题，是指基于特定的社会问题，由政府列入政策议程并采取行动，通过公共行为希望实现或解决的问题。"（韩峰和史彦波，2010）

要判断政策问题的选择是否准确，应明确两个概念，即"问题"和"政策问题"。问题指的是"需要与现实之间产生了距离或者差距，从而出现了一种令人不满的状态"（陈庆云，2006）。而政策问题则指"有待实现的需要、价值或机会，不论其是怎样确定的，都可以通过公共行为实现"（邓恩，2003）。从政策问题的生成机理来看，社会问题能否成为政策问题，要依赖于政府的价值选择，政府选择做什么本身也是一件非常困难的事情。其次，政策系统中的诸要素要相互匹配（周柏春，2010）。

韩峰等（2010）在《关于公共政策问题界定的路径研究》一文中指出：政策问题是我们进行公共政策分析的起点，是公共政策过程的关键所在，政府公共部门的功能和公共政策的社会意义就在于及时有效地解决人类所面临的诸多问题，没有问题，政策也就无从谈起。而找出公共政策问题的关键是：①抓住问题的关键特征，进行系统分析；②重视政策议程的建立；③运用战略框架分析公共问题的利益相关方；④综合运用各种政策分析方法，搜索政策元问题。

政策问题的界定是公共政策动态运行的关键环节，是之后的各项工作的前提和基础。正如拉塞尔·L. 阿克奥夫在《重新设计未来：解决社会问题的一个系统方法》一文中所说："要想成功解决问题，就必须对真正的问题找到正确的方案。我们经历的失败常常更多的是因为解决了错误的问题，而不是因为我们为真正的问题找到了错误的解决方案。"（邓恩，2010）所以，正确地界定政策问题，就相当于解决了一半的问题。

三 政策执行问题研究

政策执行的研究源于西方，兴起于 20 世纪 80 年代的美国。早期公共政策学者把研究焦点集中在政策制定上，但 20 世纪 60 年代末美国政策执行的实践却让学者们大失所望，美国政府推行了一系列公共政策，但收效甚微，有的甚至完全失败。这引起学者们的重视，对政策执行研究开始兴起。1973 年普雷斯曼和韦达夫斯基对美国联邦政府的创造就业机会的政策项目——“奥克兰计划”执行情况进行了跟踪研究并完成了报告《执行——联邦的计划在奥克兰的落空》，之后越来越多的学者将政策研究的视角转向执行研究，并提出各种关于执行研究的途径、理论及模式。

（一）国外相关研究综述

西方学界对政策执行的研究工作可以划分为三个阶段：

第一代政策执行研究真正开始于 20 世纪 70 年代，其代表人物是美国学者普雷斯曼和韦达夫斯基。他们认为要使政策科学从理论的科学成为行动的科学，就必须研究政策执行问题，以便在政策制定与政策执行之间架起桥梁，给予政策执行以理论指导。他们以公共政策案例为实证，指出政策失败的原因不在于公共政策内容本身有问题，而是基层政府政策执行不力。第一代政策执行研究，正确地指出了公共政策制定和政策执行之间客观存在着严重的断裂层，但并没有指出政策执行产生梗阻的根本原因，且偏重于政策执行实务及个案研究，没有上升到理论高度。

第二代政策执行研究从 20 世纪 70 年代末延续到 20 世纪 80 年代末，其代表人物保罗·A. 萨巴蒂尔、丹尼尔·A. 马兹曼尼安等学者，采用自下而上的模式在第一代政策执行研究的基础上继续研究。他们偏重政策执行理论分析架构及模式的建立，提出政策执行以计划理性为基础；有效的政策执行取决于执行机关间的过程与产出；有效的政策执行是多元行动者的相互作用的结果；有效的政策执行在于基层官僚或地方执行机关的行政裁量权等观点。在他们的研究中开始渗入对利益的分析。第二代的研究虽然指出了影响政策执行的很多变量，但要把它们应用到更广泛的政策领域，还存在许多困难。而且研究只是强调州政府的作用，但没有系统地研究在州政府层次上进行的各种政策执行之间的差异，同时关于执行的诸多假设和主张也没能得到后来研究的验证。

第三代政策执行研究始于 20 世纪 90 年代，在第一代和第二代执行研究的基础上，西方学者开始研究政府间的政策执行。由于政府权力的扩张、利益的膨胀与公共事务日趋复杂，现代政府的政策过程不断被分割，愈来愈多的团体被允许参与政策领域，政策执行逐步多元化，这一事实促成了第三代政策执行研究中对利益影响政策执行研究的重视。麦尔科姆·L. 高金、兰德尔·雷普利、格雷斯·弗兰格林等学者认为典型的政策执行发生在一个复杂的关系网络中，其中多元参与者经常抱持着有分歧而且冲突的利益目标与期望。劳伦斯·奥托尔指出“执行在本质上是政府机关之间的合作问题，各机关可以基于正式权威、共同利益或者其他价值的交换来诱导合作的达成”。

（二）国内相关研究综述

我国对于政策执行的研究相对滞后。20 世纪 80 年代中国政策学研究才开始起步，至今为止学术界以政策执行阻碍问题为主要研究对象的专著数量甚少。金太军、钱再见、张方华和李雪卿（2005）所著的《政策执行梗阻与消解》在系统分析政策执行过程的基础上，探讨了政策执行梗阻的主要环节及其成因，并从构建有中国特色的政策执行体制、优化政策执行主体行为、健全政策执行制度环境等方面，提出对策、建议。

丁煌（2002）所著的《政策执行阻滞机制及其防治对策：一项基于行为和制度的分析》从我国基本国情出发，结合我国现阶段公共政策的实践特征，分别从行为分析和制度分析两个方面对我国现阶段政策执行阻滞机制及其防治对策作了较为深入、系统的探索。此外，张骏生（2006）主编的《公共政策的有效执行》等书中部分章节对政策执行中的偏差行为及其矫正策略有所涉及，但是并没有对该问题进行系统研究。其他有关政策执行阻碍的观点及论述散见于一些学者公共政策研究的书中，如宁骚的《公共政策学》、赵瑞峰的《公共政策分析——理论、方法与实务》、钱再见的《公共政策学新编》、樊钉的《公共政策》以及郭红玲的《公共政策学导论》等。

国内学者对政策执行的研究保持了持久的关注，取得了一定的成果，但是和实际政策执行所产生的众多问题相比，国内对于政策执行的研究还是相对薄弱的，目前的研究还不能适应现实的要求，还不能对现实问题做出有力的回应。一方面，许多政策执行的实际领域还未能关注到政策执行的问题，只是把更多的视线投注到政策的制定方面；另一方面，对政策执行理论的研究还非常缺乏，这也直接影响到我们对具体政策执行的论述深度（田欣颖，2010）。

四 政策评价问题的研究

从方法论的角度看，西方已形成较系统的公共政策评价方法体系。1965 年，美国政府出台了规划程序预算系统（planning programming budgeting system，PPBS）规定政府部门行动及其政策均要进行成本效益分析，计算“政策效益”；

1982年，在私有化浪潮之下的英国保守党政府通过财政管理动议（financial management initiative，FMI），将过往对政府部门赋予权限的做法以业绩报告所替代。随后，西欧国家大都如法炮制，但结果不尽如人意。1971年，美国政府废止了PPBS制度，并于1993年颁布了《政府绩效与结果法案》（Government Performance and Act，GPRA），英国及欧洲的FMI制度亦不了了之。个中原因较为复杂，但凸现的问题却十分趋同，并且主要集中于技术层面上，或者说评价的方法论上。20世纪80年代后，随着计算机技术的广泛应用，政府透明度愈来愈高，数据信息收集成本、时效性、系统性大为改善，政策评价方法基本成熟并形成系统。目前评价方法体系主要包括综合性评价法、形成性评价法、量化评价法和质量评价法、实验性评价法和开拓性评价法。这些方法的共同特点是引入政策收益函数，以数量评价为基础，并实现质量评价与数量评价的结合。

中国政策评价研究自20世纪90年代起步，近几年得到长足发展。在具体的评价方法上，李长江（2003）提出所谓“政府信用模型”，将政府信用分解为“政府资质”和“政府行为”，后者可等同于公共政策，进一步，以决策效果和政策履约率作为二级评价因子。不过，深究起来，这一评价模型不仅存在导向问题，而且无法操作。换言之，模型在公共政策评价的主体及如何评价等关键问题上模糊不清，但作为一种理论探讨，从政府功能及结构角度设计评价政府信用的方法不无价值。

目前，国内学者所开展的政策评估理论的研究中，多数学者遵循了“政策过程阶段”理论总体框架。即：将政策评估当作公共政策过程的一个必要环节，在政策制定过程中位于政策执行之后，认为政策评估即政策过程的终止阶段。所有提及政策评估内容的著作中，存在着对政策评估对象定位的学术争论，主要的观点可分为政策评估的“过程说”与政策评估的“功能说”，争论的焦点在于政策评估究竟是以政策效果还是以政策方案作为评估的对象。持“过程说”的观点强调政策评估的现在完成时态的特征，认为政策评估是整个政策过程的最后阶段，因此，政策评估以现行的政策为研究对象，意在判断一项特定政策的政策决定经过政策执行的实施后是否产生了预期的政策效果，产生了哪些效果，还存在哪些问题，问题是如何产生的，又如何解决问题、修正特定政策。而持“功能说”的观点强调政策评估的未来完成时特征，认为政策评估是一种应用广泛的功能，这种功能可以发生在整个政策活动的过程之中，而不仅发生于执行之后，其中以对政策方案的评估最为重要。

小　结

纵观世界各国的发展历史，可以发现政策的重要性已无可置疑。然而从公共政策科学的研究领域来看，多数学者在研究公共政策科学问题的界定、政策的执行以及政策的评价时，无一例外地认为公共政策过程中存在着风险问题，都提出了防范风险的要求，但均未见有具体的程序、模型提出。政府也常常因为许多政策风险难以估计而绞尽脑汁，又因为政策执行过程出现始料未及的风险而一时表现出束手无策。这些都说明公共政策领域急需一种科学的、可操作的、简而易行的手段对公共政策过程的风险进行定性和定量的分析，帮助决策者以用来提高公共政策的决策质量和实施效率。

第二章 公共政策与风险管理

第一节 公共政策相关理论

一 公共政策学

公共政策学是一门发展中的学科，是指权威的国家机构及公共团体为了实现特定的公共目的，对社会价值进行合理配置的决定与实施过程。它发端于第二次世界大战后几个主要的工业国家，其后迅速扩展到许多国家和地区。经过半个多世纪的发展，公共政策学已经成为第二次世界大战后社会科学领域发展最迅速、影响面最大、应用领域最广、实证性最强、社会效用最明显的学科之一。

（一）西方公共政策科学的发展

严格说来，西方现代政策科学是20世纪50年代以后才发展起来的一门社会科学学科。但是，政策科学作为社会科学中的一个研究领域在西方早就存在。在20世纪80年代以前，西方的政策研究还附属于经济学。80年代以后，这种情况发生了很大的变化。引起变化的一个重要原因是西方的一些国家开始重视对公共行政的研究，政策研究也随之进入了公共行政的领域。美国是最早建立公共行政科学的国家，因此政策科学较早在美国公共行政科学中得到发展。

1. 起步阶段（20世纪50～60年代）

作为一门社会学学科的现代政策研究是在第二次世界大战以后逐步出现的，它的建立与拉斯韦尔的名字是分不开的。早在1943年，拉斯韦尔就在他的一份备忘录中提到“政策科学”这一术语。1950年，他与卡普兰合著了《权力和社会：政治研究的框架》一书，书中正式使用了“政策科学”这一概念。1950年，拉纳与拉斯韦尔主编了《政策科学：范围与方法的新近发展》。在这一著作中，拉斯韦尔第一次对政策科学的学科性质、研究内容、发展方向作了详尽的论述。

在西方学术界，人们普遍认为，《政策科学：范围与方法的新近发展》的问世，是政策科学诞生的标志。从50年代开始，在西方，特别是在美国，出现了一场来势凶猛的“政策科学运动”。

虽然，拉斯韦尔在20世纪50年代初就指明了社会科学中的政策研究方向，但在此后的十几年里，除了在政策分析的定量方法及技术方面，特别是运筹学、系统风险、线性规划和成本-效益分析等方法及技术上取得成绩之外，政策科学的学科建设并没有取得重大突破。60年代中期以后，情况发生了改变，政策科学取得了迅速的发展。著名的哲学家托马斯·S. 库恩（Thomas S. Kuhn）（1962）的《科学革命的结构》在当时起到了方法论的解放作用，给政策科学的发展注入了活力。但为政策科学的突破做出贡献的是一批政策科学家及政策分析者，其中最突出的是叶海卡·德洛尔（Yehezke Dror）。其出版的政策科学三部曲——《公共政策制定检讨》（1968）、《政策科学构想》（1971）、《政策科学进展》（1971）构成了政策科学发展的第二个里程碑。

2. 发展阶段（20世纪70～80年代）

在整个20世纪70～80年代，政策科学研究获得了新的进展，在政策系统与政策过程的研究上取得显著的成就，特别是在政策评估、政策执行和政策终结方面形成了各种理论。首先，政策评估成为一个重要的研究领域。60年代美国联邦政府推行了许多重大的改革和发展政策，70年代对其中的一部分进行评估，这在客观上促进了政策评估研究的发展。其次，政策执行也成为政策科学研究的一个重要课题。

80年代中后期，政策科学研究出现了一些新趋势：一是加强了政策价值观和公共政策与伦理关系问题的研究，政策科学的研究者从政治哲学、案例分析、职业道德等角度或方面去研究政策价值观问题。二是政策科学与公共行政学日益融合，并出现了用公共事务来统指这两个领域的新趋势。美国政策科学或政策分析的最权威的组织——决策分析与管理学会成立，目的就是要沟通政策分析研究和管理研究，促进组织管理与公共政策的融合。三是政策研究的视野进一步拓宽。一些学者认为过去的政策科学片面地强调经济理性和技术理性，无法解释丰富多彩的政策现象，因此，这些学者主张用社会、政治和法律的理性取代经济和技术的理性。现在，政策科学在美国已经体制化了。

3. 最新发展（20世纪90年代至今）

20世纪90年代西方公共政策的研究表现出两种趋势：一种是对原有主题的深化，另一种是拓展新的研究方向。

对原有主题的深化研究，主要体现在两个问题上。一个问题是公共政策的伦理与价值。在90年代，学者们感兴趣的是究竟从哪些途径去探索公共政策的伦理价值。另一个问题是公共政策与公共管理的关系，这也是一个老的课题。90 年代学者们不再去讨论两者的区别，而是探索两者的结合。

拓展新的研究方向也主要体现在两个方面：一是开辟了新的研究领域，增强公共政策的应用性。公共政策学家开始将研究的兴趣转向一系列新的社会问题。二是加强理性意识形态。

（二）中国公共政策学的发展

中国公共政策学科于 20 世纪 80 年代中期在引进西方政策科学研究成果的基础上产生。经过 20 年的探索，在学界与政界的共同努力下，经过引进、吸收、消化、应用、挖掘、总结、探索、创新等阶段的发展，目前已成为中国公共管理学科乃至整个中国社会科学研究领域一个极为重要且富有活力的部分。中国公共政策科学研究取得了重要的进展，为学科发展、学术繁荣、人才培养和推进中国公共政策实践的科学化、民主化、法制化及提高公共政策质量做出了重要的贡献，主要表现为以下几个方面：

（1）使中国公共政策科学从政治学和公共行政中分离出来成为一个独立的研究领域，取得了自己应有的学术地位和社会地位。逐步确立了一个以公共政策问题、政策功能、政策类型、政策结构、政策主体、政策客体、政策环境、政策系统、政策价值等基本概念为基础的，由政策议程、政策规划、政策采纳、政策执行、政策监控、政策评估、政策终结等环节构成的，以公共政策运行过程为中轴，以政策科学方法论为重要内容的政策科学理论框架的科学。使公共政策科学与其他学科的科际界限越来越清晰。

（2）在学科化和组织化上取得重大进展。从学科化上看：一是开设了公共政策课程、创办了研究机构、培养了研究生。20 世纪 90 年代以来，在一些全国重点高校的政治学、行政学专业中，陆续开设了以“公共政策分析”、“公共政策”或“政策科学”为名称的课程。成立了从事公共政策研究的机构。一些著名高校也在其他专业的名目下，开始招收以“公共政策”、“公共政策分析”或“政策分析”为研究方向的硕士生与博士生。二是翻译出版了一批公共政策教材，发表了千余篇论文。20 年来，我国政策科学研究取得了显著的成果，发表或出版了一批有分量的论著、译著。其中，翻译出版的国外政策科学代表作如表 2-1 所示。

表 2-1　翻译国外政策科学代表作一览表

作者	书名	出版年
R. M. 克朗	《系统分析和政策相学》	1986
查尔斯・E. 林德布洛姆	《政策制定过程》	1988
斯图亚特・那格尔	《政策研究百科全书》	1990
詹姆斯・E. 安德森	《公共决策》	1990
史蒂文・凯尔曼	《制定公共政策》	1990
药师寺泰藏	《公共政策》	1991

续表

作者	书名	出版年
大岛秀夫	《政策过程》	1992
E. R. 克鲁斯克	《公共政策辞典》	1992
叶海卡·德洛尔	《逆境中的政策制定》	1996
拉雷·N. 格斯顿	《公共政策的制定》	2001
卡尔·帕顿、大卫·沙维奇	《政策分析和规划的初步方法》	2001
威廉·N. 邓恩	《公共政策分析导论》	2002
托马斯·R. 戴伊	《自上而下的政策制定》	2002
戴维·L. 韦默、艾丹·R. 维宁	《政策分析——理论与实践》	2003

国内的专家学者也撰写、出版了不少有关政策科学方面的著作或教材，主要著作如表 2-2 所示。

表 2-2 国内政策科学出版著作一览表

作者	著作	出版年
王捷文、石磐生	《马克思主义政策学》	1985
孙光	《政策科学》	1988
孙效良	《政策研究学概论》	1989
林德金	《政策研究方法论》	1989
桑玉成、刘百鸣	《公共政策学导论》	1991
郑新立	《现代政策研究丛书》	1991
张金马	《政策科学导论》	1992
王福生	《政策学研究》	1992
沈承刚	《政策学》	1996
陈庆云	《公共政策分析》	1996
张国庆	《现代政策科学导论》	1997
陈振明	《政策科学》	1998
刘斌、王春福	《政策科学研究》	2000
郭巍青、卢坤建	《现代公共政策分析》	2000
刁田丁	《政策学》	2000
宁骚	《公共政策学》	2000
郑传坤	《公共政策学》	2001
王传宏、李燕凌	《公共政策行为》	2002
陈振明	《公共政策分析》	2002
陈振明	《政策科学——公共政策分析导论》	2003
邱永林、刘斌	《马克思主义经典作家和党中央领导同志论政策》	1989
杨春贵、赵理文	《毛泽东政策策略思想研究》	1999
卫忠海、罗庆华	《邓小平政策观研究》	1999
马德普	《变革中的中国公共政策》	1998
刘溶沧	《中国：走向 21 世纪的公共政策选择》	1999
中国社会科学院公共政策研究中心	《中国公共政策分析》	2001～2010
郭振英、耿建新	《中国政策年鉴》	2003

另外，中国台湾、香港地区还出版了林水波和张世贤（1982）著的《公共政策》、林水波（1984）著的《政策分析评论》、张世贤（1986）著的《公共政策论析》、伍启元（1989）著的《公共政策》、林钟沂（1983）著的《政策分析的理论与实践》、曹俊汉（1997）著的《公共政策》等。同时，专家、学者们还在《中国社会科学》、《国外社会科学》、《中国行政管理》、《政治学研究》、《理论探讨》等刊物上发表了千余篇学术论文。

（3）向党政机关传播了公共政策方面的知识，使他们认识到，公共决策需要科学理论的指导，需要科学化、民主化和法制化。同时，更多地关注和参与中国公共政策实践，使高层决策机构在政策制定和执行过程中做到了制度化、程序化，并建立了相应的政策咨询系统、支持系统、评价系统、监督系统和反馈系统。在产业化和应用方面，政策科学及政策分析的理论方法和技术开始被运用到改革开放和经济建设的重大政策、方针的制定和重大工程项目的研究与论证之中，在推进决策科学化、民主化方面起到越来越重要的作用。

二 公共政策理论

（一）公共政策的概念

所谓政策，就是个人、团体或政府在具体情况下的行动指南或准则。人们使用了多种词汇，如“路线”、“战略”、“方针”、“策略”、“计划”、“措施”等，丰富了“政策”的概念。“路线”、“战略”可以被看做总政策；“政策”、“方针”可以被看做“基本政策”；“策略”、“计划”、“措施”可以被看做“具体政策”。

公共政策具有跨学科性质，人们运用政治学、社会学、经济学、统计学、心理学等学科的知识，集中分析研究政策制定、实施及评价。对公共政策的内涵，由于所处的研究角度不同，中外学者对其的界定也有所不同。在西方学者中，一种较有代表性的观点是：公共政策是“一种含有目标、价值与策略的大型计划”。他们认为公共政策是由政府机关和官员所制定的政策，即政府选择要做的某些事，或者它选择不去做的某些事。同时公共政策是对一个社会进行的权威性价值分配。政策的实质在于通过一项政策允许一部分人占有同时不让另一部分人享有某些东西。

我国学者对公共政策所做的定义中，较有代表性的观点有：公共政策是“党和政府用以规范、引导有关机构、团体和个人行动的准则或指南。其表达形式有法律、规章、行政命令、政府首脑的书面或口头声明和指示以及行动计划与策略等”。公共政策是公共权力机关经由政治过程所选择和制定的为解决公共问题、达成公共目标以实现公共利益的方案。政策是国家机关、政党及其他政治团体在特定时期为实现或服务于一定社会、政治、经济和文化目标所采取的政治行为或规定的行为准则，它是一系列谋略、法令、措施、办法、方法、条例等的总称。

众多政策研究者从不同的分析角度，应用不同的理论和方法研究政策现象，他们对公共政策概念做出不同的解释。表 2-3 是本书总结的一些代表性的政策概念的界定。

表 2-3 代表性政策概念界定

序号	代表人物	政策概念的界定
1	伍德罗·威尔逊	“公共政策是由政治家制定的，并由行政人员执行的法律和法规”
2	詹姆斯·安德森	“公共政策是由政府机关或政府官员制定的政策”，而“政策是一个有目的的活动过程，这些活动过程是由一个或一批行为者，为处理某一问题或有关事务而采取的”
3	威廉·邓恩	“公共政策问题与公共行动、需求、机会有关。公共政策问题表现为通过公共行动去追求某些需求的机会”
4	哈罗德·拉斯韦尔、卡普兰	公共政策是“具有目标、价值与策略的大型计划”
5	托马斯·戴伊	“凡是政府决定做的或不做的事情就是公共政策”
6	罗伯特·艾斯顿	公共政策就是“政府机构和它周围环境之间的关系”
7	戴维·伊斯顿	“公共政策是对全社会价值作权威性的分配”
8	斯图亚特·那格尔	“公共政策是政府为解决各种各样的问题所做出的决定”
9	叶海卡·德洛尔	政策制定作为“在指导社会行动的两个方案之间进行选择的自觉性意识”
10	埃拉·夏坎斯基	“政府的重要活动即为公共政策”
11	林水波	公共政策问题是社会上大多数人觉察到的，与他们的价值目标相冲突的、从而利益被剥夺的、必须向权威当局提出的、当局认为在其权限范围内可以采取行动来解决的社会问题
12	张金马	公共政策问题与个体、集团、政府部门、政府行动、政府议程有关。公共政策问题乃是通过个人与团体提出的、属于政府某些部门权限范围之内的、能列为政府议程的、必须采取行动的社会问题

公共政策定义的特征是：公共政策由特定的主体，即国家或政府、执政党及其他政治团体所制定和执行；公共政策具有特定的价值取向，要实现特定目标；公共政策是政府为解决特定社会问题以及调整相关利益关系而采取的政治行动；公共政策是一种行为准则或行为规范。

以上公共政策的定义可以总结为三类，如表 2-4 所示。

表 2-4　公共政策定义分类

代表人物	主要思想	主要内容
威尔逊·伊斯顿	“管理职能”为中心的政策界定	公共政策是政府为解决社会发展中的重大问题而实施的管理手段；公共政策是政府从自身利益和公众利益出发进行的具体管理；公共政策是以政府为主的、由各种利益个体与群体参与的管理活动
拉斯韦尔·安德森	“活动过程”为中心的政策界定	公共政策是政府有目的的活动；公共政策是政府动用大量资源，通过相关的规定、措施来实施决定的活动过程，公共政策是包括决定、实施等环节在内的具有连续性的活动过程
国内大多数学者	“行为准则”为中心的政策界定	公共政策是政府为实现某一目标而制定的谋略；公共政策是引导个人和团体行为的准则；公共政策是保证社会和某一区域向正确方向发展的计划或方案

每种界定虽然都存在某种程度的不足，但这些界定对于公共政策的研究范围和重点，具有十分重要的意义。公共政策概念的多样性并不是概念本身不准确和含混不清造成的，而是由于存在下面两种情况：一是公共政策是一个由多学科的知识交叉形成的边沿性、综合性的学科，由于它内容的复杂性导致其特征、同性的多样性；二是人们对公共政策的认识具有多视角、多层次的特征。

虽然上述对公共政策概念的界定侧重点各有不同，但我们仍然可以从中总结出关于公共政策的三点共识。

1. 公共政策是政府有选择的管理行为

它体现在如下四个方面：

(1) 社会管理。公共政策最终要解决的问题，都是那些要维持社会稳定与发展的大问题，明显地表现出社会管理的特征。

(2) 实际行为。公共政策是政府实际做的事情，而不是准备要做的事情。人们更看重政府为维护其政治统治的实际行动。

(3) 反复选择。公共政策是政府依据全社会利益及自身利益的需要不断选择的结果，既不是一般的政治行为，也不是泛泛的管理。

(4) 表现形式。公共政策从形式上看，既可以是积极的，也可以是消极的。“作为”或“不作为”的确定，服从于政府的整体利益。

2. 公共政策体现了有明确方向的活动过程

具体体现在如下四个方面：

(1) 明确目的。公共政策不是偶然行为所产生的结果，总是具有政府的明确目标。不同的政策问题，有着不同的目标。

(2) 活动过程。公共政策体现了政府的活动方式，而不是那些孤立的决定。一项政策既包括某一法律性的规定，也含有与之相关的贯彻实施规定的决定。

（3）连贯程序。政府所采取的一系列活动，它们不仅组成了相互依存、相互影响的连续过程，而且在时空上是有序的。

（4）放大效应。公共政策的制定与实施过程中，每一个环节的完善与否，都会对后续环节产生重大影响，尤其会产生“失真放大”效应。

3. 公共政策是政府制定的行为准则

具体体现在如下四个方面：

（1）政府主体。公共政策是政府的政策。无论是从广义还是狭义上的理解，制定公共政策的主体都是政府。由此可知公共政策与企业战略的界限是十分严格的。

（2）政治价值。政府代表统治者的利益，所以体现政府意志的政策，理所当然要维护统治阶级的利益与地位。

（3）权威地位。制定公共政策的主体，是以公共权力为后盾的，是社会的公共权威，其地位与影响力必然要求政策对象接受与执行合法的政策。

（4）普遍效力。公共政策不仅与社会的公共权威相联系，而且因为涉及面广，它的实施会对社会的利益关系做普遍的、直接的或间接的调整。

综上所述，可以得出以下结论：

（1）公共政策是对全社会的利益分配，而不是其他分配；

（2）公共政策是基于多种利益关系的有选择的利益分配，而不是盲目的分配；

（3）公共政策是通过综合各种利益矛盾后的利益分配，而不是孤立地就事论事式的分配；

（4）公共政策是要在实践中得到兑现的利益分配，而不是口头的或者纸上的利益分配。

综合现有观点，我们对公共政策定义如下：公共政策是政府根据特定时期的目标，在对社会公共利益进行选择、综合、分配和落实的过程中所制定的行为准则。这一定义可以从以下五个方面来理解：

（1）公共政策是政府的政策，是政府制定的行为准则，这些准则首先体现了政府的政治行为，是政府活动的产物。

（2）公共政策的本质是要解决利益分配问题，既包括物质利益的分配，也包括精神利益的分配。

（3）公共政策对利益的分配，是一个动态过程。这种过程大致有四个环节：利益选择、利益综合、利益分配与利益落实。

（4）公共政策对社会利益的分配，服从于政府的整体目标，或者更直接地说，服从于政府对利益的追求。

(5) 公共政策对社会利益的分配过程，是有时间与空间限制的。

同时要把握以下几个概念：

(1) 公共政策主体。公共政策的主体是公共权力机关和其他政治团体，具体包括立法机关、行政机关、司法机关、执政党等。公共政策具有权威性、强制性，与企业、个人等私人主体做出的决策、决定有根本区别。

(2) 公共政策目标。各项公共政策都有明确的目标，都是为了达到一定公共管理目的，无论是总政策、基本政策，还是部门具体政策，都具有这一特点。如实行计划生育是我国现阶段的一项基本国策，即基本政策，其目标是控制人口数量，提高人口质量，实现人与经济增长良性循环，资源、环境的可持续发展。

(3) 公共政策过程。从动态的角度看，公共政策表现为政策制定、执行、评估、监控与终结等完整过程。要实现公共政策目标，就需要在公共政策制定和实施的各个阶段、各个环节实行有效管理与控制，否则，难以达到政策约束目标。

(4) 公共政策形态。就公共政策表现形式而言，公共政策有法律、规章、法令、措施、办法、方法、通知、条例等多种形态，归纳起来，都是对政策对象提出的行为规范、准则。即要求政策对象做什么、不做什么，哪些行为是政策允许、鼓励的，哪些是政策限制甚至禁止的，以达到调节政策对象行为，规范经济、社会活动，实现政策目标的目的。

(二) 公共政策的本质与特征

从本质上讲，公共政策是公共权力机构和其他政治团体为维护社会公共利益而对经济社会运行所作的调控行为。而公共利益在不同时期、不同领域有不同含义。在阶级社会，公共政策是统治阶级意志、利益的集中反映，统治阶级的利益是以公共利益的面目出现的。公共政策的根本目的，在于维护社会的公共利益。因而其所制定的公共政策，表面是为了社会公共利益，但实质上是为了阶级统治的需要。在我国长达几千年的封建社会，在经济上推行“重农抑商”政策，政治文化上推崇儒家学说，就是为巩固地主阶级统治。我国目前实行以公有制为主体、多种经济成分共同发展的基本经济政策，反映了中国共产党作为执政党，对中国现阶段生产力发展水平的基本判断与政策主张。公共政策对其政策对象的调节，立足点在于利益关系特别是物质利益关系的调整。任何公共政策的制定、实施，都要消耗一定的人力、物力和财力，因而公共政策的制定与实施，实际上也是一种社会资源配置活动，通过调整人们之间的物质利益关系和其他关系，实现其政策目标。这也就要求公共政策的制定与实施能兼顾社会各方面的利益，化解社会矛盾，维护社会稳定，符合社会整体利益。

公共政策体现了公共权力机关维护公共利益的行为，与公共管理的其他范畴相比，公共政策具有权威性、强制性和公共性的特征。

（1）公共政策的权威性。权威性是指公共政策是由公共权力机构制定、实施的，如国家立法机关、行政机关、司法机关和执政党等，体现了国家的意志，反映了统治者的利益。政策的调控对象必须服从国家政策指令，不得挑战公共权力机构的权威性。当然，调控对象服从国家政策指令，并不是绝对地、无条件地服从，企业、个人和其他社会利益集团可通过相应渠道反映其利益要求，影响公共政策的决策。

（2）公共政策的强制性。公共政策的贯彻执行以国家机器的强制性为后盾。如政策调控对象违反国家政策意图，拒绝执行政策指令，公共权力机构会动用警察、监狱等进行处罚，保证各项公共政策的贯彻执行。因为公共政策的制定、实施必然影响到人们利益关系，所以在一般情况下，很难要求人们都自觉贯彻执行各项公共政策。最典型的当属国家税收政策。如果没有强制性的公共政策，可能没有哪一个国家可以筹集到巨额资金用以提供公共服务，谁也不愿意将自己的收入作为税收无偿奉献给国家。许多国家所谓人们自觉纳税行为，也往往是在政府严厉的处罚、制裁措施下逐步形成的习惯。

（3）公共政策的公共性。公共性是指公共政策的出发点和目的是为了维护社会公共利益。即各项公共政策的制定和执行，要维护大多数人的利益，增进全社会的福利，促进社会的文明和进步。即使在阶级矛盾突出的社会，统治阶级为了维护自己的统治地位，各项经济社会政策也要适当顾及被统治阶级，以及其他社会阶层的利益，以达到所谓“长治久安”的目的。

（三）公共政策的功能

公共政策的功能，是政策在实施过程中产生的作用与效能。公共政策功能可从不同方面进行归纳和总结，其最主要的功能有：指导功能、控制功能、协调功能、分配功能。如图 2-1 所示。

1. 公共政策的指导功能

指导功能是指通过公共政策的制定、执行，对人们的行为和事物的发展起到引导的作用。既明确了人们应该做什么、不应该做什么的界限，又使人们能够明白其中的理由。同时，公共政策的指导功能还能够为人们的行为和事物的发展提供一个明确的发展方向、目标，以充分调动人们的积极性，有效动员社会资源，进而实现政策所设置的目标。不过，对公共政策的指导功能也要有一个全面的认识，

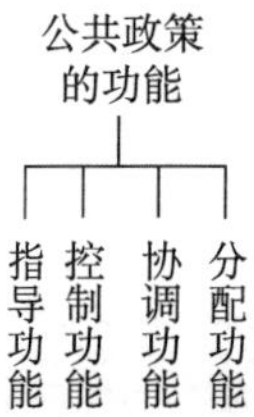

图 2-1　公共政策的功能

这种指导既有可能是正确的指导，也有可能是错误的指导。公共权力机构在公共政策的制定、实施中，需要努力认识、把握客观规律，尽可能避免制定错误的政策。在执行中及时纠正、终止不适当的政策，使公共政策能够促进社会生产力的发展，增进公共福利。

2. 公共政策的控制功能

控制功能是指公共政策对人们的行为和事物的发展进行调控和制约，以实现政策预期目标。在政策实施过程中，国家权力机构以政策目标为标准，对经济、社会发展和人们的行为进行调节，及时纠正其偏差，使之符合政策目标要求，这就是公共政策的控制功能。如政府确定了一定时期经济增长目标后，就根据经济运行实际状况进行控制和调节，在经济增长乏力、社会需求不足时，通过增加财政支出、减免税收、扩大信贷规模等手段，刺激经济增长；当经济增长速度超过预期目标、出现通货膨胀压力时，紧缩财政支出，收紧银根，防止经济出现过度繁荣，这正是公共政策的调控功能。国家公共权力机构都把公共政策的制定、实施作为治理国家的重要工具，作为统治者维护其利益的手段。

3. 公共政策的协调功能

协调功能是指公共政策在制定、实施过程中，能够协调经济、社会发展中出现的各种问题和矛盾，正确处理各种物质利益关系，以保证实现政策目标。公共权力机构之所以制定、实施各项公共政策，就是为了解决各种政治、经济和社会问题，达到维护公共利益、治理国家的目的。而这些问题的解决，必然涉及各部门、各单位、各地区，以及社会各阶层及其成员的利益，涉及局部利益与整体利益的矛盾、眼前利益与长远利益的矛盾、个人利益与国家和集体利益的矛盾、经济增长与资源环境和人口之间的矛盾等。公共政策的执行，就是要通过协商，有效化解上述错综复杂的矛盾，化不利因素为有利因素，化被动为主动，均衡各种物质利益关系，保持经济社会运行稳定与秩序，最终达到政策预期的目的。

4. 公共政策的分配功能

分配功能是指公共政策的制定和实施，最终影响到人们在国民收入分配中所占的份额。正如戴维·伊斯顿（David Easton）（1993）所说：“公共政策是对一个社会进行的权威性价值分配。一项政策的实质在于通过政策不让一部分人享有某些东西而允许另一部分人占有它们。”在公共政策中，除税收政策、预算政策、国债政策、财政补贴政策等分配政策外，其他公共政策也直接、间接地影响到人们在收入分配中所占的份额，这就要求公共政策的制定、实施，能够缩小社会成员之间收入差距，体现社会公平。如果公共政策实施的结果，是少数人从中受益，绝大多数人的利益受到损失，社会成员之间收入差距拉大，社会地位悬殊，必然引发和激化大量社会矛盾，使犯罪率居高不下，罢工、示威、游行不断，甚至导致社会危机和社会革命。不仅社会公共利益得不到保护，最终也会使统治阶级的根本利益受到损害。

(四) 公共政策的类型

公共政策作为政府对团体和个人行动的有效干预手段，存在于社会生活的各个领域。根据不同的标准，公共政策可进行不同的分类。如根据措施规定的详细程度，可分为纲领性政策和计划性政策，前者只是规定了总的方向和目标，后者明确规定了具体的行动方向和步骤。按照涉及领域的不同，可分为福利政策、环保政策、经济政策、卫生政策、教育政策等。

1. 一般分类

(1) 元政策。元政策是关于政策的政策，主要是指那些指导和规范政府政策行为的理念和方法。

(2) 基本政策。基本政策是相对于具体政策的主导性政策，它确定具体政策所应采取的态度、所应依据的假设，以及所应遵循的原则。任何一个国家或一个政治系统都会有若干基本政策或国策作为其根本的行动准则，在一些具体的法律、法规和政策条文中确定。

(3) 具体政策。具体政策可以从不同的角度加以理解。广义上说，具体政策是指除基本政策以外的所有公共政策，包括实质性政策、战略与策略、规则与程序等。狭义的具体政策则指实质性政策，包括政府的财政预算和发展计划，以及政府的经济、社会、教育等各个部门的相关政策。具体政策必须与基本政策保持一致，可由政府根据实际情况的变化随时改变。

2. 按照政策所涉及的领域分类

按照政策所涉及的领域不同，可将公共政策分为政治政策、经济政策和社会政策。

政治政策是政策主体为解决政治问题、调节政治关系、达到一定政治目的而制定的行为规范或准则。如政党政策、民族政策、外交政策、国防政策和公共安全政策等。在政治政策中，国家政权问题是其核心问题。

经济政策是政策主体为解决经济问题、调节经济关系、达到一定经济目的而制定的行为规范或规则。

社会政策是政策主体为解决社会问题、调节社会关系、达到一定社会目的而制定的行为规范或准则。社会政策的范围十分广泛，涉及科技、教育、文化、卫生、社会保障、环境保护、人口、宗教等领域。

不过，上述划分也具有一定相对性，各种政策之间存在相互交叉、相互影响的关系，不是截然分离的。以政府教育政策为例。它是一项影响十分广泛的社会政策，但教育方针的确定、课程体系的建立等涉及培养谁、为谁服务等一系列重大政治问题，因此是一个国家意识形态的重要内容，同时，教育活动所引起的各类消费行为，又是政府经济政策所必须考虑的重要因素。

3. 按照政策实施的时间分类

按照政策实施的时间不同，可将公共政策分为短期公共政策、中期公共政策和长期公共政策。

短期公共政策一般是指一年以内的政策，如年度预算管理、调控政策，年度社会发展政策等。短期公共政策是公共政策的重要内容。

与短期公共政策不同，中期和长期公共政策之间似乎没有绝对的时间界限，一般认为2～10年的为中期公共政策，10年以上的为长期公共政策。

长期公共政策体现了公共政策主体在一个较长时间内的政策导向，具有指导功能，为经济社会发展指明了前进的方向。如我国在改革开放后制定的“分三步走”的战略目标与政策。而中期政策则介于短期和长期政策之间，具有承上启下的功能，对短期公共政策具有指导性，并通过短期政策付诸实施，同时使长期政策进一步具体化，保证长期政策所确定的各项目标逐步实现。在中国，最为典型的中期公共政策当属五年的国民经济和社会发展规划所确定的各项经济社会政策。

4. 按照政策协调社会生活方式分类

按照政策协调社会生活方式不同，将公共政策分为分配性政策和调节性政策。分配性政策还可分为一般性分配政策和再分配政策。一般性分配政策是指公共政策主体为实现其政策目标，将一定量的社会资源分配给特定的社会集团、阶层或个人。例如，政府规定最低工资标准，保证劳动者的基本收入；政府将城市土地优先无偿或低价提供给公共教育机构等。在收入分配领域，一般性分配主要是指国民收入初次分配。再分配政策是在一般性分配的基础上，为体现社会公平、化解社会矛盾、维护社会稳定所进行的分配。

5. 其他政策分类

（1）单目标政策与多目标政策。根据政策目标的多少，政策可以分为单目标政策与多目标政策。单目标政策是为解决单一问题所制定的、比较简单的、目标单一的政策。多目标政策是为解决多项问题所制定的、比较复杂的、目标多元的政策。一般来说，涉及重大问题的政策一般是涉及因素较多、内容和结构复杂、目标较为分散、解决过程艰难的多目标政策。

(2) 激进型政策与保守型政策。根据后来政策与先前政策的一致性程度，政策可分为激进型政策与保守型政策。激进型政策是对先前的政策目标和手段有突破性改变的政策，它要求决策者勇于创新。保守型政策对先前政策或维持、或微调，但并非态度消极。

(3) 实质性政策与象征性政策。现实生活中不难发现，政府所制定和颁布的政策中有一些并不具有实体性功能，只具有符号作用，表现出象征性，而且政策制定者没有为这类政策的执行提供必要的资源和相关条件。象征性政策不同于实质性政策，政策目标不是产生明显的物质性效果，而是影响社会公众的思想意识或价值观念。

(4) 程序性政策与非程序性政策。根据政策问题的重复程度不同，政策可以分为程序性政策和非程序性政策。前者亦称例行政策、常规政策、定型化政策或重复性政策，按程序化的步骤和常规性的方法处理那些经常重复出现、性质非常相近的例行问题。但有时一项政策只是规定了一套程序，强调由谁去执行。

(五) 公共政策主体

主体本是一个哲学范畴，在现代哲学中，主体一般是指具有意识的人。19世纪德国哲学大师费尔巴哈从唯物主义角度认为主体是“实在和完善的人”。马克思认为，主体是能动的本原，是创造客观社会现实的综合体。而行为科学所讲的主体，即行为主体，是指行为的发出者或实施者，是指具有行为目的、行为意识和行为能力的人和以人为单位所形成的社会组织或社会群体。主体是一个对象性范畴，主体总是存在于人的对象性活动之中。公共政策是人通过自身的活动来解决社会中出现的问题的指导，因此人是政策运行的主体。在具体的政策活动中，人们以不同的方式、不同的结构履行着政策主体的责任。在政策执行过程中，不同的主体构成和不同的主体类型，其特点和活动方式是不一样的。

公共政策主体是相对于政策客体而言的，它是指在整个公共政策的运行周期中，在政策制定、实施与评估等阶段，对政策问题、政策过程、政策目标群体主动施加影响的人员。这里既包括个人，也包括群体或组织。由于不同国家社会经济、政治制度不同，文化传统各异，政策生命周期有别，因而公共政策主体所包含的内容与类别也是有差别的。

关于公共政策主体的构成，不同的政策学家有不同的看法。西方的公共政策研究者常常以官方与非官方或以政府内与政府外为标准来加以划分，比如区分为官方的公共政策主体和非官方的公共政策主体两大类。安德森(J. E. Anderson) 在《公共决策》一书中将政策制定者分为官方的和非官方的两大类：官方的政策制定者是指那些具有合法权力去制定公共政策的人们，包括立法者、行政官员和司法人员；非官方的政策制定者，包括利益团体、政党和作为个人的公民等。公共政策主体有时还被区分为政府内部的政策主体和政府外部的政策主体两大类，如琼斯（Jones）和马瑟斯（Metthes）在《政策形成》中分析了政策提案的来源，将政策提案者（即政策制定者）分为政府内部和政府外部两大类。政府内部的提案者包括行政长官（总统、州长、市长等)、咨询者、研究机构、议员及其助手；政府外部的提案者包括利益团体和协会、委托人团体、公民团体、政治党派和传播媒介等（那格尔，1990)。

我国也有学者从个体与群体的关系、政治体制内外关系，以及人们在政策制定与执行中的作用来研究公共政策主体的构成。从个体与群体关系的角度可以将公共政策主体区分为个体主体与团体主体。个体主体从表面上看是个人，但在公共政策的运行中又可以进一步区分为自然个人与组织个人，后者是指政党等。政策运行中的团体主体是指按照一定的信仰、目的和利益组织起来进入政策运行过程的行为群体，如民族、阶级、政党、利益集团等。从政治体制内外关系的角度可以将公共政策主体看成是主导者或决定者、介入者、参与者构成的一个系统。

在对公共政策主体进行分类时，通常可以分为国家公共法权主体、社会政治法权主体和社会非法权主体。国家公共法权主体指的是居于法律规定的法权地位、获得法律授权、享有公共权威并可以制定公共政策的机构与个人，如立法机关、司法机关、行政机关。社会政治法权主体通常是非官方的政策参与者，如政党、利益集团和作为个人的公民。社会非法权主体是指那些其宗旨并不在于参与制定政策，但却拥有能力在需要时能直接地和强有力地影响公共政策的社会行为主体，主要有不见诸于公众的利益集团、新闻媒体等。社会非法权主体也会影响公共政策的制定与执行。

政策主体还可以分为两大类：公共政策直接主体和公共政策间接主体。所谓公共政策直接主体，就是指直接参与政策制定、执行、评估和监控的个人、团体或组织，主要包括立法机关、行政机关、司法机关和政党。所谓公共政策间接主体，就是指间接参与政策制定、执行、评估和监控的个人、团体或组织，主要指利益团体和公民，如图 2-2 所示。

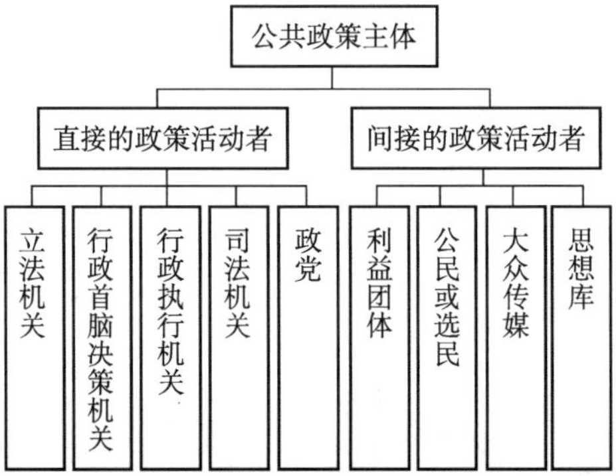

图 2-2 公共政策主体分类

1. 直接的政策活动者

（1）立法机关。立法机关在西方指国会、议会、代表会议一类的国家权力机构；在我国则指全国及地方各级人民代表大会及其常务委员会。

（2）行政首脑决策机关。行政首脑决策机关主要存在于西方国家，如总统。其有以下几项权利：

立法倡议。总统每年要向国会提交国情咨文、预算咨文和经济咨文，并就国防、科技、能源、环保、民权、福利等问题提出专门咨文。

立法否决。国会通过的立法须经总统签署方能成为法律。总统可以运用否决文书或议案搁置的方式行使其立法否决权。

委托立法。国会依法把立法权委托给总统行使。委托立法权涉及范围很广，尤以处理对外事务和紧急状态时更为突出。在总统直接行使立法权情况下，行政决策无须履行国会立法程序而直接以公共政策的形式颁布施行。

外交决策。总统在外交事务方面处于支配地位，行使主权国家的“固有权力”。

防务政策。从美国情况看，总统作为武装力量总司令，有权为“保卫国家权力”而采取一切必要的行动。

（3）行政执行机关。行政执行机关及其官员是政策主体的一个重要组成部分。由于行政权力的扩张，西方出现了“行政国”或“行政中心主义”的时代。我国宪法规定，中华人民共和国国务院即中央人民政府是最高权力机关的执行机关，而地方各级人民政府是地方各级权力机关的执行机关。

（4）司法机关。在美国，司法机关（法院）能通过司法审查权和司法解释权对公共政策的性质和内容产生很大影响，通过“司法判例”对经济政策和社会政策产生影响；我国司法机关也在政策制定过程中拥有某些类似的功能，但我国司法机关所作的司法解释不具有公共政策的一般特征。

（5）政党。现代国家的政治统治大都通过政党政治的途径来实现。西方国家一般采用两党制或多党制，我国采用中国共产党领导下的多党合作制。

2. 间接的政策活动者

（1）利益团体。公共决策从某种角度上可以看作利益团体之间互动、争斗和妥协的过程。在西方，利益团体影响公共决策的途径或方式是多种多样的，如游说、宣传、捐款、抗议。公共选择理论认为，利益团体是按“经济人”的行为动机及原则行事的，即追求自身利益的最大化。在我国，如何充分发挥利益团体的积极作用，尽量限制其消极作用，是必须认真对待的问题。

（2）公民或选民。现代国家的公民影响政府决策的主要途径有如下几种：以公民的身份，对某些重大政策问题直接行使权力；用间接的方式，选出自己的代表制定或修改并执行公共政策；使用各种方式（如请愿、示威游行、罢工、罢课等）去反对某些公共政策，迫使政府修改或废止某些政策，迫使政府将问题提上议事日程；通过参加利益集团，借助团体的力量影响公共政策；通过制造舆论的方式去影响公共政策；对政府通过并实施的政策采取合作或不合作的态度，以此影响公共政策结果等。

（3）大众传媒。现代大众传媒是政策主体的一个组成部分，大众传媒对政府的公共决策有着重要的影响，有时甚至是决定性的影响。

（4）思想库。这是一种现代的政策研究组织，如布鲁金斯学会、胡佛研究所、兰德公司、野村研究所都是世界著名的政策研究思想库。它们可以划分为以下几种类型：

官方思想库，隶属于政府及其职能部门，或是最高执行长官的智能团。

半官方思想库，一是政府出资支持重点研究课题，把研究工作纳入为政府服务的轨道；二是政府通过与政策研究机构签订合同，从而建立相互依存的关系。

民间思想库，是由民间发起，得到基金会或企业赞助的社会性政策研究机构。

国际思想库，是由不同国家的学者和官员组成的，以国际问题为研究对象的国际性政策研究组织。其研究范围往往涉及人类共同关心的问题，如环境保护、公共卫生、资源利用、人权政策等。

以主体在政策运行的不同阶段所发挥的功能为标准，可以将公共政策主体分为政策制定主体、政策执行主体、政策监控主体和政策评估主体。政策制定主体是指感知、处理政策信息，拟定、选择政策方案的组织或个人。政策执行主体是指将政策方案付诸实践以解决实际政策问题的组织或个人。政策监控主体是指为确保政策的合法性和有效性，对政策的制定与执行进行监督和控制的组织或个人。政策评估主体是指对政策效果、效益、效率等方面进行分析判断的组织或个人。

(六) 公共政策客体

公共政策客体指的是政策作用的对象，主要是指政策所要解决的社会问题，以及政策所影响到的个人、群体和社会利益关系，包括政策所要处理的社会问题和所要发生作用的社会成员两个方面。公共政策客体是相对于政策主体而言的。一方面，政策主体解决政策问题的目标和努力规定了政策客体的范围和性质；另一方面，政策客体也不是消极被动的，它也对政策主体起着限制和约束的作用。

从事的角度来说，公共政策所要处理的是社会问题、公共问题或政策问题。社会问题及政策问题不仅是一种客观存在，也是人们主观构造的产物。一种社会状况是否构成社会问题或政策问题，是与人们的主观判断紧密联系的。

从人的角度来说，政策作用的对象是社会成员。政策作用的范围不同，所以影响、调节和控制的社会成员及其行为的范围不同。

1. 目标群体

尽管政策的目标各异，类型千差万别，规模有大有小，但它总是表现为对一部分人的利益进行分配或调节，对一部分人的行为进行规范或指导。这些受到政策影响和制约的社会成员被称为政策对象或目标群体。

2. 影响目标群体接受和服从某一项政策的因素

(1) 政治社会化。所谓政治社会化是指人们在社会化的过程中，政治观念的树立和政治行为模式的形成。任何国家都会设法通过家庭、教育、传媒等渠道促成人们的政治社会化。如果这一过程较为成功的话，社会成员就会逐渐树立起支持现行社会制度的观念，能够理解公共政策中的一些折中方案。

(2) 传统思想观念和行为习惯的制约。政策往往会对目标群体思想和行为的改变提出一定的要求，其变化幅度在很大程度上影响目标群体对政策的接受和服从。在政策制定中必须考虑习惯的因素，掌握改变的幅度，如果能采取渐进方式就最好不要激进变革。

(3) 对政策形式合理与实质合理的看法。政策不仅需要实质合理，更需要形式合理。如果政策制定不符合法定的程序或违背法律原则，其被目标群体接受的可能性就会大大降低。

(4) 对成本收益的权衡。目标群体对某项政策的态度在很大程度上取决于其对利益得失的判断。如果他们认为接受此项政策比不接受此项政策所受的损失要大，就会采取抵制的态度。目标群体的利益得失是制度激励的关键，必须引起政策制定者和执行者的高度重视。

（5）对大局或整体的考虑。人不仅是“经济人”，而且是“社会人”，他们不仅会从成本和收益角度考虑问题，还会从整体和大局角度进行判断。如果他们认为某项政策从总体上看是合情合理的，是照顾大局的，那么即使牺牲一些个人利益、小集团利益、局部利益和眼前利益，他们往往也能够顾全大局，从长远考虑，接受和服从该项政策。

（6）避免受到惩罚。公共政策具有权威性。如果没有强制力作依托，政策就难以得到贯彻执行。惩罚只是手段而不是目的，为惩罚而惩罚实际上就是权力的滥用。

（7）环境条件的变化。随着时间的推移和客观条件的变化，人们的主观认识也会产生这样或那样的变化，一项最初不受欢迎的政策可能逐渐被人们理解并接受，一项最初深受拥护的政策可能逐渐被人们认清并抵制。

（七）公共政策环境

根据公共政策的含义，公共政策有一个动态的生命过程，或者说公共政策是一个开放的系统，即公共政策系统。戴维·伊斯顿曾建立了一个公共政策系统模型（张金马，1992），如图 2-3 所示。

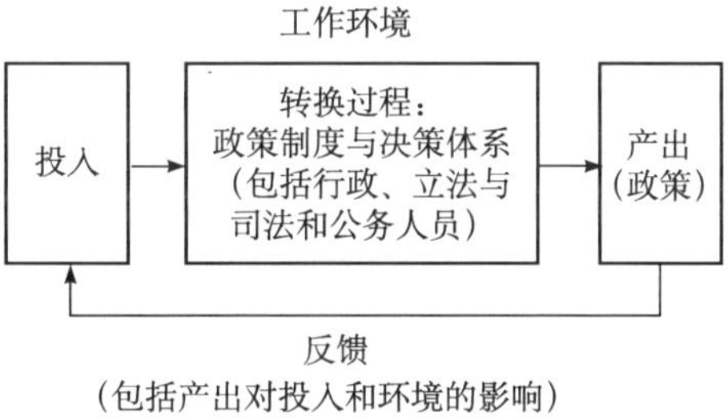

图 2-3　公共政策系统模型

在这个模型中，转换过程就是政策制定过程，涉及决策制度、构成决策系统的各个部分、决策方法等。投入指的是决策者可以获得的资源和信息、公众的支持与反对等，产出就是制定出的政策，工作环境是指与政策制度和决策体系有投入产出关系、直接影响政策制定的环境。此外，我们还要在工作环境外再加上范围更广阔的一般环境，其中包括社会、经济、文化、法律及自然环境等。通过这一模型，可以看出，影响公共政策的因素是多种多样的。我们也可以称这些因素为政策环境。

任何政府的公共政策活动或任何社会的公共政策过程都必须在一定的环境下进行。客观的地理资源、经济状况、政治状况、法治状况、社会状况和文化状况的总和构成了公共政策系统形成和正常运行的既定环境系统。因此，要使公共政策系统正常运行，就必须对其环境的构成与特征加以正确的认识。

何谓政策环境？美国学者詹姆斯·E. 安德森（James E. Anderson）（2009）认为，政策行动的要求产生于政策环境，并从政策环境传到政策系统。与此同时，政策环境限制和制约着决策者的行动。政策环境包括地理因素（如自然资源、气候、地形）、人口要素（如人口规模、年龄分布和地区分布）、政治文化、社会结构和经济体制。我们认为，所谓的政策环境，就是指影响政策产生、存在和发展的一切因素的总和。从系统论角度看，凡是影响政策存在、发展及其变化的因素都构成政策环境，包括自然环境和社会环境两大部分。自然环境主要是指一个国家的地理位置、面积、气候条件、山川河流和矿藏资源等，它对一国的内外政策具有影响和制约作用。社会环境主要包括：政治状况、经济社会状况、文化状况、教育状况、法律状况、人口状况、科技状况、国防状况等，它对公共政策有着更直接、更重要的影响，起着制约甚至决定的作用。

在政策环境的诸多因素中，以社会经济状况、体制或制度条件、政治文化和国际环境四个因素最为重要。下面对这四种因素分别加以讨论。

1. 社会经济状况

公共政策的经济环境是指：制定与实施某一项具体政策时，可能面对的和能够加以利用的总的经济状态，包括整个世界经济的格局与运行状态，一国或一个地区的经济体制、经济结构、经济发展速度、经济总量的总和。具体来说，政策主体必须时刻关心以下经济因素：世界经济格局，世界金融、贸易、投资体制与状态；一国或一个地区的经济体制，产业政策与产业结构，货币政策，金融机构及其监管机制，贸易体制与政策，消费品市场与生产要素市场的供求状况，税收政策与财政状况，个人收入分配差距与地区发展的不平衡程度，个人消费水平与特征等。

社会经济状况是公共决策制定的最重要的依据。政府要想制定出合理的政策方案，并取得预期效果，首要的和根本的原则是从本国或本地的实际情况尤其是社会经济发展的现实出发。这主要是因为：

（1）经济环境因素是制定、实施公共政策的基本出发点。公共政策的制定与实施涉及资源的配置问题。任何一个社会的政府都只能对社会资源的存量进行配置，因此，资源的分布与存量及现行的经济制度是公共政策制定的基础。

（2）经济实力是政策制定和实施的基本物质条件。公共政策的制定、执行和评估都要耗费一定人力、物力和财力，并需要一定的经济制度支撑，这些构成了政策过程的成本。政策制定必须在经济实力允许的范围内，在保留一定余地的情况下，对政策过程给予经济上的支持，并由此确定政策的可行性和有效性。

（3）经济环境会影响公共政策的经济目标和方向。现代公共政策体系中占主导地位的是政府的经济政策。政府不可能仅仅凭自己的主观愿望去制定和推行某些政策。不同国家的政府，一个国家不同地区、不同层次的政府，只能依据本国、本地的资源状况、经济情况来制定和推行适当的公共政策。现实的状况、实际的经济制度和结构制约着公共政策的经济目标与方向。

（4）社会经济利益的分配调节，是一定历史时期政策体系，特别是大量经济社会政策得以确定的主要根据。在社会生活各个领域里，人们之间的交往所发生的各种关系中，经济利益是最基本的关系。经济利益的不同及矛盾的发生，引发和加深了人们在政治、思想、文化生活中的其他利益需求的差别和对立。所以，一定历史时期政策体系的目标和大量经济社会政策的确立要依据社会特定经济状况及对它的分配与矛盾关系的调节。

2. 体制或制度条件

体制有各种类型，如政治体制、经济体制、文化体制、教育体制、科技体制等，其中以政治体制和经济体制最为重要。政治体制是指以政治权力的运作为核心的政治设置的总和，可以细分为领导体制、组织体制、行政管理体制、干部人事体制等。政治体制为公共决策过程提供外部政治组织环境，它决定或影响政策过程的特点。在不同的政治体制下，公共决策过程的内容和方式大不相同。民主政体和独裁政体的公共决策过程的特点截然不同，集权政治体制和分权政治体制的公共决策过程的特点也各不相同。政治体制也直接影响公共政策的制定和执行的质量，其影响包括以下几方面：

（1）政治环境决定着公共政策的政治性质。若公共权力掌握在占社会人口绝大多数的阶级、政党和利益群体手中，公共政策所要维护的就是绝大多数公众的利益；反过来，公共政策只能为社会公众中的少数人服务。

（2）政治环境决定着公共政策的民主化程度。在一个专制社会中，政策的制定与实施完全由少数官僚与政客操纵；公共政策不是实现社会公正的途径，而是维护少数特权阶层利益的工具。只有实现了政治生活的民主化，公众能够参与决策，公共政策才会成为增进社会民主的有效手段。

（3）政治环境决定着公共政策合法化程度。一项好的公共政策必须是合法的政策。公共政策的合法化程度是由整个社会的法治状况决定的。只有在一个法律制度健全，司法独立，真正做到依法治国、依法行政的社会中，公共政策才可能从内容到形式都实现合法化。有了合法的政策，再有完善的法治环境，公共政策才能得到贯彻实施。

经济体制是指在一定所有制基础上的组织、管理国民经济的体系和制度，规定了国家经济政策的基本方向和特点。经济政策是在经济体制下形成的，不同经济体制及完善程度不同的管理制度、方法和组织形式，会产生不同特点的经济政策和政策效果。其中，现行经济体制是制定经济政策直接的、基本的依据，对现行经济政策影响最大。

政治体制和经济体制的变化，使我国公共政策的客观环境今非昔比，要求对转型时期的公共政策进行改革，从而与变化了的社会结构、体制及其运行机制相适应，发挥其应有的政策功能。

3. 政治文化

根据加布里埃尔·A. 阿尔蒙德（1987）这位当代政治学界的权威人士的观点，政治文化是指一个民族在特定时期流行的一套政治态度、信仰和感情。政治文化是由本民族的历史和现在社会、经济、政治活动进程所形成的。政治文化是“政治体系的心理方面”。《国际社会科学百科全书》把政治文化解释为：“在一定的政治机制中支配人的行为的设想、原则，规范政治过程的程序、方式，包括心态、信仰、情操等内容的一个概念。”《政治学分析辞典》（普拉诺等，1986）则把政治文化界定为：“每一个社会内由学习和社会传递得来的关于政府和政治的行为聚集，政治文化通常包括政治行为的心理因素，如信念、情感及评价等。”

政治过程实质上就是决策和制定政策的过程，政治过程的结果和最终产品是政策。从一定意义上说，政策选择也是一种文化选择，而政治文化即“选择文化”。由此可见，政策选择难免要受到政治文化的制约。因而政治文化对政策过程有着深远的影响，主要表现为以下几点。

1）对政策输入的影响

系统论者把政策制定过程看作一个“输入—转换—输出”的系统：环境作用于政治体系，产生了政策信息，政策信息在政治体系内部转换为公共政策，成为政策输出；政策输出的同时，就开始了执行与评价过程，产生的作用和影响通过反馈渠道再次输入政治体系。

在现实生活中，人们对公共政策的种种要求和支持即为政策信息。这种要求和支持进入政治体系为输入。政治文化对政策输入的干预效应是全面的，它不仅影响政策输入的数量、内容、强度，还影响政策信息进入政治体系的方式。

2）对政策体制的影响

政策信息进入政策体系后，经过加工处理才能转换为公共政策。政策体制就是这样一个由政策制定者和介入者组合而成的加工处理政策信息的机器。它包括政治首脑、行政机构、立法机构、研究机构、利益集团、政党等内存。由于政治文化不同，这种组合在不同的国家会呈现不同的方式，从而对政策制定产生不同的影响。

3）对政策执行的影响

影响政策执行的因素是多方面的，既有政策本身的因素，又有政策以外的因素。政策本身的条件，如政策目标是否清楚、政策宣传是否适度、政策资源是否充盈、政策手段是否得力等固然关系重大，但政策本身以外的条件，特别是政策执行机构、目标团体与既定政策的政治文化取向是否一致，也是一个很重要的因素。政策执行机构与目标团体对政治结构的取向（包括对政治体系合法性的看法），对政治结构的输入与输出的认知与评价，对政治体系其他层面的取向（包括民众的政治认同感、政治信任感），对自己政治活动的取向（包括民众所持的政治能力感与政治效应感），都会影响到政策执行的目标效应。

政治文化作为政策系统的文化背景，影响到政策过程的各个阶段。我国政策制定和执行的过程也不例外，政治文化的影响随处可见。一方面，由于我国公民具有较强的政治认同感、政治信任感和良好的政治宽容精神，政策资源的动员及调控组合较为容易，从而使党和国家的政策选择能够在一种较为平和的气氛中进行；另一方面，由于我国公民整体上对自己的公民角色的认知程度还比较低，政治能力感和政治效应感相对较弱，尤其是在心灵深处还潜藏着不少保守和僵化的、与现代化建设格格不入的政治准则、政治情感等，使党和国家在新时期多项重大政策的实施都遇到来自政治文化方面的障碍。

4. 国际环境

一个国家或政府及公共机构制定、实施公共政策时，不仅要面对国内环境系统的各种要素，还需要认识和估计全球环境要素与国际环境要素。公共政策的全球环境要素指的是，世界范围内政治、经济、文化演变发展的一般趋势、秩序和相应的规则。公共政策的国际环境要素指的是，对一个国家或地区的生存与发展产生影响的，由国家间、国际组织间的竞争、合作、冲突所形成的带有一定稳定性的政治、经济、文化关系。

首先，国际环境影响着公共政策的价值选择。当代世界和平与发展的主题要求各国政府将主要的注意力集中在经济建设上，尤其是发展中国家，应当全力以赴地把经济搞上去。但是，合理的多极化世界格局和秩序还没有建立起来。

其次，国际环境影响着公共政策的目标选择。全球化趋势为发展中国家技术的进步、资金的引进、产业的升级提供了机遇。这就要求发展中国家在制定新的经济政策、科技政策时，把目标放在积极参与世界经济的分工与流通上。同时，经济全球化又是一把双刃剑，它也会对发展中国家的经济、政治、教育、科技、文化等方面产生巨大的冲击。因此，发展中国家在制定相关政策时，不得不考虑捍卫国家主权、维护国家安全等方面的目标。

再次，国际环境影响着公共政策的途径选择。在既充满机遇、又潜伏危机的国际环境中，各国政府在制定和实施公共政策时，一方面要选择加强国际合作的政策途径，通过双边的、多边的合作，壮大自己；另一方面，又要利用已有的国际规则，依靠实力参加竞争，在竞争中发展自己。

(八) 公共政策系统

现代化、科学化的公共政策系统是由信息、咨询、决断、执行和监控五个子系统所构成的。政策过程及其各项功能活动是由这些子系统共同完成的，这些子系统各有分工、相互独立，又密切配合、协同一致，促使政策系统的运行得以顺利地开展。

1. 信息子系统

信息子系统由掌握信息技术的专门人才所组成，从事信息的收集、整理、储存和传递等活动，为公共决策提供信息资料。从某种意义上说，公共决策过程就是信息的流动与转换过程，信息是政策制定、执行、评估和监控的依据，没有信息，这些活动就无法展开。

现代社会是信息社会，公共决策也告别了以往手工处理资料的方式，产生了现代化的信息科学及信息技术，产生了拥有现代化的先进设备和现代化的管理方式的信息子系统。

信息子系统在政策过程中具有重要的地位和作用，它是政策系统的神经系统，为政策制定、执行、评估和监控及时地提供各种准确、适用的信息。

信息子系统在公共政策活动中的主要作用如下：

(1) 信息的收集。原始资料的收集是信息处理的基础，只有获得大量的原始资料，才能保证信息的完整性和正式性，从而准确地反映客观的情况。所以，信息子系统必须通过各种手段和途径，千方百计地收集内部和外部的有关资料。

(2) 信息的加工处理。获取信息的目的，是为了满足政策过程的需要，信息子系统提供的信息是制定政策的依据，因此必须准确、适用。而收集的原始资料往往多而杂，其间也难免掺进失真的信息，因此在取得大量的原始资料之后，必须对这些资料进行认真的分析、整理，这就是信息的加工处理。它包括三方面的工作：一是纯化——通过整理加工，去粗取精，去伪存真，剔除多余的资料；二是归类——将最初收集的杂乱无章的原始资料，按照政策制定的需要，进行分筛或合并的处理；三是储存——把那些经过加工、整理的信息，按照一定的分类编序储存起来，以备检索、使用。

(3) 信息的传递。信息是为公共决策服务的，因此必须把各种信息及时地传递到决策者的手里。信息的传递有两个基本要求：一是迅速，在现代社会的竞争中，谁先获得信息谁就可能获得主动、取得优势；二是准确，必须防止信息在传递过程中损失、失真，使用的术语要准确、清晰。

2. 咨询子系统

咨询子系统又称参谋子系统或智囊子系统，它是由前述的现代政策研究组织及各种专家、学者所组成的子系统。它集中专家们的智慧，运用科学的方法和技术，为公共决策提供方案和其他方面的咨询服务。咨询子系统是现代化的公共决策系统的一个重要组成部分，它参与公共决策活动，在其中发挥着参谋、咨询的重要作用，保证公共决策科学化、民主化。

咨询子系统在政策制定活动中的主要作用如下：

(1) 政策问题分析。咨询子系统成员运用现代科学知识、方法及技术，对政策的有关问题进行分析。

(2) 未来预测。科学的预测是正确制定政策的基本前提之一，咨询子系统的成员具备这方面的专门知识和技术，能够对事物的未来发展状况做出比较准确的估计。

(3) 方案设计及论证。政策方案设计论证是一项技术性很强的工作，通常要由咨询子系统来从事。

(4) 其他政策相关问题的咨询。咨询是智囊团的主导功能，智囊团可以根据对有关政策问题的客观分析，主动向政策制定部门提出自己的意见，也可以应政策制定部门的请求，参加有关问题的“会诊”，提出意见和建议。

(5) 参与政策评估并反馈信息。在政策过程中，咨询子系统参与政策评估，并反馈系统，即分析政策实施中的问题，并提出对策，及时提供给政策制定部门，以便修正原有政策中的问题，使政策更加完善。

在现代公共决策系统中，咨询子系统占有重要的地位，充分发挥这个子系统的作用，是公共决策科学化、民主化的一个重要条件。缺乏成熟的咨询子系统是目前我国公共决策系统中存在的一个不足。

3. 决断子系统

决断子系统也称中枢子系统，它由拥有决策权力的高层领导者组成。决断子系统在整个公共决策系统中居于核心地位，是公共决策活动的组织者，又是政策的最终决定者，领导公共决策活动的全过程。

决断子系统在公共决策过程中的主要作用有如下几点：

(1) 提出有关的政策课题。公共决策的活动是从政策问题的分析开始的，提出有关的政策课题是决断子系统的主要职责之一。决断子系统必须能够从纷繁复杂的社会问题中，分清轻重缓急，抓住需要及时解决的关键问题。

(2) 确立政策目标。政策目标的正确与否直接关系到公共决策活动的成败，确定正确的政策目标是解决政策问题的重要一步。

(3) 组织政策方案的设计。政策方案的设计是一项科学性、技术性很强的工作，通常应当由咨询子系统来承担，但是必须由决断子系统来组织。根据政策课题的需要，挑选熟悉这一问题的专家，组成高水平的咨询子系统，并为他们的设计工作创造优越的环境和条件。

(4) 负责政策的最终决定。对政策做出最终决定是决断子系统在公共决策活动中最重要的职责。决断子系统必须具有决断的能力和魄力，能够高瞻远瞩，综合权衡，做出正确的决策。

4. 执行子系统

执行子系统是由政策执行组织及其人员特别是政府行政机关和行政人员所构成的。它是政策系统的有机组成部分，其主要职能是将理想的政策方案转变为政策的现实效果。

执行子系统具有现实性、综合性、具体性和灵活性的特点。现实性是指执行子系统能够将政策方案转变为政策效益；综合性是指政策执行是个复杂的活动过程，涉及许多动态的因素；具体性是指执行子系统将政策目标加以分解，使其具体化，把执行任务落实到具体的单位和个人；灵活性是指执行子系统所遇到的是复杂多变的情况，新问题、新矛盾随时会发生，因此，执行子系统必须具有灵活性。

执行子系统在公共决策活动中的作用有如下几点：

(1) 为政策方案或项目的执行做好准备。为保证方案的顺利实施，在具体实施前，执行子系统必须制定出周密、严谨的具体实施计划或行动细则。要建立一定的机构和执行人员配备，为政策方案转化为具体的执行活动提供组织保障；要进行必要的宣传活动，把政策方案的目的、意义和具体要求向执行者讲清楚；要进行必要的准备，包括执行过程中所需要的各种器具和装备，为此，要编制预算，落实经费。

(2) 从事指挥、沟通、协调等。指挥就是执行子系统运用组织权责，发挥领导权威，推动下属为实现既定政策目标而努力的过程；沟通就是执行子系统中的各级组织及人员进行信息交流和传递的过程，是对政策目标及其相关问题获得统一认识的方法和程序；协调就是执行子系统为了顺利实现政策目标，而谋求自身各相关要素匹配调剂、分工协作的一种行为方式。

(3) 分析和总结执行情况。在完成执行任务之后，执行机关和人员必须把执行工作与原政策方案的价值指标，全面、细致地衡量，实事求是地评定，找出经验和教训。

5. 监控子系统

监控子系统是整个政策系统的一个有机组成部分，它是体制内和体制外的有关部门、单位和个人所组成的一个子系统，相对独立于信息、咨询、决断、执行子系统，其地位较为特殊。它的作用贯穿于整个公共决策过程尤其是政策执行的过程之中，目的是使政策目标得以顺利实施，避免政策的变形走样，保持政策的权威性和严肃性。

监控子系统在政策执行过程中的主要作用在于：

（1）确立政策执行的准绳和规则，为检查执行情况提供依据。因此，一项公共政策由谁来执行，怎么执行，执行到什么程度，监控子系统对此必须有明确的规定。

（2）监控政策执行情况。监控政策执行情况，是否执行、执行得如何是监控子系统最基本的职责之一。其职责还包括对不执行或执行不力者，予以纠正或处罚。

（3）反馈政策执行情况。政策问题及政策环境不可能是一成不变的，因此，必须及时将政策执行情况及环境条件变化的信息反馈给决断子系统，以便决断子系统根据新的情况，对政策进行修订、完善或终结。

监控子系统是公共决策科学化、民主化和法制化的一个重要保障，它的发展与功能的充分发挥有助于合理制定并执行好政策，至少可以减少政策的失误，避免出现灾难性的后果。监控子系统的不完善是目前我国公共决策系统中存在的另一个明显的缺陷。

在公共政策的制定阶段，信息、咨询子系统发挥各自的辅助职能，支持决策子系统制定出理想的政策；而后，理想的政策通过执行子系统向其目标群体实施，同时监控子系统对政策的执行过程进行控制，及时纠偏。需要指出的是，无论是在政策的制定阶段还是执行阶段，环境因素都会对公共政策产生作用和反作用，因此，政策环境也应是政策系统的组成部分。上述政策系统的运动过程见图 2-4。

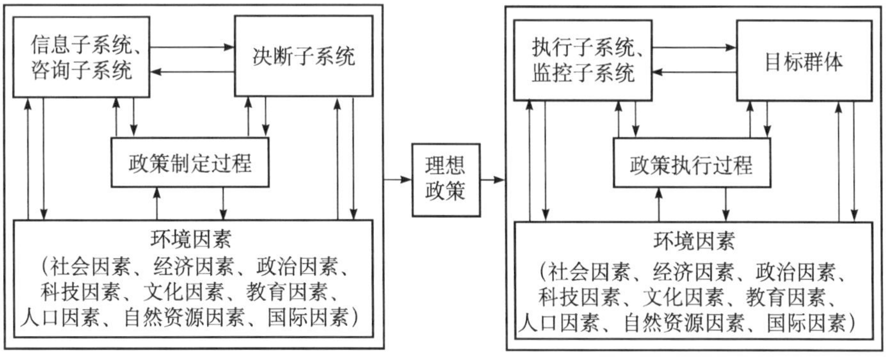

图 2-4　公共政策系统

(九) 公共政策过程

从系统论的观点看，政策系统的运行表现为一个系统的不断输入、转换、输出过程。首先，政策环境把种种要求和支持传导给政策主体，从而输入政策系统。这里的要求，是指个人和团体为了满足自己的利益而向政策系统提出采取行动的主张。这里的支持，是指团体和个人遵守选举的结果、交纳税收、服从法律及接受权威性的政策系统为满足要求而做出的决定或采取的行动。这些要求和支持通过政策系统内部转换，变成政策方案输出，作用于环境，引起环境的变化，产生新的要求，而这种新的要求反馈到政治系统，导致新政策输出。在这种循环往复中，政策便源源不断地产生，政策系统的运行得以持续进行。

政策系统的运行分为多个阶段或者环节，也就是说它是由一系列的功能活动组成的一个过程。关于这个过程究竟由多少个阶段、环节或功能构成，政策学家们有不同的说法。德洛尔在《公共政策制定检讨》一书中，将政策过程划分为 4 个阶段 18 个环节（陈振明，2003）。

（1）原政策制定阶段——即对制定政策的政策进行分析，包括处理价值，处理实在，处理问题，调查、处理和开发资源，设计、评估与重新设计政策系统，确认问题、价值和资源，决定政策战略这 7 个环节；

（2）政策制定阶段——包括资源的细分，按优先顺序设立操作目标，按优先顺序确定其他一系列主要的价值，准备一组方案，比较各种方案的预测结果，选择最好的一个，评估这个最优的方案并确定其好坏这 7 个环节；

（3）后政策制定阶段——包括发起政策执行，政策的实际执行，执行后的评估 3 个环节；

（4）反馈阶段——多层联结所有阶段的交流与反馈。

拉斯韦尔在《决策过程》这一论著中将政策划分为 7 个功能活动环节，即情报、建议、规定、行使、运用、评价、终止（陈振明，2003）。

安德森在《公共决策》一书中，将政策过程的功能活动划分为如下 5 个范畴：问题的形成、政策方案的制订、政策方案的通过、政策的实施、政策的评价（安德森，1990）。

琼斯（Jones，1984）在《公共政策研究导论》一书中，将政策运行系统看作是由如下 11 个功能活动环节或阶段所构成的过程，即感知/定义、汇集或累加、组织、表述、确立议程、方案形成、合法化、预算、执行、评估、调整/终结。

综合国外学者的观点，可将政策过程划分为两个大的阶段：即有关政策决策者对采取什么行动做出选择的政策制定阶段；将行动方案付诸实施以指导有关机构与个人行为的政策执行阶段。这两个阶段又可划分为一些具体的环节，见图 2-5。

政策制定阶段：①问题的发生与认定，即问题识别；②问题被列入政策议程；③政策规划（制定）与预评估；④政策采纳与合法化。

政策执行阶段：①狭义的政策执行，即方案实施；②政策效果评估；③政策调整与变更；④政策终结。

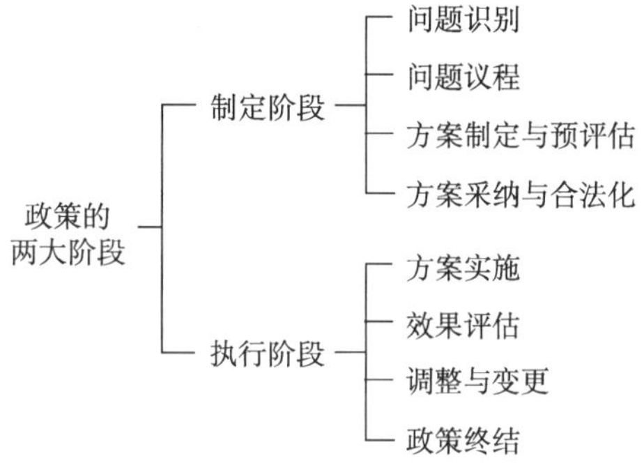

图 2-5　政策过程的各阶段

三 小结

公共政策学自 20 世纪 50 年代在美国诞生以来，经历了三个发展阶段：起步阶段、发展阶段和最新发展阶段。经过半个多世纪的发展，它已成为美国及西方社会科学中的一个独立而又有相当影响的社会科学领域。我国的公共政策学研究起步较晚，有深刻的历史和社会原因，但其发展迅猛，近几年来国内学者的成绩也比较显著。公共政策理论研究在国内外都取得了长足的发展，已形成一套合理的体系和研究方法，但是对于政策风险的评价和控制的相关理论却鲜有研究。然而，“公共政策过程始终存在着风险”这一事实却是众多决策者和研究人员的统一认识。因此，对公共政策进行风险管理具有相当重要的意义。

第二节　风险管理相关理论

在进行公共政策风险因素的识别之前，我们首先论述风险理论的一般原理和方法，这是分析、识别政策风险的基础和前提。对风险的定义可以从经济学、保险学、风险管理等不同角度进行，目前学术界尚无统一的意见。以下论述的是风险概念的不同学说，从中总结出风险的定义，以及风险的本质、属性和特征。

一 风险原理

（一）风险概念的不同学说

由于对风险定义的角度不同，从而产生了风险概念的不同学说，归纳起来有以下几种（周慧玲，1996；陈仕亮，1994）：

1. 损害可能说与损害不确定说

美国学者海尼斯（Haynes）在1895年所著《Risk as an Economic Factor》一书中就提出了风险的概念，他认为："风险一词在经济学中和其他学术领域中，并无技术上的内容，它意味着损害的可能性。某种行为能否产生有害的后果应以其不确定性界定，如果某种行为具有不确定性时，其行为就反映了风险的负担。"德国学者斯塔德勒（Staeder）则把风险定义为"影响给付或意外事故发生的可能性"。法国学者莱曼（Leimann）将风险定义为"损害发生的可能性"。风险损害的可能说从企业经营角度出发，探讨了风险与损害之间的内在联系，强调损害发生的可能性。

美国学者威利特（Willet）把风险管理与保险联系起来进行研究，从而把风险与偶然及不确定性联系起来，他提出风险是客观存在的，其发生具有不确定性的观点，这在美国保险理论学术界得到不少学者的支持。风险损害不确定说是从保险业角度探讨风险与损害之间的内在联系，强调损害发生的不确定性。

2. 风险因素结合说

美国学者佩费尔（Peffer）将风险定义为"风险是每个人和风险因素的结合体"，这一学说将风险与人们的利益相联系的观点明显表现出来。

3. 预期与实际结果变动说

威廉姆斯（Williams）和海因斯（Heins）对风险所下定义为："风险是在一定条件下，一定时期内可能产生结果的变动，如果结果只有一种可能，不存在着发生变动，风险为0；如果可能产生的结果有几种，则风险存在。可能产生的结果越多，变动越大，风险也就越大。预期结果和实际结果的变动，意味着猜测的结果和实际结果的不一致或偏离。"

4. 风险主观说与风险客观说

风险主观说强调的是"损失"与"不确定性"的关系，不确定性是主观的、个人的和心理上的一种观念。此说对风险的定义纯属个人对客观事物的主观估计，而不能以客观的尺度予以衡量。这一学说的代表人物有麦尔和柯梅克，他们认为“风险是与损失相关的不确定性”；而另一学者罗森布朗则认为“风险是损失的不确定性”。不确定性的范围包括发生与否不确定，发生时间不确定，发生的过程不确定，发生的结果不确定。

风险客观说则以风险事故观察为基础，以数学和统计学观点加以定义，并认为可用客观的尺度测度其大小。这一学说的主要代表人物是学者佩费尔，他将风险定义为“风险是可测度的客观概率的大小”。

（二）风险的定义

风险是指在特定的客观情况下，在特定期间内，某一事件的预期结果与实际结果之间的变动程度，变动程度越大，风险越大；反之，则越小。这一定义首先确认风险是客观存在的，其大小可量度。根据概率论，风险大小取决于其所致损失概率分布的期望值和标准差；其次，风险的存在与客观环境及一定的时空条件有关，当这些条件发生变化时，风险也可能发生变化；最后，风险伴随着人类活动的开展而存在，若没有人类的活动，不会有什么预测结果，也就不会存在风险。只有人们进行某项活动时，才会对该项活动有一个预期，这是风险存在的前提。

（三）风险的本质

风险的本质是指构成风险特征，影响风险产生、存在和发展的因素。

1. 风险因素（hazard）

风险因素是指能产生或增加损失频率和损失幅度的条件，它是事故发生的潜在原因，是造成损失的内在或间接原因。例如，一栋建筑物的风险因素是不合格的建材，不合理的建筑结构等；人体的风险因素，则是健康状况和年龄等。根据其性质，可将风险因素分为物质风险因素、道德风险因素和心理风险因素。物质风险因素通常是指有形的、能直接影响事物物理功能的因素；道德风险因素是与人的品德修养有关的一种无形因素；心理风险因素则是与人的心理状态有关的另一种无形因素。

2. 风险事故（peril）

风险事故是指造成生命财产损失的偶发事件，它是造成损失的直接原因或外在原因，是损失的媒介物，即风险只有通过风险事故的发生，才能导致损失。

3. 损失（loss）

在风险管理中，损失是指非故意的、非计划的和非预期的经济价值的减少。风险管理中的损失，必须同时满足两个条件：一是非故意的、非计划的、非预期的；二是经济价值的减少，即损失必须能以货币单位来衡量。

风险因素、风险事故和损失三者之间的关系可用图 2-6 表示。

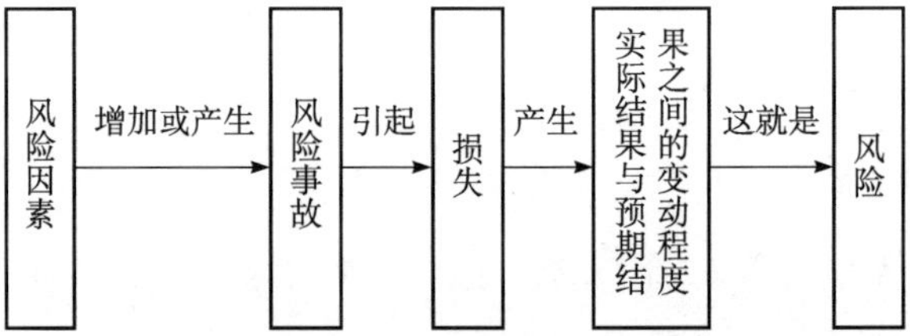

图 2-6　风险因素、风险事故和损失的关系

4. 损失暴露单位（loss exposure）

在实践中，称风险因素存在的事物（有形的与无形的）、风险事故及损失三者的结合为损失暴露单位。

(四) 风险的属性

1. 自然属性

自然界中的规则运动，为人类的存在和发展提供了条件。然而它的不规则运动，却为人类的生命财产带来损失，如地震、洪水、泥石流等，这就是人类一直面临的自然风险。它们是自然界运动的一部分，只有与人们的生命财产联系在一起才构成风险。虽然它们遵循一定的运动规律，但由于人们对其认识和了解很少，从而认为它们的发生是不规则的，是难以准确预测的。另外，其破坏力是极其巨大的，因而人类即使认识了它，也无法采取措施进行控制，这就构成了风险的自然属性。

2. 社会属性

风险的社会属性首先体现在社会的发展变化，必然会导致使人们生命财产遭受损失的风险出现，如私有财产的出现，产生了盗窃风险；原子能的利用，产生了核污染风险。其次体现在风险的结果由整个社会承担。虽然绝大多数风险所产生的损失从表面上看仅影响个人、家庭、一个单位或局部地区，但就整个社会来看，总有一部分财物灭失了，而且，有时个人或单位无力承担所遭受的损失，必然会令社会分担其损失，这就是保险、慈善机构出现的原因。

3. 经济属性

风险的存在，不仅会造成人员伤亡，而且会造成生产力的破坏、社会财富的灭失和经济价值的减少，这就体现了它的经济属性。从损失的定义可知，事故破坏力的范围之内，必定存在人的利益，可能会造成人们生命、财产的毁灭。若在破坏力的范围内不存在人们的利益，即使破坏力再大，也不会造成损失，也就不存在风险。

（五）风险的特征

1. 风险存在的客观性

人类发展的历史证明，无论是自然界中的地震、台风、洪水等，还是社会领域中的战争、瘟疫、冲突、意外事故等，都不以人们的意志为转移，是独立于人的意识的客观存在。这是因为无论是自然界的物质运动，还是社会发展的规律，都是由事物的内部因素所决定，由超越人们主观意识的客观规律所决定。这就说明为什么虽然人类一直希望认识和控制这些客观规律，但直到现在人们也只能在有限的空间和时间内改变风险存在和发生的条件，降低其发生的频率和减少损失程度，而不能，也不可能完全灭除风险。

2. 风险存在的普遍性

人类出现以后，就面临着各种各样的风险，如自然灾害、疾病、战争等。人类为了生存和发展，不得不与各种各样的风险作斗争。一方面，斗争使某些风险得到控制和抑制，同时可能产生新的风险。另一方面，斗争促使了科学技术的发展、生产力的提高、社会的进步。因此可以说，人类的发展史是一部与风险斗争的历史，人类文明在与风险斗争中发展，人类的社会在与风险斗争中前进。然而，随着科学技术的发展，社会的进步，风险不是减少了，而是增加了，风险事故造成的损失也是越来越大。在当今社会，无论单位或个人都面临着各种各样的风险，可以说，风险渗透到社会、个人生活的方方面面，无时不在、处处都有。

3. 某一具体风险事故发生的偶然性

风险虽然客观存在，但就某一具体风险事故而言，它的发生是偶然的，是一种随机现象。在发生之前，人们无法准确预测风险何时会发生，以及其发生的后果。这是因为任一具体风险事故的发生，必是诸多风险因素和其他因素共同作用的结果，而且每一因素的作用时间、作用点、作用方向、顺序、作用强度等都必须满足一定条件，才能导致事故的发生。而每一因素的出现，其相互间又无任何联系，许多因素的出现本身就是偶然的。

风险发生的偶然性意味着其在时间上具有突发性，在后果上可能具有灾难性，从而给人们精神上和心理上带来巨大的忧虑和恐惧，而忧虑和恐惧的影响远远大于风险事故所造成的直接财产损失和人员伤亡对人们的影响。

4. 大量风险发生的必然性

个别风险事故的发生是偶然的、无序的、杂乱无章的，然而对大量风险事故综合平均后，却发现明显的规律。运用统计方法去处理大量相互独立的偶发风险事故资料，可以抵消那些由偶然因素作用引起的数量差异，发现其固有的运动规律。因此在一定条件下，对大量独立的风险致损事件的统计处理结果可以比较准确地反映风险规律性。大量风险事故发生的必然性和规律性，使人们利用概率论和数理统计方法去计算发生概率和损失幅度成为可能。人们对风险的有意识控制，其结果只是改变概率的应用条件，而不改变风险事件的随机性质，因为即使是相同的有意识控制措施，也完全有不确定的结果。

大量风险事故发生的必然性和遵循统计规律的特点，是风险管理这一学科产生和发展的基础。

5. 风险的可变性

风险的可变性是指在一定条件下风险可转化的特性。世界上任何事物之间都互相联系、互相依存、互相制约，而任何事物都处于运动、变化之中，这些必然会引起风险的变化。风险的可变性包括：风险性质的变化，风险量的变化，某些风险在一定空间和时间范围内被消除，以及新风险的产生。

随着科学技术的进步，社会的发展，人类面临的风险将越来越多，而风险发生的概率，无论是自然风险，抑或人为风险，都是愈来愈高，风险事故所造成的损失也愈来愈大。

(六) 风险的分类

对风险进行分类可以为风险识别提供不同的识别思路和界面。风险可以从不同角度进行分类，一般说来，风险有如下几种分类方式。

1. 按损失产生的原因分类

按损失产生的原因，可将风险分为自然风险和人为风险。

自然风险指的是由于自然界不可抗力而引起的自然灾害导致物质损失和人员伤亡的风险，如台风、洪水、地震等。

人为风险是由人们的行为及各种政治、经济活动引起的风险。人为风险又可以分为行为风险、经济风险、政治风险和技术风险。

行为风险是由于个人或团体的行为不当、过失及故意行为而造成的风险，如盗窃、渎职、故意破坏等行为造成的损失和不良后果。

经济风险是由于市场预测失误、经营管理不善、价格波动、汇率变化、需求变化、通货膨胀等因素导致经济损失的风险。

政治风险是由于政治局势、政策的变化使投资环境恶化，而使投资者蒙受损失的风险。

技术风险是由科学技术发展的副作用带来的种种损失的风险，如环境污染。

2. 按风险的性质分类

按风险的性质可将风险分为纯粹风险和投机风险。

纯粹风险是指风险结果只有损失而无获利机会，也叫特定风险，如火灾、洪水、被盗。

投机风险是指既有损失可能又有获利机会的风险。例如，股票市场的变化既可能使持股者获得盈利，也可能给持股者带来损失。

3. 按损失的环境分类

按损失的环境分类，可将风险分为静态风险和动态风险。

静态风险是由于不可抗力或人的错误行为引起的风险，如台风、盗窃。

动态风险是由于市场、需求、组织结构、技术、生产方式发生变化导致的风险，如产品库存积压、经营不善、市场疲软等。

4. 按风险的对象分类

按风险的对象分类，可将风险分为财产风险、人身风险和责任风险。

财产风险是指财产风险损失承担者遭受的财产损坏、毁灭与贬值的风险，如厂房、设备、住宅、家具因自然灾害或意外事故而遭受的损失。

人身风险是指由于人的疾病、伤残、死亡给家庭、单位带来损失的风险。

责任风险是指个人或团体的行为违背了法律、合同或道义的规定，给他人造成经济损失或人身伤害的风险。按法律规定因个人过失造成他人伤亡和经济损失，过失人必须负法律上的损害赔偿责任。

5. 按人的承受能力分类

按人的承受能力分类，分为可接受风险和不可接受风险。

可接受风险是指预期的风险事故的最大损失在单位或个人经济能力和心理承受能力的最大限度之内。

不可接受风险是指预期的风险事故的最大损失已经超过了单位或个人承受能力的最大限度。

6. 按风险形成的原因分类

按风险形成的原因分类，可分为主观风险和客观风险。
主观风险是由人们心理意识确定的风险。
客观风险是客观存在的、可观察到的、可测量的风险。

7. 按风险波及的范围分类

按风险波及的范围分类，可分为局部风险和全局风险。
局部风险是指在某一局部范围内存在的风险。
全局风险是一种涉及全局、牵扯面很大的风险。

8. 按风险控制程度分类

按风险控制程度分类，分为可控风险和不可控风险。
可控风险是人们能比较清楚地确定形成风险的原因和条件，能采取相应措施控制其发生的风险。
不可控风险是由不可抗力形成的风险，人们不能确定这种风险形成的原因和条件，表现为束手无策或无力控制。

9. 按预期的风险损失的程度分类

按预期的风险损失的程度分类，可分为轻度风险、中度风险和高度风险。
轻度风险是一种风险损失较低的风险，即便发生危害也不大。
中度风险是介于轻度风险和高度风险之间的风险，一旦发生危害较大。
高度风险是一种危害极大的风险，也称重大风险或严重风险。

10. 按风险存在的方式分类

按风险存在的方式分类，分为潜在风险、延缓风险和突发风险。
潜在风险是一种存在风险事故发生的可能性，且人们已经估计到损失程度与发生范围的风险。
延缓风险是一种由于有利条件增强而抑制或改变了风险事故发生的风险。
突发风险是由偶然发生的事件引起的人们事先没有预料到的风险。

11. 按风险责任承担的主体分类

按风险责任承担的主体分类，可分为国家风险、企业风险和个人风险。
国家风险是由国家作为风险承担者的风险。
企业风险是指企业在进行经营活动中遇到的、由企业承担的风险。
个人风险是由个人承担的风险。

12. 按风险的来源分类

按风险的来源分类，可分为特殊风险和基本风险。

特殊风险是来源于特定个人的风险，如残废、死亡等。

基本风险是来源于某个组织或整个社会的风险，如社会动乱、通货膨胀、企业破产等。

按照上述分类，将风险的种类进行归纳，如图 2-7 所示。

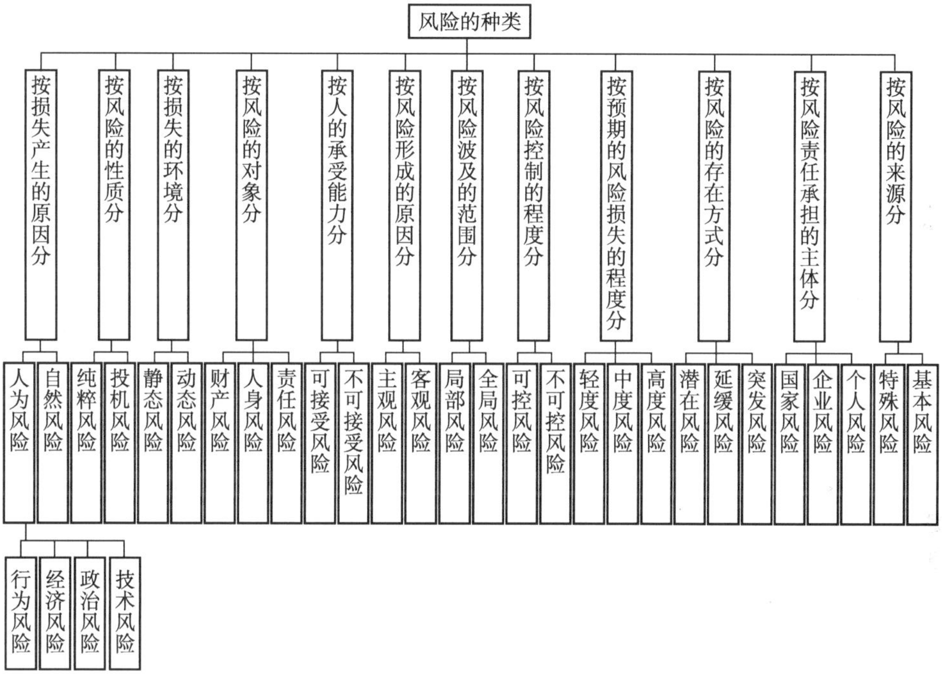

图 2-7　风险的分类

二 风险管理概述

（一）风险管理的不同学说

在风险管理的发展过程中，不同的学者对风险管理的出发点、目标、手段和管理范围等强调的侧重点不同，从而形成了不同的学说。其中最具有代表性的是美国学说和英国学说，其他各学说都是它们的分支，或在此基础上派生出来的。

美国学者通常从狭义的角度解释风险管理，他们把风险管理的对象限于纯粹风险，且重点放在风险处理上。威廉姆斯和海因斯提出：风险管理的目的与企业经营目的是一致的。企业经营目的是生存、效益与增长，以及摆脱困境，履行社会责任。因此，风险管理是对实际损失和潜在损失的控制。格林和塞宾则认为：风险管理是为了在意外损害发生后，恢复财务上的稳定性和营业上的活力，对所需资源的有效利用，或以固定的费用使长期风险损失减少到最小。阿瑟阿姆等则将风险管理定义为：风险管理是处理个人、家庭、企业或其他团体所面临纯粹风险的一种有组织的方法。

英国学者对风险管理的定义则侧重于对经济的控制和处理程序方面。英国伦敦特许保险学会的风险管理教材，将风险管理定义为：为了减少不定事件的影响，对企业各种业务活动和资源的计划、安排和控制。班尼斯特和鲍卡特给风险管理的定义为：风险管理是对威胁企业生产和收益的风险所进行的识别、测定和经济的控制。迪克森则定义为：风险管理是对威胁企业的生产和收益能力的一切因素予以确认、评价和经济的控制。

以上关于风险管理的定义都是不全面的，未能揭示风险管理的实质和核心。他们没有把风险管理看作一门新兴的管理学科，而仅仅认为是一门技术、一种方法，或一种管理过程。在此基础上所形成的另外两个风险管理的定义则表述得较全面、较确切。美国学者威廉姆斯和汉斯认为，风险管理是通过对风险的识别、衡量和控制，以最少的成本将风险导致的各种不利后果减少到最低限度的科学管理方法；中国台湾学者袁宗慰则定义为：风险管理是在对风险的不确定性及可能性等因素进行考察、预测、收集分析的基础上制定出包括识别风险、衡量风险、积极管理风险、有效处置风险及妥善处理风险所致损失等一套系统而科学的管理方法。

（二）风险管理的含义

风险管理是研究风险发生规律和风险控制技术的一门新兴管理学科，各经济单位通过风险识别、风险估测、风险评价，并在此基础上优化组合各种风险管理技术，对风险实施有效的控制和妥善处理风险所致损失的后果，期望达到以最少的成本获得最大安全保障的目标。

上述定义包含了如下四层意思：

（1）风险管理是一门新兴的管理学科，而不仅仅是一种管理方法。它以观察、试验和分析损失资料为手段，概率论和数量统计为数学工具，系统论为研究方法，去研究风险管理理论、组织机构、风险和风险所致损失发生的规律、控制技术和管理决策等。它是一门边缘学科，与自然科学、社会科学、系统科学、行为科学等有着密切的联系。

（2）该定义指明了风险管理的主体是经济单位，即个人、家庭、企业、政府单位、跨国集团和国际联合组织。

(3) 该定义阐明了风险管理的基本内容、方法和程序，其核心在于选择最佳风险管理技术组合。每一种风险管理技术都有一定的使用范围，因此各种控制技术的综合运用，优化组合是实现管理目标的重要环节。

(4) 风险管理目标在于以最少的成本实现最大安全保障。在决策时，期望达到上述目标，然而是否能达到，不仅取决于决策前识别、估测、评价风险是否全面、正确，而且还取决于实施控制方案过程中效果评价，因为根据效果评价对控制方案不断修改，可使其更加切合实际。因为风险管理方案的实施是一个动态过程，管理者必须根据实际情况随时修改方案，才能达到以最少的成本实现最大安全保障的目标。

(三) 风险管理的分类

如上所述，大量风险事件的发生遵循统计规律，对那些发生规律相似的风险事件，其识别、估测、评价及控制技术基本上一致。为了在理论研究和实务上便于操作，采用不同的标准对风险管理进行分类。

(1) 根据风险事故发生时受损失对象的形态，风险管理可以分为财产风险管理、人身风险管理、责任风险管理和利润风险管理。

(2) 根据风险事故发生的原因，风险管理可分为火灾风险管理、水灾风险管理、地震风险管理、海损风险管理、人身意外事故风险管理、技术风险管理等。

(3) 根据风险管理的实施范围，风险管理可分为企业风险管理、家庭风险管理、个人风险管理等。

(四) 风险管理的基本程序

风险管理的基本程序是风险识别、风险估测、风险评价、选择风险管理技术和风险管理效果评价。

1. 风险识别

风险识别是风险管理的第一步，它是指对企业所面临的及潜在风险加以判断、归类和性质鉴定的过程。

各种不同性质的风险威胁着企业的生存与安全，因此必须采取有效方法和途径识别企业所面临的及潜在的各种风险。对风险的识别一方面可以通过感性认识和经验进行判断，另一方面，也是更重要的，是必须依靠对各种客观的会计、统计、经营资料和风险记录进行分析、归纳和整理，从而发现各种风险的损害情况，以及具有规律的损害风险。对风险的识别过程首先是对该单位的人员和资产的构成与分布的全面分析与归类；其次是对人和物所面临的和潜在的风险，以及发生风险损害的可能性的识别与判断；最后是对人和物的风险可能造成的后果与损失形态的归类与分析。需强调的是风险识别不仅要识别所面临的风险，更重要的、也更困难的是对各种潜在风险的识别，在此基础上，还要鉴定可能发生风险的性质，即可能发生的风险是属于动态风险还是静态风险，是可管理风险，还是不可管理风险等，因为只有确定了风险的性质，才能采取有效的处理措施。

风险识别是风险管理的基础，对一个单位来讲，这是一项持续的制度性工作。从前面的论述中可知风险具有可变性，它会由于新技术、新工艺、新材料、新产品、新道德观、新的客观环境的出现而改变原来的性质或产生新的风险。这就需要风险管理者持续不断地去识别，随时发现原有风险的变化，以及可能出现的新的潜在风险。风险管理是一种科学的管理方法，必然要求制度化。

由于风险管理是一个以最低成本最大限度地降低系统风险的动态过程，所以对风险识别提出的基本要求就是全面而有效地识别风险，即风险识别必须遵循完整性原则、系统性原则和重要性原则。

1）完整性原则

风险辨识的完整性原则是指在活动的风险计划制定阶段应全面完整地辨识出影响计划完成的潜在风险。不能因为风险管理者的主观原因而遗漏某些风险，尤其是一些重要的风险。为了保证风险辨识的完整性，可以采用多种风险辨识方法，从多个角度进行分析和辨识。风险辨识的方法很多，各种方法之间具有相互补充的作用，可以根据活动的具体情况选取其中的几种配合使用。多角度的风险辨识也可以避免遗漏风险。工程风险辨识可以选取的角度包括时间角度和空间角度等。

活动风险的时间角度是指按照活动各个阶段的风险环境、工作特点等因素进行活动风险的辨识。从时间角度来看，风险辨识主要分为三个阶段：第一阶段是活动准备中的风险辨识；第二阶段是活动进行中的风险辨识；第三阶段是活动完成后的风险辨识。

风险辨识的空间角度是指从不同的活动结果、不同的工作内容的角度识别活动风险。不同的活动结果的风险环境是不同的，可以通过把工作目标、工作内容分解的途径获得活动的分解结构，针对分解结构的各个工作单元逐个进行风险辨识，以确保识别结果的全面性。

2）系统性原则

风险辨识的系统性原则就是要求在风险计划的制订阶段，从活动全局的角度系统地辨识活动风险。系统性主要表现为按照活动的内在流程、顺序、内在结构关系辨识风险。

3）重要性原则

重要性原则是指风险辨识应有所侧重。侧重点应放在两个方面：一是风险属性，着力把一些重要的风险即期望风险损失较大的风险辨识出来，对于影响较小的风险可以忽略，不必花费太多的时间和人力、物力进行风险分析，这样有利于节约成本，保证风险辨识的效率；二是风险载体，那些对整个活动目标都有重要影响的工作结构单元，必然是风险辨识的重点。以民用房屋建筑结构来说，基础工程和主体工程是全部工程中的重要结构，若这些部分出现风险问题，将对整个项目造成很大影响，所以是风险辨识的重要对象。

系统性原则保证了风险辨识的效果，而重要性原则保证了风险辨识的效率。从活动的总体目标来说，风险辨识的效率或效果都必不可少，不能偏弃任何一方。系统性原则与重要性原则应配合运用。

2. 风险估测

风险估测是指在风险识别的基础上，通过对所收集的大量的详细损失资料加以分析，运用概率论和数理统计方法，估计和预测风险发生的概率和损失幅度。

风险估测是一项极其复杂和困难的工作，却是风险管理中不可缺少的一环。它不仅使风险管理建立在科学的基础上，而且使风险分析定量化，为选择最佳管理决策提供了较可靠的依据。

3. 风险评价

风险评价是根据国家所规定的安全指标或公认的安全指标，去衡量风险的程度，以便确定风险是否需要处理和处理的程度。

风险的大小不单取决于损失频率的高低或损失幅度的大小，而必须把这两个因素结合起来考察。对风险处理必须要发生一定的费用，若所发生的费用超过由于风险事故所造成的损失，这样的处理措施就不值得采取。只有通过风险评价才能判定为处理风险所支出的费用是否有效益。风险管理者绝不应对本单位所面临的所有风险都加以处理，企图使风险降到零。这在理论上不可能实现，在实践中其花费将是巨大的。

4. 选择风险管理技术

根据风险评价的结果，为实现风险管理目标，选择最佳风险管理技术与措施是风险管理的第四步。在实践中，通常将几种管理技术优化组合，使其达到最佳状态。

风险管理技术分为两大类：一为控制型技术；另一为财务型技术。前者是以避免、消除和减少意外事故发生的机会，限制已发生损失继续扩大的一切措施，重点在于改变引起意外事故和扩大损失的各种条件。风险的财务型技术则是在实施控制技术后，对无法控制的风险所做的财务安排，这一技术的核心是将消除和减少风险的成本均匀地分布在一定时期内，以便减少因随机的巨大损失发生，而引起财务上的波动，通过财务处理，可以把风险成本降到最小。

5. 风险管理效果评价

风险管理效果评价是指对风险管理技术适用性及其收益情况的分析、检查、修正与评估。由于风险的性质具有可变性，人们认识水平具有阶段性，而且风险管理技术处于不断完善的过程中，因此对风险的识别、估测、评价，乃至技术的选择需要定期检查、修正，使风险管理技术适应变化了的情况需要，从而保证管理技术的最优使用。在某一特定时期内，风险管理效果取决于是否能以最小的风险成本取得最大的安全保障。成本等于为采取某项管理技术所支付的各项费用与机会成本之和，而保障程度等于采取了该项管理技术后减少的风险直接损失和间接损失之和。若前者大于后者，说明该项管理技术是不可取的；若后者大于前者，该项技术是可取的，但不一定是最佳技术。从经济效益角度来看，所谓最佳技术是指各项可供选择的技术中效益比值最大的，如下列公式所示：

$$\text{效益比值}=\frac{\text{采取某项技术后减少的风险直接损失}+\text{间接损失}}{\text{采取某项技术所支付的各项费用}+\text{机会成本}}$$

在实践中，不但要考虑该项技术的经济效益，还要考虑与整体管理目标的一致性，具体实施的可行性和有效性。

风险管理过程的各环节及其相互关系见图 2-8，它是风险分析、风险评价和风险处置的整体。

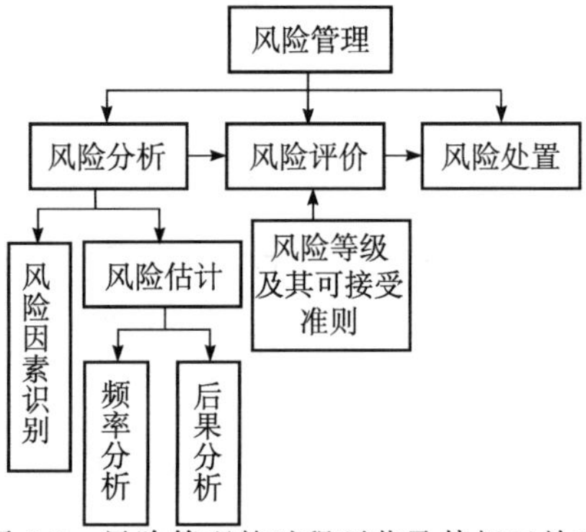

图 2-8 风险管理的过程环节及其相互关系

三 传统风险管理方法

（一）传统风险识别方法

1. 专家调查法

专家调查法以专家为索取信息的重要对象，主要利用各领域专家的专业理论和丰富的实践经验，找出各种潜在的风险并对后果做出分析和估计。

专家调查法的优点是在缺乏足够统计数据和原始资料的情况下，可以做出定性的估计；缺点主要表现在易受专家自身心理因素的影响。

专家调查法有 10 余种。其中专家主观判断法、德尔菲法和智暴法（头脑风暴法）是用途较广、具有代表性的方法。

1）专家主观判断法

征求专家个人意见，优点是不受外界影响，没有心理压力，可以最大限度地发挥个人的创造能力。但是仅仅依靠个人判断，容易被专家知识面、知识深度和占有资料及对所调查的问题是否感兴趣所左右，难免带有片面性。

2）德尔菲法

德尔菲法起源于 20 世纪 40 年代末，由美国兰德公司（Rand corporation）首先使用。其做法是，选定与该项目有关的、适当数量的专家，与这些专家建立直接的函询关系，通过函询收集专家意见，加以综合整理，再反馈给各位专家，再次征询意见，再集中，再反馈，这样反复多次，逐步使专家的意见趋于一致，作为最后识别的根据。

德尔菲法有三个特点：其一，在风险识别过程中发表意见的专家互相匿名，这样可以避免公开发表意见时各种心理对专家们的影响；其二，对各种意见进行统计处理，如计算出风险发生概率的平均值和标准差等，以便将各种意见尽量客观地、准确地反馈给专家们；其三，反复地进行意见交换，使各种意见相互启迪，集思广益，从而容易做出比较全面的预测。

德尔菲法是系统分析方法在意见和判断领域的一种有限延伸。它突破了传统的数据分析限制，为更合理地决策开阔了思路。由于该法能够对未来发展中的各种可能出现和期待出现的前景做出概率估计，因此可为决策者提供多方案选择，而用其他方法都很难获得这样重要的、以概率表示的明确结论。但是理论上并不能证明所有参加者的意见能收敛于客观实际。它在本质上是一种函询形式的集体匿名思想交流过程。德尔菲法应用领域很广，一般用该方法得出的结果也较好。

3）智暴法（头脑风暴法）

智暴法是一种刺激创造性、产生新思想的技术。它的主要规则是不能对别人的意见提出批评和判断性评论。智暴法更注重想出风险的数量，而不是质量。通过专家之间的信息交流和相互启发，诱发专家们产生“思维共振”，以互相补充并产生“组合效应”，获取更多的未来信息，使预测和识别的结果更准确。

智暴法作为一种创造性的思维方法在风险识别中得到广泛的应用。它适用于探讨的问题比较单纯，目标比较明确、单一的情况。如果问题牵涉面太广，包含因素过多，就要先进行分解，然后再分步进行讨论。对智暴法的结论还要进行详细的分析，既不能轻视，也不能盲目接受。一般说来，只要有少数几条意见得到实际应用，就比较成功了。有时一条意见就可能带来很大的社会经济效益。即使所有意见都被证明不适用，智暴法作为对原有分析结果的一种讨论和论证，也会给领导决策带来益处。

2. 故障树法

故障树（failure tree analysis，FTA）最初是20世纪60年代为便于Minuteman火箭系统的分析而提出的，后来这种方法在航天工业、电子设备、化学工业、机械制造、核工业及一般电站的可靠性分析中得到了广泛应用，并且取得了不少成果。目前它主要用于分析大型复杂系统的可靠性及安全性，被公认为是对复杂系统可靠性、安全性进行分析的一种有效的方法。故障树分析是一种top-down方法，通过对可能造成系统故障的硬件、软件、环境、人为因素进行分析，画出故障原因的各种可能组合方式和其发生概率，由总体至部分，按树状结构，逐层细化的一种分析方法。故障树分析首先以系统不希望发生的事件作为目标（称顶事件）；然后，按照演绎分析的原则，从顶事件逐级向下分析各自的直接原因事件（称基本事件），根据彼此间的逻辑关系，用逻辑门符号连接上下事件，直至达到所要求的分析深度。

3. 故障模式影响及危害性分析

故障模式影响及危害性分析（failure mode effects and criticality analysis，FMECA），是一种bottom-up分析方法，可用来分析、审查系统的潜在故障模式。FMECA按既定的规则记录系统中所有可能存在的影响因素，分析每种因素对系统的工作及状态的影响，将每种影响因素按其影响的严重程度及发生概率排序，从而发现系统中潜在的薄弱环节，提出可能采取的预防改进措施，以消除或减少风险发生的可能性，保证系统的可靠性。

4. 危害及可操作性研究

危害及可操作性研究（hazard and operability study，Hazop）分析是由专家组来进行的，它是一种系统潜在危害的结构化检查方法。专家们通过头脑风暴会议方式，确定系统所有可能偏离正常的运行问题，并分析这种偏离正常运行的原因、可能性和可能造成的后果及后果的严重性等。而这种偏离是通过将一系列标准的引导词（guidewords）应用到正常的系统设计之上而产生，因此只要分析出造成偏差的原因，采取适当的措施防止偏差的产生就可以防止系统的失效及进一步可能引起的后果和危害。Hazop是一个定性的标准危害分析技术，可用于一个新的系统或已有系统在更改后的初步安全风险评估。Hazop分析方法的主要目标是识别出存在的问题，而不是解决问题，其生成结果是一个可能危害的列表，对每个危害，还需要对其原因及后果进行进一步评估。

5. 马尔可夫分析法

有两个基本的马尔可夫（Markov）分析方法：Markov 链和 Markov 过程。Markov 链是一个随机变量的序列，在这个序列中，将来的随机变量只取决于当前的随机变量，与当前随机变量之前的随机变量无关。这与其他随机事件是不相同的，因为很多将来的事件发生是要受到以前发生事件的影响的，它们前后存在着较大的相关性，不是相互独立的。Markov 链可以是齐次的，也可以是非齐次的。齐次的 Markov 链的特征是状态间的转移率是常量，而非齐次 Markov 链的特征则相反，状态间的转移率是变量，是时间的函数。根据系统的初始配置状态，估计从一个已知状态转移到下一逻辑状态的概率，直到系统到达一个最终或完全失效的状态，这样就形成了一个 Markov 过程。Markov 过程的一个基本假设是在每个状态，系统的行为是不会被记忆的，Markov 过程完全由其转移概率矩阵所确定。

6. 流程图法（阎春宁，2002）

流程图分析法是“对流程的每一阶段、每一环节逐一进行调查分析，从中发现潜在风险，找出导致风险发生的因素，分析风险产生后可能造成的损失及对整个组织可能造成的不利影响”。流程图分析法是一种动态的分析方法，它是将企业的全部生产经营过程，按其内在的逻辑联系制成作业流程图，针对流程中的关键环节和薄弱环节调整和分析风险。流程图分析是识别风险最常用的方法之一，而且组织规模越大，流程越复杂，流程图分析法越是能体现出其优越性。

7. 环境分析法

环境分析法由美国学者约翰·奥康纳尔·迪尔（李剑峰，1996）提出，现广泛运用于项目管理中。这种分析方法系统地分析项目所面临的内部环境和外部环境，找出这些环境中可能产生风险与损失的因素。在实际应用中，也常常采用流程图法和环境分析法相结合的综合辨识方法，即通过对项目的分解细化，并考虑影响项目的各种环境因素在项目运行过程每一个环节中的作用，逐一对其风险进行识别。

8. 安全检查表法

安全检查表法是分析人员列出一些危险项目，识别与一般工艺设备和操作有关已知类型的危险、设计缺陷及事故隐患，其所列项目的差别很大，而且通常用于检查各种规范和标准的执行情况。安全检查表法是根据系统工程的分析思想，在对系统进行分析的基础上，找出所有可能存在的风险源，然后以提问的方式将这些风险因素列在表格中。安全检查表法可以用在工程施工过程中对影响工程施工安全的风险因素调查。既可以用来判断风险是否存在，也可以在发生事故后帮助查找事故原因。安全检查表法的分析弹性很大，既可用于简单的快速分析，也可用于更深层次的分析，它是识别已知危险的有效方法。

9. 工作分解法（WBS-RBCS 法）

WBS-RBCS（Work Breakdown Structure-Risk Breakdown and Controlling System）法是将工作分解构成 WBS 树，风险分解形成 RBCS 树，然后以工作分解树和风险分解树交叉构成的 WBS-RBCS 矩阵进行风险识别的方法。WBS-RBCS 法虽然是一种定性的风险辨识方法，却以定量的思路将工作层层分解细化，使得风险辨识变得非常简单，比较容易全面地识别风险。运用 WBS-RBCS 法进行风险识别主要分为三个步骤：一是工作分解；二是风险分解；三是套用 WBS-RBCS 矩阵判断风险是否存在。

第一步是形成工作分解树，主要是根据母工程与子工程及子工程之间的结构关系和施工流程进行工作分解，如图 2-9 所示。

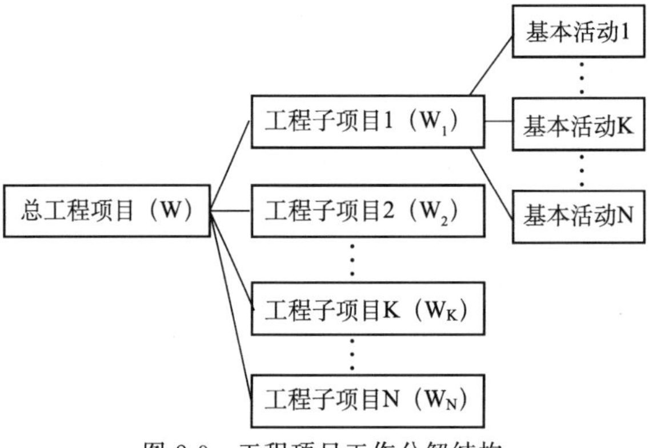

图 2-9　工程项目工作分解结构

第二步是形成风险分解树。风险辨识的主要任务是找到风险源，风险事件与风险源之间存在着因果关系。风险分解结构即 RBCS 就是建立风险事件与风险因素之间的因果联系。风险分类的第一层次是把风险事件分为内、外两类，内部风险产生于项目内部，而外部风险源于项目环境因素。第二层次的风险事件分别按照内、外两类事件继续往下细分，每层风险都按照其影响因素构成进行分解，最终分解到基本的风险事件，把各层风险分解组合形成风险分解树，如图 2-10 所示。

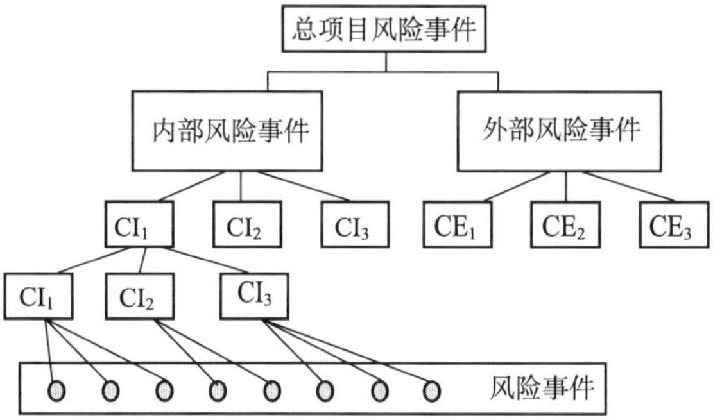

图 2-10　总项目风险事件分解树

第三步是将工作分解树与风险分解树交叉，构建风险辨识矩阵。WBS-RBCS 矩阵的行向量是工作分解到最底层形成的基本工作包，矩阵的横向是风险分解到最底层形成的基本子因素。风险辨识过程是按照矩阵元素逐一判断某一工作是否存在该矩阵元素横向所对应的风险。如图 2-11 所示。

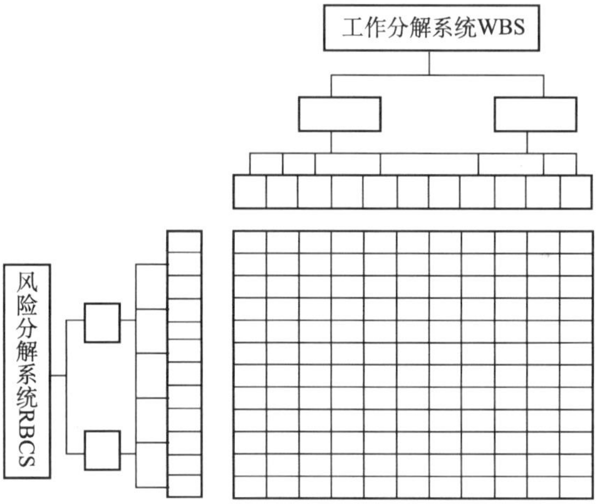

图 2-11　WBS-RBCS 矩阵

10. 情景分析法

情景分析法是由美国兰德公司 1972 年提出的。它是根据发展趋势的多样性，通过对系统内外相关问题的系统分析，设计出多种可能的未来的前景，然后以类似撰写电影剧本的手法，对系统发展态势给出自始至终的情景和画面的描述。它在假定关键影响因素有可能发生的基础上，构造出多种情景，提出多种未来的可能结果，以便采取适当的措施防患于未然。情景分析法从 20 世纪 70 年代以来在国外得到了广泛应用并产生了具体的方法，如目标展开法、空隙填补法、未来分析法等。

情景分析法的基本内容就是通过有关数字、图表和曲线等，对未来的某个状态进行详细的描绘和分析，从而识别引起系统风险的关键因素及其影响程度的一种风险识别方法。它注重说明出现风险的条件和因素，以及因素有所变化时，连锁出现的风险和风险的后果等。

情景分析法主要功能表现为以下四个方面。

(1) 识别系统可能引起的风险。

(2) 确定项目风险的影响范围是全局性还是局部性。

(3) 分析主要风险因素对项目的影响程度。

(4) 对各种情况进行比较分析，选择最佳结果。

情景分析法的主要过程包括三个步骤。

(1) 筛选。按一定的程序将具有潜在风险的事件、过程、现象和人员进行分类选择，具体内容是：

仔细检查⟶征兆鉴别⟶疑因估计

(2) 监测。在风险出现后对事件过程、现象、后果进行观测，记录和分析其特征，具体内容是：

疑因估计⟶仔细检查⟶征兆鉴别

(3) 诊断。对项目风险及损失的前兆、后果与各种起因进行评价与判断，找出主要原因并进行仔细检查，具体内容是：

征兆鉴别⟶疑因估计⟶仔细检查

情景分析法主要步骤及各步骤工作内容如图 2-12 所示。

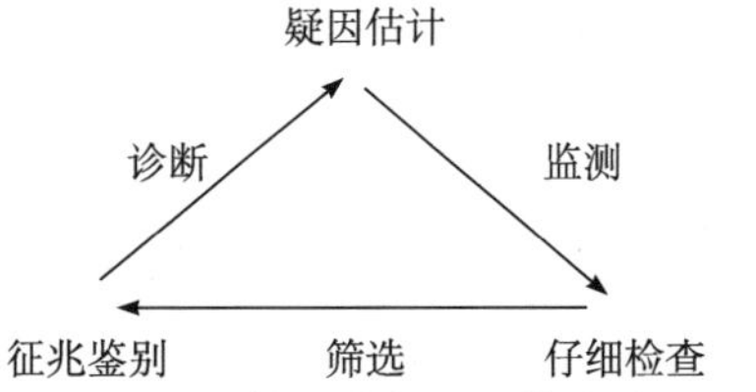

图 2-12 情景分析法工作步骤

(二) 传统的风险评价方法

在风险估计的过程中，必须坚持以下原则才能使风险估计的结果准确全面地反映风险的实际程度。

(1) 全面性原则。对风险的估计应该全面考虑，反映该风险所有的可能性和可能造成的所有影响，不仅要考虑被评估对象的本身情况，还要研究周边的环境如宏观经济、行业状况及其产生的影响等。同时还应把影响因素按程度不同区别对待。

(2) 科学性原则。这种科学性体现在两个方面，一方面是资料来源的科学性：风险估计所依据的数据，不是凭空想象的，而是依据相关统计数据和调查报告分析得来的；另一方面是估计手段的科学性：进行风险估计所采用的方法和模型都是利用概率和统计学的基本知识发展演进而来的，不是无源之水，空中楼阁。

（3）动态性原则。在进行风险估计的时候，不仅要考虑目前的情况，还要考虑环境发展变化的趋势，以及环境发展变化对风险及风险对象的影响。

（4）可操作性原则。风险估计中所用的估计方法必须与现有的风险估计资料相配套，如果某种估计方法非常适合，但所需的数据资料无法获得，也不能采用该方法进行风险估计。

进行风险评价之前，评价者不仅要知道项目风险评价的目标，同时必须明确风险评价应遵循的准则，为了风险评价工作的顺利进行，要求风险评价者遵循以下原则。

（1）风险评价的客观性。风险评价的目的是为了决策，而评价的质量直接影响着决策的正确性，因此要保证评价的客观性。必须尽量排除主观思想，按照客观事实和规律进行评价。

（2）风险评价指标的系统性与合理性。风险评价指标的选取对评价结果至关重要，不同的项目具有不同的特点，不同的项目主体可能目标不一样。评价指标是风险因素的反映，指标的系统、全面、正确、科学是评价的基础。如果评价指标选取不正确，那后面的评价都将是没有任何意义的。

（3）权重确定方法的合理性。很多风险评价方法中权重的确定至关重要，权重是风险评价指标的量化及影响程度的体现，只有科学合理地确定权重才能使评价工作进行顺利。

（4）风险评价方法的科学性。风险评价方法很多，每一种方法都有自己的优缺点，必须根据项目自身特点，选择适合项目的科学的风险评价方法。

（5）风险评价过程的规范化。过程的规范化是确保评价的客观性及科学性的重要前提。风险评价者必须具有强烈的职业责任心，必须做到公正客观。

传统的风险评价方法主要有以下 12 种。

1. 敏感性分析

项目管理活动一般处在动态的复杂环境中，所以要进行敏感性分析。敏感性分析是指通过分析、估计项目的主要制约因素发生变化时引起项目评价指标变化的幅度，以及各种因素变化对实现预期目标的影响程度，从而确认项目对各种风险的承受能力。在项目的整个寿命周期内，存在着各种不确定性因素，这些因素对项目的影响程度也是不一样的，有些因素很小的变化就会引起项目指标较大的变化，甚至超过了临界点（所谓临界点是指在该点处，所分析的因素使某项目备选方案从被接受转向被否决），直接影响到原来的项目管理决策，这些因素被称为敏感性因素；有些因素即使在较大的数值范围内变化，也只引起项目评价指标很小的变化甚至“无动于衷”，这些因素被称为不敏感性因素。敏感性分析的目的就是要在项目诸多的不确定性因素中确定敏感性因素和不敏感性因素，并分析敏感性因素对项目活动的影响程度，从而使项目管理人员掌握项目风险水平，明确进一步的项目风险管理途径和技术方法，为项目的正确决策提供依据。

敏感性分析是经济决策中常用的一种不确定分析方法，其作用主要体现在以下五个方面。

（1）了解项目的风险水平。

（2）找出影响项目效果的主宰因素。

（3）揭示敏感性因素可承受的变动幅度。

（4）比较分析各备选方案的风险水平，实现方案选优。

（5）预测项目变化的临界条件或临界数值，确定控制措施或寻求可替代方案。

敏感性分析的步骤和内容如下：

（1）确定具体评价指标作为敏感性分析的对象。敏感性分析的指标选择有两个原则：一是敏感性分析的指标应与确定性分析的指标一致，不应超出确定性分析所用指标的范围另立指标；二是确定性分析中所用指标比较多时，应选择最重要的一个或几个指标作为敏感性分析的对象，如工期与质量等。

（2）选择需要分析的风险因素。影响项目的风险因素很多，几乎所有的影响因素都带有某种程度的风险，但并非对所有的因素都要进行敏感性分析。有些因素虽有不确定性，但风险很小。只有那些风险较大的因素才需作敏感性分析。

（3）确定项目目标对各种敏感性因素的敏感程度。项目目标对风险因素的敏感程度可以表示为：某种因素或多种因素同时变化时导致项目目标的变化程度。常用的计算方法是，假定除敏感性因素外，其他因素是固定不变的，然后根据敏感性因素的变动，重新计算有关的指标，与原指标进行比较，得出其变动的程度，即该指标对该风险因素的敏感程度。根据各敏感性因素在可能的变动范围内不同幅度的变动得出项目目标相应的变化率，建立起一一对应的数据关系，并用图或表的形式表示出来。

（4）经比较分析找出最敏感因素，并对风险情况做出判断。根据上一步的分析结果，对每种敏感性因素在同一变化幅度下引起的同一项目目标的不同变化幅度进行比较，其中导致变化幅度最大的因素，即最敏感因素。导致变化幅度较小的因素，即不敏感因素。然后根据最敏感因素的多少及其对项目目标的影响程度，判别风险的大小。

风险的随机性、复杂性和变动性决定了建立数学模型分析风险的困难性。20多年来，尽管风险研究获得了较快发展，但只有少数项目在策划阶段成功地运用风险评估和管理策略，而且至今仍没有处理各类风险的通用的、系统的方法。

2. 层次分析法

层次分析法（analytical hierarchy process，AHP），又称 AHP 法，是美国数学家 T. L. Saaty 在 20 世纪 70 年代提出的一种定性分析和定量分析相结合的评价方法，在经济学、管理学中得到了广泛应用。

1）层次分析法的基本原理

层次分析法的基本思想是把复杂问题分解为若干层次，在最低层次通过两两对比得出各因素的权重，通过由低到高的层层分析计算，最后得出各方案对总目标的权重，为决策者提供决策依据。

层次分析法的基本假设是层次间存在递进结构，从高到低或从低到高递进。当复杂系统中某一层次既可直接或间接地影响其他层次，又直接或间接受其他层次影响时，就不属于层次分析范围，需用网络模型来描述。

层次分析法在风险评价中应用的基本步骤如下：

（1）根据评价目标和评价准则，建立递阶层次结构模型。

（2）构造比较判断矩阵。

（3）确定项目风险要素的相对重要度，并进行一致性检验。

（4）计算项目风险的综合重要度。

（5）根据评价准则和综合重要度，进行决策。

2）递阶层次结构模型

（1）递阶层次结构模型的构造。层次分析的基本方法是建立递阶层次结构模型。建立层次结构模型，首先要对所解决问题有明确的认识，弄清楚它涉及哪些因素，如评价目标、分目标、约束、可能情况和方案等，以及因素相互之间的关系。其次将决策问题层次化。一般将决策问题划分为三个层次：第一层总目标层，是最高层次，是指决策问题所追求的总目标；第二层中间层，通常称为分目标层、准则层、约束层、指标层等，是评判方案优劣的因素层；第三层方案层或措施层，是最低层次，是解决问题的方案或相应措施。

各层次诸要素的联系用线段表示，同层次要素之间无连线，因为同层要素之间相互独立，上层要素对下层要素具有支配或包含的关系，或者下层要素对上层要素有贡献关系，这样的层次结构称为递阶层次结构。

（2）递阶层次结构类型。AHP 法所建立的递阶层次结构通常有三种类型：①完全相关性结构，即上一层次的每一要素与下一层次的所有要素完全相关，如图 2-13 所示；②完全独立结构，即上一层次要素都各自独立，都有各不相干的下层要素，如图 2-14 所示；③混合结构，是上述两种结构的混合，是一种既非完全相关又非完全独立的结构，如图 2-15 所示。

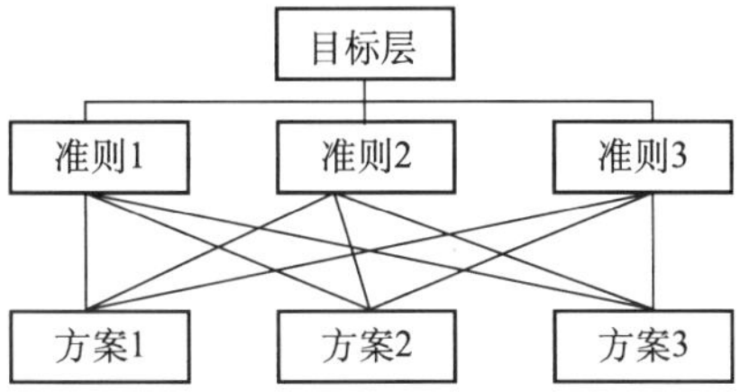

图 2-13　完全相关性结构

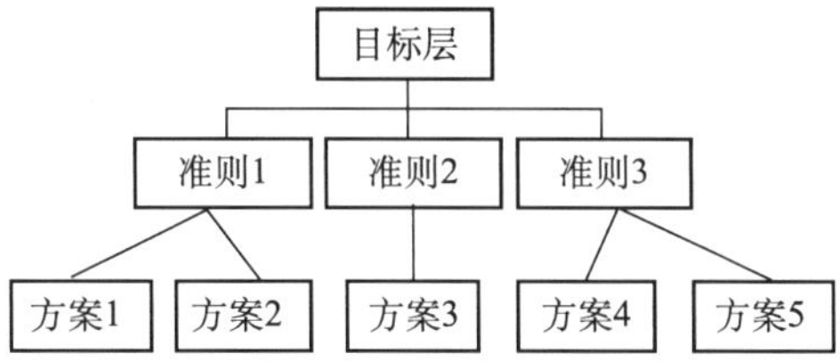

图 2-14　完全独立性结构

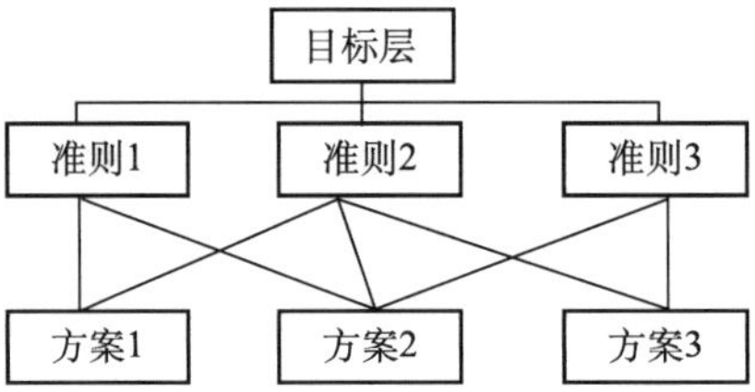

图 2-15 混合结构

3）比较判断矩阵及一致性检验

（1）比较判断矩阵

比较判断矩阵是层次分析的核心。之所以称为比较判断矩阵，是因为该矩阵是通过两两比较得出来的。比较判断矩阵是以上层的某一要素 H_S 作为判断标准，对下一层次要素进行两两比较确定的元素值。比如，在 H_S 准则下有 n 个要素，则对于 H_S 准则可得到 n 阶的比较判断矩阵 $\mathbf{A}=(a_{ij})_{n\times n}$，其形式如表 2-5 所示。

表 2-5 n 阶比较判断矩阵示意图

a_{11}	a_{12}	…	a_{1n}
a_{21}	a_{22}	…	a_{2n}
⋮	⋮	⋮	⋮
a_{n1}	a_{n2}	…	a_{nn}

比较判断矩阵中的元素 a_{ij} 表示从判断准则 H_S 的角度考虑要素 A_i 对要素 A_j 的相对重要性，即 $a_{ij}=\frac{w_i}{w_j}$，w_i（w_j）表示某层第 i（j）个要素对于上一层次某一准则（目标）H_S 的重要性的权重。因此，比较判断矩阵 $\mathbf{A}$ 具有如下性质：

①$a_{ii}=1$；②$a_{ij}=1/a_{ji}$；③$a_{ij}>0$；④$a_{ij}=a_{ik}\cdot a_{kj}$

判断矩阵 $\mathbf{A}$ 中的元素 a_{ij} 可以利用评价者（或决策者）的知识和经验估计出来。估计时，由于评价者（决策者）的估计不是很精确，比较判断矩阵的第④条性质不一定满足，因此，利用估计的判断矩阵进行决策前，需进行一致性检验。

对于比较判断矩阵 $\mathbf{A}$ 中元素 a_{ij} 的确定，即量化各因素间的两两比较结果，Saaty 引入 1～9 个标度。根据心理学领域的研究成果，人们区分信息等级的极限能力为 7±2，因此，采用 1～9 标度作为判断矩阵中元素的判断尺度，如表 2-6所示。从表 2-6 中可以看到，在构造比较判断矩阵时只要给出 $n(n-1)/2$ 个判断数值即可。

表 2-6　判断矩阵中各元素确定的标度

a_{ij}	两目标相比
1	i 因素与 j 因素同样重要
3	i 因素比 j 因素稍微重要
5	i 因素比 j 因素明显重要
7	i 因素比 j 因素重要得多
9	i 因素比 j 因素绝对重要
2，4，6，8	i 与 j 两因素重要性介于上述两个相邻判断尺度之间
以上各数的倒数	两目标反过来比较

（2）权重的确定方法

应用 AHP 法进行评价和决策时，需要判断各要素 A_i 关于 H_S 的相对重要度，即 A_i 关于 H_S 的权重。由比较判断矩阵确定权重 w_i，可以有许多方法，下面介绍特征向量法中的和积法，具体步骤如下：

设比较判断矩阵 $\boldsymbol{A}$ 为

$$\boldsymbol{A}=\begin{bmatrix} a_{11} & a_{12} & \cdots & a_{1n} \\ a_{21} & a_{22} & \cdots & a_{2n} \\ \vdots & \vdots & \vdots & \vdots \\ a_{n1} & a_{n2} & \cdots & a_{nn} \end{bmatrix}$$

首先，将判断矩阵 $\boldsymbol{A}$ 的每一列向量进行归一化处理，得到 $\boldsymbol{B}=(b_{ij})_{n\times n}$

$$b_{ij}=a_{ij}/\sum_{k=1}^{n}a_{kj}(i,\ j=1,\ 2,\ 3,\ \cdots,\ n)$$

其次，将归一化矩阵 $\boldsymbol{B}$ 的行向量的元素相加，得

$$M_i=\sum_{j=1}^{n}b_{ij}\quad(i,\ j=1,\ 2,\ \cdots,\ n)$$

然后，将向量 $\boldsymbol{M}=(M_1,\ M_2,\ \cdots,\ M_n)$ 归一化，得到特征向量 $\boldsymbol{W}$，

$$W_i=\frac{M_i}{\sum_{j=1}^{n}M_j}(i=1,\ 2,\ \cdots,\ n)$$

$\boldsymbol{W}=(W_1,\ W_2,\ \cdots,\ W_n)$ 为所求的特征向量

最后，计算最大特征值 $\lambda_{\max}$，得

$\lambda_{\max}=\frac{1}{n}\sum_{i=1}^{n}\frac{(AW)_i}{W}$，式中 $(AW)_i$ 表示向量 AW 的第 i 个元素。

（3）一致性检验

如前所述，由于判断矩阵是估计的，不是很精确，并不能使比较判断矩阵每个要素满足 $a_{ij}=a_{ik}\cdot a_{kj}$，因此，须进行一致性检验。一致性检验是通过计算一致性比率和一致性指标进行的，一致性比率为 $\text{C. R.}=\frac{\text{C. I.}}{\text{R. I.}}$，一致性指标为 $\text{C. I.}=\frac{\lambda_{\max}-n}{n-1}$。

其中，R. I. 是随机性指标，Saaty 构造了最不一致的情况，就是对不同 n 的

比较矩阵中的元素，采取 1/9，1/7，…，1，…，7，9 随机取数的方式赋值，并且对不同 n 采用了 100～500 个字样，计算其一致性指标，再求平均值，作为随机性指标，记为 R. I.，具体结果见表 2-7。

表 2-7 随机性指标 R. I. 数值

n	1	2	3	4	5	6	7	8	9	10	11
R. I.	0	0	0.58	0.90	1.12	1.24	1.32	1.41	1.45	1.49	1.51

若一致性比率 C. R. <0. 10，则认为比较判断矩阵的一致性可以接受，权重向量 $\boldsymbol{W}$ 可以接受。

（4）层次加权

在计算各层次要素对上一层次某一要素的相对重要度后，即可从最上层开始，自上而下地求出各层次要素关于系统总体的综合重要度，对所有项目风险因素（或备选方案）进行优先排序。

设已计算出第 $k-1$ 层 n_{k-1} 个因素相对于总目标的权重向量为

$$\boldsymbol{W}^{(k-1)}=(W_1{}^{(k-1)},\ W_2{}^{(k-1)},\ \cdots,\ Wn_{k-1}{}^{(k-1)})^{\mathrm{T}}$$

再设第 k 层 n_k 个因素关于第 $k-1$ 层的第 j 个因素的权重向量为

$$\boldsymbol{W}_j^k=(W_{1j}{}^k,\ W_{2j}{}^k,\ \cdots,\ Wn_{kj}{}^k)^{\mathrm{T}}$$

当某些因素与第 $k-1$ 层第 j 个因素无关时，相应的权重为 0，则得到 $n_k\times n_{k-1}$ 阶矩阵：

$$\boldsymbol{W}^k=\begin{bmatrix} w_{11}^k & w_{12}^k & \cdots & w_{1n_{k-1}}^k \\ w_{21}^k & w_{22}^k & \cdots & w_{2n_{k-1}}^k \\ \vdots & \vdots & \vdots & \vdots \\ w_{n_k1}^k & w_{n_k2}^k & \cdots & w_{n_kn_{k-1}}^k \end{bmatrix}$$

那么第 k 层 n_k 个因素关于最高层次的相对重要性权重向量为

$$\boldsymbol{W}^{(k)}=\boldsymbol{W}^k\cdot\boldsymbol{W}^{(k-1)}$$

当决策问题有 m 个层次（不包括总目标），把各备选方案作为 $m+1$ 层，各方案对总目标的权重分别为 W_1，W_2，…，W_n，则 $W=(W_1,\ W_2,\ \cdots,\ W_n)$ 可按下式计算：

$$W=W^{(0)}\times W^{(1)}\times W^{(2)}\times\cdots\times W^{(m)}$$

所求出的 W 就是各层次的综合加权权重。

3. 蒙特卡罗法

蒙特卡罗法（Monte-Carlo）是指利用计算机，运用一系列随机数来模拟项目风险概率分布的一种方法。具体地说，是通过构造描述数学模型与计算机仿真得到相对较精确的风险概率分布的方法。

蒙特卡罗法具体计算步骤如下：

（1）根据收集的相关风险因素的资料数据，估计其分布函数和参数；

（2）建立相应风险的数学模型；

（3）根据多种不确定性组合，确定模拟次数；

（4）产生伪随机数；

（5）计算状态函数值，即随机事件的样本值；

（6）重复进行 N 次的项目计算，获得多种组合下的 N 个结果。

（7）通过统计和处理这些结果数据，找出项目变化规律。可将这些结果值按照一定规律排列，统计各个值出现的次数，用这些次数值形成频数分布曲线，就能够知道每种结果出现的可能性。

（8）依据统计学原理，对这些结果数据进行分析，为决策提供依据。

4. 人工神经网络

人工神经网络是由大量简单的基本元件——神经元相互联络，模拟人的大脑神经处理信息方式，进行信息并行处理和非线性转换的复杂网络系统。多层非线性 ANN 中的“误差反向传播算法”（即 BP 算法）突破了单层神经网络不能进行复杂分类的限制，任意连续函数都可由一个三层 BP 网络逼近。利用 BP 网络的这种极强的映射能力、自学和自适应的特性，可以很好地解决风险评价中存在的动态和非线性问题。BP 网络的主要缺陷是容易陷入局部极小，而遗传算法具有较好的全局寻优能力。因此，神经网络和遗传算法理论已成功地应用于很多领域中。BP 算法是一种有导师学习算法，而 BP 网络分为：输入层、隐含层和输出层，隐含层可以有一层或多层。BP 算法的学习过程由正向传播和反向传播两部分组成：在正向传播过程中，输入模式从输入层经过隐藏层神经元的处理后，转向输出层，每一层神经元的状态只影响下一层神经元状态；如果在输出层得不到期望的输出，则转入反向传播，此时误差信号从输出层向输入层传播并沿途调整各层间连接权值和阈值，以使误差不断减小，直到达到精确的要求。该算法实际上是求误差函数的极小值，它通过多个样本的反复训练，并采用最快下降法使得权值沿着误差函数负梯度方向改变，并收敛于最小点。图 2-16 表示典型的神经网络结构图。

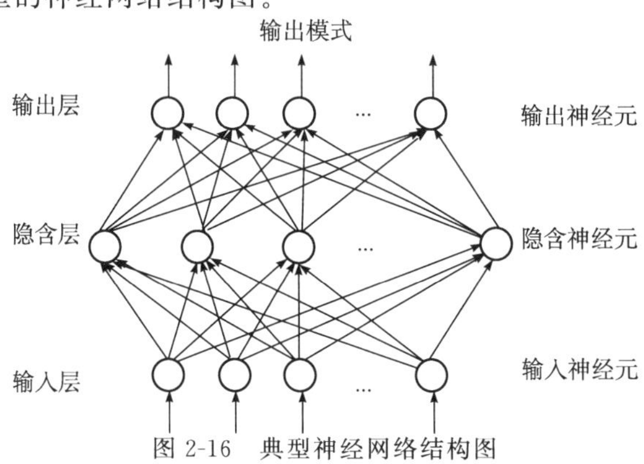

图 2-16　典型神经网络结构图

以下主要介绍 BP 神经网络与遗传算法运行过程。

BP 算法沿目标函数的负梯度方向寻优，容易陷入局部极小的陷阱，使风险评价网络不能获得最优的权值分布。而遗传算法是一类借助生物界自然选择和自然遗传机制的随机化搜索算法，其主要特征是群体搜索策略和群体中个体之间的信息交换，其隐含的并行搜索能力使遗传算法具有极强的全局寻优性能。其运行过程如图 2-17 所示：

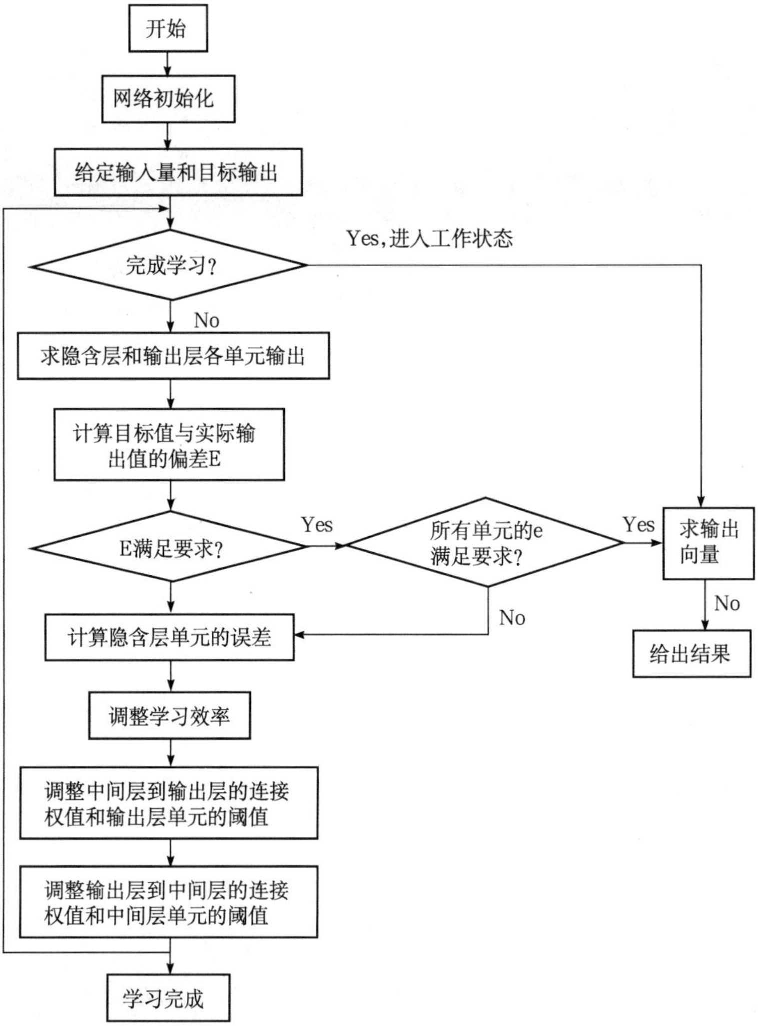

图 2-17　神经网络运行过程

5. 德尔菲法

德尔菲法是美国兰德公司在 20 世纪 40 年代末首先使用的一种评价方法，是以古希腊城市德尔菲（Delphi）命名的规定程序专家调查法（Saaty，1980）。德尔菲法又称专家咨询法，是由组织者就拟定的问题设计评价表，通过函件采用匿名的方式分别向选定的专家组成员进行多次反复的征询调查，从而获得评价结果的一种方式，是一种科学、客观的专家意见征询方式。

德尔菲法作为一种独特的专家意见评价方法，它具有以下特点：①反馈性：表现在多次作业，反复、综合、整理、归纳和修正，有组织、有步骤地进行；②匿名性：参与的专家之间相互匿名，避免心理干扰影响，排除各种人为因素，只通过专家头脑中的数据资料和经验，经过分析、判断和计算确定出理想的结果；③统计性：对各位专家提出的意见进行统计，再取平均数或是中位数统计出量化结果。德尔菲法的一般步骤如下。

第一步：提出要求，以书面形式通知选定的专家和专门人员。其中选择专家是关键，专家一般都是掌握专门领域知识和技能的人，人数一般在 8～20 人左右，然后提供专家所需的足够资料。

第二步：专家收到材料，通过自己的知识和经验来写出自己对未来发展的预测，并说明理由和依据，再以书面的形式交回。

第三步：主持单位或领导小组对专家的意见加以归纳整理，对不同的结果分别说明依据和理由（根据匿名专家的意见）分别交给各专家，要求对其做出修改或补充。

第四步：专家接到第二次通知后，对各种意见及其依据和理由分别进行分析，并再次进行修改，提出自己的意见和理由依据。如此往复地归纳整理，直到意见基本一致，具体的修改次数要根据实际需要而定。

本方法的缺点在于受预测者主观影响较大，有取得小组一致意见的趋势但又无法说明为什么该意见是正确的，比较保守，不利于新思想产生，并且还要对专家给予一定的报酬。

6. 模糊综合评价法

Karwowski 和 Mital 提出模糊分析方法（Dai and Wang，1992），该法是建立在模糊数学理论基础上的一种预测和评价方法。模糊风险评价方法是应用模糊集理论方法对系统失效可能性和失效后果进行定量分析评价。它的特点在于其评价方式与人们的正常思维模式很接近，用程度语言描述对象。它特别适合用来解决那些模糊的、非定量的、难以明确定义的实际问题。

模糊综合评价法的基本思想是在确定评价因素、因子的评价等级标准和权值的基础上，运用模糊集合变换原理，以隶属度描述各因素及因子的模糊界线，构造模糊评价矩阵，通过多层的复合运算，最终确定评价对象所属等级。关键点是模糊评价矩阵的计算。

多层结构的模糊综合评价法的优点是：将前一层的评价结果作为下一层的评价输入，这样便把复杂的问题分解成相对简单的评价因素，使得评价结果更具有客观性和合理性，更能反映出系统的真实情况；其缺点是：在一些复杂系统下的应用仍需要做进一步的探讨，如模糊算子的选择、权重的确定、因素之间关系的考虑等。

客观世界广泛存在模糊性，它是不确定性的一种，正是由于随机性、模糊性等不确定因素的存在，常使事件带有一定风险。对于较复杂的系统，由于存在着许多诱发系统事故、影响事故后果的模糊因素，采用模糊集方法来描述和处理这些模糊因素，能使得评价结果更接近于实际。该方法既能减少获取风险评价的输入数据的难度，又能结合工程技术人员的实际经验和判断构造模糊数的隶属函数，有较大的灵活性和适应性，可以广泛用于化工装置、武器装备、建筑、煤矿、水利等多种领域。

7. 灰色关联分析

灰色关联分析法是灰色系统理论提出的可供分析系统中各因素或系统各方案关联程度的一种方法。其原理是根据系统的动态发展态势和有关统计数据的几何关系和相似程度，判断各因素或方案间的关联程度（亦称关联度），诸统计数据列构成的曲线形状越接近，则其变化态势越接近，其所代表的系统因素的关联度就越大（傅立，1992）。

灰色关联度分析法是建立在灰色系统理论基础上的一种定量评价方法（刘恩峰等，1999）。它根据评价因素之间的发展态势的相似或相异程度，来衡量评价因素之间的关联程度，最终将评价因素的权重与其等级的分数相乘然后相加，得出评价结论。灰色关联分析法的基本思路是在不完全信息中，对所要分析研究的各因素通过一定的数据处理，在随机的因素序列间，找出它们的关联性，发现主要矛盾，找到主要特性和主要影响因素。

灰色系统理论较之传统的方法有两大优势：①其可以对大量不定量指标评价进行处理；②按发展趋势作分析，因而对样本量的大小没有太高的要求，分析时也不需要典型的分布规律，而且分析结果一般与定性分析相吻合，因而运用灰色系统理论中十分重要的灰色关联分析方法具有广泛的实用性。这种方法既可以用于因素关联度的分析，又可以用来对由多层次综合指标体系所描述的总体的优劣程度做出评价、判断，它克服了传统的相关分析法不适于非线性模型的缺陷，是相关分析法的补充和发展。

8. 事件树分析

事件树分析（event tree analysis，ETA）又称决策树分析，也是风险分析的一种重要方法。它是在给定系统起始事件的情况下，分析此事件可能导致的各种事件的一系列结果，从而定性与定量地评价系统的特性，并可帮助人们做出处理或防范的决策（黄祥瑞，1990）。

事件树分析从事故的起因事件（或诱发事件）开始，经原因事件到结果事件为止，每一事件都按“成功”和“失败”两种状态进行分析。事件树是一个类似流程图的树型结构，其中树的每个内部节点代表对一个数据属性的测试，其分支代表测试的每个结果，树的每个叶节点代表一个数据类别，树的最高层节点就是根节点，是整个事件树的开始（伯特和穆尔，1992）。

事件树是形象化的一种决策方案，把影响项目风险的有关因素，绘制成一个从左至右展开的树状图，用逐级逼近的计算方法，从出发点开始不断产生分枝以表示所分析问题的各种发展可能性，然后用反推事件树方式进行分析，使项目的管理者有步骤、有层次地进行决策，最后选定最佳方案。

事件树分析的优点：对于将要发生的各种情况进行全面描述，对其可能一一进行计算，可以详细地比较结果选出最优方案，从而使行动更为科学合理。事件树分析的缺点：对于可能发生的情况或方案必须全面掌握，方可构建决策树，否则无法做出方案的选择。此外，事件树分析法不能分析平行产生的后果，不适用于详细分析。

9. 故障树分析

故障树分析（fault tree analysis，FTA）（张景林和崔国璋，2002）是在1961年，由美国贝尔实验室首先用于分析“民兵”导弹发射控制系统，后来推广到多种武器装备及核能化工等许多领域。故障树分析法是从结果到原因找出与灾害事故有关的各种因素之间因果关系及逻辑关系的分析法（韦冠俊，1995）。这是一种作图分析方法，其做法是把系统可能发生的事故放在图的最上面，称为顶上事件，按照系统构成要素之间的关系，向下分析与灾害事故有关的原因。这些原因可能是其他一些原因的结果，称为中间原因事件（或中间事件），应继续往下分析，直到找出不能进一步往下分析的原因为止，这些原因称为基本原因事件（或基本事件）。

故障树的定量分析，首先是确定基本事件的发生概率，然后由故障树图，通过一定的数学方法计算，最后求出顶上事件的发生概率。

故障树分析法是分析大型复杂系统安全性和可靠性的有效工具。就一个大而复杂的系统而言，利用故障树分析法可以从整体上分析风险系统的构成，帮助判断潜在的风险因素及计算系统发生风险的概率，以便政策决策者采取相应的改进措施，合理科学地制定对策。

比较其他评价方法来说，故障树分析法通过基本事件发生概率求解顶事件概率，表明基本事件对于顶事件产生的影响程度，也充分说明基本事件与顶事件之间的因果关系。当然，故障树分析法还存在很多的不足，故障树分析法依靠专家打分，专家个人偏好等因素也必然会对决策结果产生一定的影响。同时依据故障树分析系统因素构成时，对于构成因素分析不全面，各个风险因素还可以继续细分，这样，整个风险评估的结构模型就更加复杂且计算工作量大。

用故障树分析法编制的大型故障树不易理解，且与系统流程图毫无相似之点，同时在数学上往往非单一解，包含复杂的逻辑关系，从实际应用而言，由于我国目前尚缺乏设备的故障率和人的失误率的实际资料，故给定量分析带来很大困难或导致定量分析不可能实现（亨利等，1988）。

10. 网络模型法

网络模型法有关键线路法（critical path method，CPM）、计划评审技术（program evaluation and review technique，PERT）和图形评审技术（graphics evaluation and review technique ，GERT）、风险评审技术（venture evaluation review technique，VERT）。

关键线路法假定项目各工序时间是确定的，只要工序的条件不变，为完成该工序所需时间就不变。不能反映风险因素对项目总工期的影响，因此在风险评价方面作用不是很大。

计划评审技术要找出项目工序的关键线路，项目各工序时间和总工期都是随机变量。假定总工期服从正态分布。由于工程项目都是一次性的，一般都缺少先例，每个工序开始、结束及持续时间都是不确定的。图形评审技术把这种不确定性带来的工期成本风险归因于随机性，通过对这种随机性的分析和评价揭示出项目工期和成本的风险情况。此外，图形评审技术还通过确定各工序之间的逻辑关系和核实工序时间及所用资源识别出有关风险。

图形评审技术是一种网络关系模型，可以对网络逻辑关系和时间估算进行概率处理（即，某些活动可能根本就不实施，某些活动可能只有部分实施而另一些活动则可能实施多次）。

风险评审技术是一种以管理系统为对象，以随机网络仿真为手段的风险定量分析技术。在软件项目研制过程中，管理部门经常要在外部环境不确定和信息不完备的条件下，对一些可能的方案做出决策，于是决策往往带有一定的风险性。这种风险决策通常涉及三个方面，即时间（或进度）、费用（投资和运行成本）和性能（技术参数或投资效益），这不仅包含着因不确定性和信息不足所造成的决策偏差，而且也包含着决策的错误。风险评审技术仿真可以给出在不同性能指标下，相应时间周期和费用的概率分布、项目在技术上获得成功或失败的概率等。这种将时间、费用、性能联系起来进行综合性仿真的技术，为多目标决策提供了强有力的工具。

综上所述，评估的内容主要包括风险源发生的条件、时间、空间、频率及损失期望值。由于这些因素的产生原因和表现规律差异较大，分析评估的方法也就有所区别。针对不同的评价对象，应根据其具体的特征选择适宜的评价方法，从而为合理科学的决策提供依据。

11. 幕景分析法①

幕景分析法（scenarios analysis）是一种能识别关键因素及其影响的方法。一个幕景就是一项事业或企业未来某种状态的描述，可以在计算机上计算和显示，也可用图表等简述。它研究：当某种因素变化时，整体情况怎样？有什么危险发生？像一幕幕场景一样，供人们比较研究。幕景分析的结果大致分两类：一类是对未来某种状态的描述，另一类是描述一个发展过程及未来若干年某种情况一系列的变化。它可以向决策者提供未来某种机会带来最好的，最可能发生的和最坏的前景，还可能详细给出三种不同情况下可能发生的事件和风险。

幕景分析法可提醒决策者注意某种措施可能引起的风险；需要进行监视的风险范围；关键因素对未来的影响；新生技术对未来的影响等。

幕景分析可扩展决策者的视野，增强分析未来的能力。在具体应用中，还用到筛选、监测和诊断。其中，筛选是使用某种程序将具有潜在危险的产品、过程、现象和个人进行分类选择的风险辨识过程，如哪些因素非常重要而必须加以考虑，哪些因素又明显的不重要；监测是对应预测中险情及其后果对产品、过程、现象或个人进行观测、记录和分析的重复过程；诊断是根据症状或其后果与可能的原因关系进行评价和判断，以找出可能的起因并进行仔细检查，并且做出今后避免风险带来损失的方案。

但是，在应用幕景分析法时有局限性，要注意避免“隧道眼光”（tunnel vision）现象。因为所有幕景分析都是围绕目前的状况和信息水平进行，可能与实际产生一定的偏差，就像从隧道中看洞外的世界一样有局限性。所以，为避免此方法带来弊端，幕景分析法最好能与其他分析方法一同使用。

12. 情景预测法②

定性方法主观性较强，定量方法容易受模型条件的限制，而情景预测法是一种将定性与定量结合的方法。情景预测法出现在20世纪70年代，基本定义是在假定某种现象或某种趋势将持续到未来的前提下，对预测对象可能出现的情况或引起的后果作出预测的方法。通常用来对预测对象的未来发展做出种种设想或预计，是一种直观的定性预测方法。它把研究对象分为主体和环境，通过

---

① 郭仲伟．1986. 风险分析与决策．北京：机械工业出版社。

② 徐国详，胡清友．2002. 统计预测和决策．上海：上海财经大学出版社。

对环境的研究，识别影响主体发展的外部因素，模拟外部因素可能发生的多种交叉情景预测主体发展的各种可能的前景。其特点主要表现为：使用范围广，不受限制；考虑问题周全、灵活；定性和定量方法结合，先定性分析出各种可能，再提供定量尺度，使管理者能及时发现未来的问题更好地决策。

一般步骤为确定分析主体，根据主体寻找资料，充分考虑主体将来的状况，寻找影响主体的环境因素，尽可能周全地分析不同因素的影响程度，将上述因素分成几个领域，分析在不同影响领域下主体实现的可能性，同时分析是否有突发事件和有何影响，对可能出现的主体状况进行分析。情景预测法在不同情景下采用不同的方法。

未来分析法通常将未来分为三种情景：无突变情景、悲观情景和乐观情景。先假设目前状况将持续发展，再以这样的发展预测将来会怎样，就得到了无突变情景；找出对未来情景有影响的各种环境因素，使其进行不同程度的变化，从而得到有利环境和不利环境，最终分析在有利环境和不利环境下分别得到什么样的乐观情景和悲观情景。

目标展开法立足未来分析现在，先确定目标，再分析如何达到目标。分析过程中，可根据总目标设计出各子目标，再分析实现这些目标需要满足的环境和条件，寻找最佳路径。

间隙分析法立足于现在和未来，寻找中间途径。它根据现在的状况，分析如此发展的话将来会怎样。再根据两者状况决定中间的路怎么走。与目标展开法有类似之处，但更强调阶段性。

小　　结

风险管理自 1930 年在美国提出以来，已形成完整的理论体系，并被运用到多个领域。其风险分析和评价的方法已很成熟，包括定性的方法、定量的方法及两者结合的方法。然而正如前文所提到的，在公共政策系统中，风险贯穿了其整个制定、实施的过程，其风险因素的事件繁多，关系多变，既有并联风险，又有串联风险，而且不易得到事件发生概率的精确值等。这些事实都决定了在公共政策体系中实施风险管理的可行性和必要性。通过对上述传统风险管理方法的总结和分析，可以发现传统风险管理方法虽然已经很成熟，能够解决定性和定量问题，然而尚缺少一种针对公共政策体系特点的，既能评估并联风险又能评估串联风险的方法。基于此，本书针对公共政策体系的特点，在评价体系中引入了 CIM 法（见第五章），在风险控制过程中引入一种全新的风险控制模式——风险分解和控制系统，即 RBCS（见第六章）。从而能够对公共政策体系更好地进行风险管理。

第三章 风险管理在公共政策系统中的应用

第一节　公共政策的风险管理研究

一 公共政策风险研究的基本现状

迄今为止，公共政策仍然“缺乏完善的概念体系和有影响的理论假设”（张国庆，1997），人们对什么是理性的、科学的公共政策等问题仍然无法作答。而政府面对愈来愈纷繁复杂的公共政策问题，总是显得有些应对不及，甚至导致危机频发。所有这些理论和现实的问题都是促使我们研究“公共政策风险”的原动力。

（一）理论背景

目前，国外政策科学形成了普遍公认的五个领域：政策战略、政策分析、政策制定系统的改进、政策评价和政策科学的发展。可以说现代公共政策的研究活动是以这五个基点为圆心展开的，并未涉及公共政策过程中的风险问题。

虽然早在20世纪中叶拉斯韦尔就已经提出，对政府决策行为进行科学的研究是现代政治科学的一项重要内容，但是他过分强调了决策过程的阶段化、科学化，没有看到政治决策的多样性、复杂性（王福生，1991）。也就是说，拉斯韦尔所确定的政策科学的基本范式是研究政策决策过程的阶段，探讨如何将其科学化。这一点从政策科学的研究方法上也能略见一斑。目前政策学所使用的研究方法主要有社会实验系统结构、比较研究和定量分析等。值得一提的是，其中的定量分析方法也是服务于“如何使决策科学化”的，即从有关政策的大量问题或现象中抽取一组特征量，进行量化分析，有时还需要制定政策方案的数学模型（王福生，1991）。可以说，对政策“科学决策”之中是否存在不科学的风险，乃至“科学决策”之后是否存在不科学的政策执行风险的问题，至今为止却少有人涉足。

近年来，由于我国不断加快改革开放和现代化建设进程，市场经济的发展和政治体制改革不断深化，在一批青年学者的推动下政策科学研究进展不断加快，正处于有重大突破的酝酿阶段，但是在上述研究中，很少有对公共政策风险的研究。纵观公共政策的研究领域，大多数学者一致认为公共政策过程中存在着风险，都提出了防范风险的要求，但鲜见提出具体的程序、模型。

（二）现实背景

按照德洛尔的观点，20 世纪 80 年代末期以来世界发生了一系列的变化，相应产生了如下一系列新的公共政策问题。

（1）许多前所未有的政策问题的出现和尖锐化，使政策问题的实质特征发生了剧变，并导致人们对传统政策理念、政策规范、政策原则、政策假设、政策习惯、政策方法产生怀疑，进而导致公众对政府公共政策不满。

（2）政治制度基础受到侵蚀。人们通常使用合法性危机、不可统治性、负荷过重、统治能力限制、民心涣散等词语表示政治制度基础受到侵蚀的现象。由于政治统治超验正当性（如宗教）的逐步消失，公共政策所必需的政治基础因此受到削弱。

（3）政府的公信力下降，表现为公众对政府履行政策宣言进而提供利益的诚意和能力表示怀疑。由于广泛推行“公开性”、“透明度”等民主政治的理念，公众实际参与政策制定过程的可能性大大增加，由此剥去了政府公共政策神圣、神秘的外衣，政府及其官员正在变得不那么受人尊重。

（4）政治资源分裂，表现为政治分歧越来越多，政治浪漫主义和政治神学的色彩得到加强，非难性政治发展的趋势正在加强，参与政治的民众大量减少等。这一切导致了公众对政府政治支持的减少和政府公共权威的降低，而公众对政府的政治支持和政府的公共权威，对于公共政策的有效性是绝对必不可少的。

（5）缺乏正确的政策指南。对上述问题及其他许多的重大公共政策问题，如经济发展中的滞胀问题，政治发展中的政治参与问题，社会发展中的公平问题，人们事实上并没有提出可以用于指导政策实践、并在政策实践中充分显示其有效性的系统理论。

（6）社会的价值标准在实际的政策过程中出现明显的分歧。

除了要应对上述新的政策问题以外，政府部门还表现出对政策制定与政策执行的无能。从政策现象上看，政策制定与政策执行的无能主要指两种情形：①不能满足政策制定与政策执行的要求；②造成政策质量低下。也就是说由于特定的政策制定与政策执行行为而导致特定的政策失败，或者不能导致良好政策效果的政策制定与政策执行。其原因主要有如下几点。

（1）依靠过去的认识方式和教条来理解不断变化的现实，从而内涵着固有的认知无能；

(2) 集体决策和集体行动的局限，这种局限经常来自集体中相关各方相互充分理解、充分信任和通力合作的困难；

(3) 组织的价值倾向和行为倾向存在自我满足、安于现状、渐进发展的特征；

(4) 公众的价值和行为倾向存在感情或情绪化的特征，并因此容易受到象征行为而不是实质行为的影响；

(5) 与政策制定和政策执行直接相关的结构和过程存在内部紧张关系，以至于削弱了组织的行动能力；

(6) 与上述过程和特征相联系的人类思维和感情过程的保守的、不稳定的特征。

无论是政府面临的新问题，还是其本身的“固有无能”，都使政府和国家处于现实的和潜在的政策风险之中，这种国家风险的承受边界既不是经济上的破产，也不是国家组织人员的生理和心理上的崩溃，而是国家组织政权的稳定性(王诚，1997)。也就是说，当公共政策出现重大失误时，导致的最为严重的后果将是政府危机、政权颠覆。更为普遍的是公共政策一般的失误，将导致政府的公信力下降、政治制度基础受到侵蚀，以及政治资源分裂等。简而言之，这些就是纯粹意义上的公共政策风险。

以美国20世纪60年代的侵越战争为例，多数学者认为，侵越战争政策的失败绝不是最高行政决策者个人的责任，而是因为政策制定系统本身存在问题。更为典型的例子是伊拉克侵略科威特政策引发伊拉克10多年的经济衰败、人民流离失所。诸如此类由于某项政策失误导致的政府危机，甚至政权颠覆的范例不胜枚举。总之，任何一项公共政策的重大失误都会给国家和人民带来灾难性的影响。战争政策如此，教育政策、外交政策、人口政策也是这样。

二 公共政策风险研究的现实意义

近年来，国内外发生了一些“不确定事件”，如1997年的东南亚金融危机，2001年的美国“9.11”事件，2003年“传染性非典型肺炎”疫情。此类“不确定事件”的发生无疑都给相关政府的决策带来新的考验。对于一个政府来讲，有无“不确定事件”的预案系统，直接影响决策的速度和质量。而处理这些“突发事件”或“不确定事件”过程中，采取的措施和手段是否得当，直接影响政府的形象和人民的切身利益。当这些“不确定事件”发生时，具备风险预案和控制措施的决策机构会有条不紊地实施预案处理方案，这种风险控制的方法虽然在公共政策领域并没有被提及，但国际上有许多国家都建立有危机管理机制，从这点上说公共政策决策过程始终存在风险，是决策者和研究者的共识。比如日本专门设有决策和协调体制处理危机，内阁在处理政策风险危机时，有着绝对的指挥权，并有相应的法律予以支持，如《内阁法》专门规定了处理的程序和方法。日本曾经在美国出现“9·11事件”、炭疽杆菌袭击等恐怖事件后，采用危险管理机制，于2001年11月8日，召开相关阁僚会议，制定了对付生物化学恐怖的五条基本方针，包括加强对生物和化学制剂的管理，强化警察、自卫队、消防等有关部门的应对能力等。同样，在自然灾害、金融危机等引起政策风险的因素出现时，日本也备有相应的运作机制。这是实施公共政策风险管理的最基本手段。

风险管理专家断言，我国四省市在试行个性化车牌的决策上，如果引入了风险管理手段，在制定政策之前进行了相应的风险识别和风险分析并设有相应的风险控制措施，个性化车牌就不会在试行一周后“夭折”了。

通过以上的背景分析和社会现实发展及世界具体形势研读，我们越来越感到公共政策风险研究的重要性和必要性。

三 公共政策风险研究的方法

由于政策环境变化，政府在制定和执行政策过程中会产生风险，我们试图将在企业经营管理中发展日臻成熟的风险管理方法引入对政策风险的研究之中，运用风险管理的定性和定量工具，有效识别、评价和控制公共政策过程中的风险，从而提高公共政策的制定和执行质量，探索一种全新的行政管理方法。

本书所使用的研究工具为20世纪50年代发展起来的风险管理方法。美国风险管理学家威廉姆斯和海因斯认为：风险管理是通过对风险的识别、衡量和处理，以最少的成本将风险导致的各种不利后果减少到最低程度的科学管理方法（陈仕亮，1994）。它一方面揭示了风险管理的实质是以最经济合理的方式消除风险导致的各种灾害性后果；另一方面则指出风险管理是包括风险识别、风险衡量（估测和评价）、风险处理等的一整套系统而科学的管理方法，这就是：运用系统论的观点和方法去研究风险与环境之间的关系，运用安全系统工程的理论和分析方法去识别、估测和评价风险，然后根据对成本与效益的比较分析，针对所面临的风险做出客观而科学的决策，以确定处理风险的最佳方案。

一般而言，风险管理的基本程序是风险识别、风险估测、风险评价、风险控制和管理效果评价（图3-1）。本书将按照上述风险管理的分析方法和程序对公共政策风险进行研究。

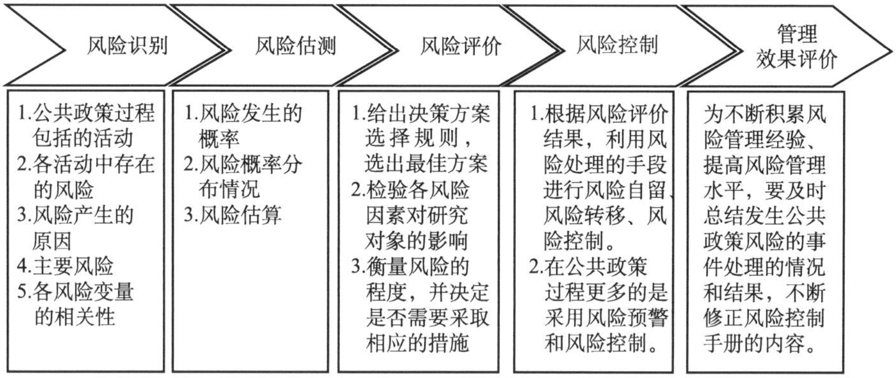

图 3-1　风险管理基本程序

本书的具体做法是：对公共政策系统、过程和环境进行全面分析、解剖，以公共政策的制定和执行两大过程为线索，将其逐层分解为最末一级子过程，结合涉及的参与者和政策环境因素，对政策过程的每一环节展开风险识别；将识别出来的各级风险因素运用定量方法加以评价；最后采用系统论的方法，将相互作用、相互依赖的风险因素组成一个系统，抽象成一种理论模型，运用概率论、数理统计等数学工具定量计算出最优风险管理方案。

我们力图通过上述研究，使处于政策过程中的任一环节的行政管理人员，对其正在进行的政策工作面临的现实的或潜在的风险都能做到心中有数，并能通过风险控制系统进行调控，乃至采取应对风险的措施。运用本书研究成果能够检验通过“科学决策”制定的政策是否存在现实的和潜在的风险，以及制定出的公共政策是否存在执行风险，使“提高公共政策质量”有一个可靠的风险管理系统支持。

第二节　公共政策的风险管理系统

一　理论依据

目前我国对公共政策的研究还处于比较初级的阶段，而西方在公共政策领域的研究已经进入了比较成熟的阶段，也形成了一些较为成功和流行的理论框架，如制度理性选择框架、多源流框架、辩护—联盟框架，以及政策扩散框架等。在这一领域里，最为人熟知的理论应该是公共政策过程理论，该理论把政策过程分为一系列的步骤，如议程设定、政策合法化、政策执行与评估等，在20世纪七八十年代风靡整个公共政策领域，其重要的研究成果主要体现在议程设定、政策执行和评估等阶段①。

安德森（James Anderson）在《公共决策》一书中，将政策过程的功能活动划分为如下五个范畴：问题的形成、政策方案的制定、政策方案的通过、政策的实施、政策的评价。此后，经过布瑞沃（Garry D. Brewer）、琼斯（Charles O. Jones）等学者的倡导和努力，政策过程阶段论广为流传，被称为“教科书式的政策过程”（textbook policy process）或“启发性的阶段论”（stagesheuristic）。②

美国学者邓恩主张以问题构建为中心，研究公共政策制定的过程并进行规范化。他把公共政策过程划分为几个程序，通过不同程序可以对公共政策的形成和执行情况进行比较客观的分析。过程模型把公共政策的制定分成不同的阶段，具有逻辑关联性，是公共政策分析的基础模式。美国的卡尔·帕顿（Carl V. Patton）和大卫·沙维奇（David S. Sawicki）（2002）开发了一套系统化的程序和基本方法，即理性模式（rational model），根据公共政策过程理论，其整个规划过程包括界定问题、建立评估标准、认定可选择政策、评估可选择政策、选定偏好的政策、执行偏好的政策六个环节。

政策过程阶段论模型之所以能够盛行是由于它为人们理解复杂的政策过程提供了一个简化模型。它把复杂、抽象的政策过程分解为若干简单、具体的阶段，这一模型具有高度抽象性和概括性，可运用于不同的政策领域和不同的文化背景。因此，本书基于该政策过程理论研究公共政策制定、执行和环境三方面对公共政策产生的风险影响，针对风险因素进行系统的识别和风险分析、评价，并提出相应的控制措施，以期达到有效降低政策风险、提高公共政策质量的目的。

二 公共政策的风险识别

本书结合公共政策自身的特点，把上述以企业为对象的风险识别方法用于对公共政策的风险识别，即在公共政策的内外部环境中，结合政策参与者和影响者在政策过程的每一个环节中的作用，全面、系统地分析公共政策过程，识别其中的风险因素（图 3-2）。

公共政策风险识别只是对公共政策实行风险管理的第一步，是建立风险评价体系的基础。对于一个完善的风险管理系统来说，它的最终目的是为政策决策者提供一套简单易行的、系统的风险分析、控制手段，使政策决策者对未来的不确定性、危害程度、控制方法都能做到心中有数，从而提高决策质量，减

① 毛寿龙．2004．西方公共政策的理论发展之路及其对本土化研究的启示．江苏社会科学，（1）：143～148。

② 杨诚虎．2006．西方公共政策研究新进展．行政论坛，（5）：94～96。

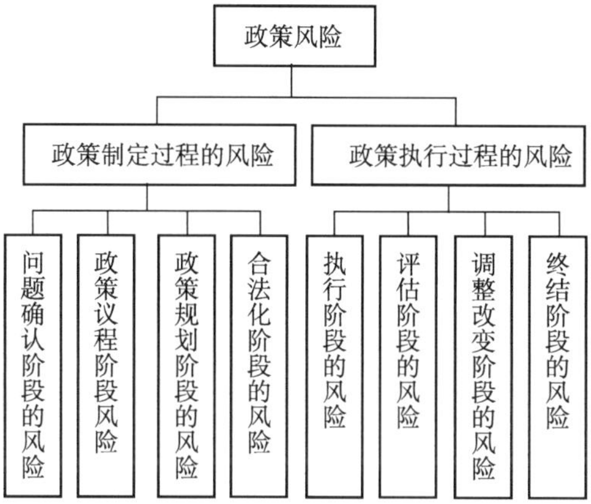

图 3-2 政策风险识别总图

少一项新政策出台后对社会稳定的影响等风险，从而也避免对国家造成的不必要的经济损失。

为了全面了解公共政策制定及执行过程中的风险因素，本书进行了广泛的问卷调查，调查对象包括公共政策的制定者、执行者，以及广大承受者。问卷设计依据以上公共政策制定及执行过程中分解细化出的风险因素进行。

问卷调查主要针对各大城市的一些单位及个人，包括政府机关、学会组织、专家学者、外资企业、在校学生等。答卷人首先需要选择自己的工作所涉及的政策阶段，然后针对问卷中列举出的各个风险因素进行风险程度的选择，选项包括：几乎没有风险影响、风险影响很小、风险影响一般、风险影响比较大、风险影响非常大。本次调查发放问卷 54 份，收回问卷 54 份，有效问卷 50 份，通过本次问卷调查我们掌握了大量翔实的数据信息，对我们编制“公共政策风险辨识与控制手册”帮助很大。

三 公共政策的风险评价

风险评价是指在风险识别和估测的基础上，把风险发生的概率、损失幅度和其他因素综合起来考虑，得出系统发生风险的程度及其可能性，并与公认的标准进行比较，确定系统的风险等级。

本书采用 CIM 模型对公共政策风险进行评价。对于公共政策风险而言，风险因素的概念可能是模糊的，影响风险因素的事件复杂多变，因而不可能得到事件发生概率的精确值，采取模糊评价更为准确。首先，CIM 模型正是针对影响因素的区间概率分布，根据因素间的相应关系进行叠加获得总系统风险概率分布的评价方法，可以尽量减少主观判断，使整个公共政策风险的评价尽可能的客观、科学；其次，CIM模型要求建立在相等区间的直方图上，因此使概率分布的叠加计算得以简化和普通化，整个风险评价的过程简单重复，容易实现相应软件的设计与开发；最后，CIM模型分为串联响应和并联响应两种模型，既能处理变量相互独立的情况，又能处理变量相关的问题，与公共政策风险活动的实际状况相吻合。

（一）CIM模型概述

CIM模型（Controlled Interval and Memory Models，即控制区间和记忆模型）是由C. 钱伯曼（C. Chapman）和D. 库泊（D. Cooper）在1983年提出的。CIM模型是进行概率分布叠加的有效方法之一，其特点是：用直方图表示变量的概率分布，用和代替概率函数的积分，并按串联或并联响应模型进行概率叠加。直方图具有相同宽度的区间，而CIM模型正是要求建立在这种相等区间的直方图上，因此使概率分布的叠加计算得以简化和普通化①。

CIM模型分为串联响应模型和并联响应模型，按变量的物理关系分别进行变量概率分布的“串”或“并”联组合与叠加，从而确定活动全过程的风险概率曲线。串联响应模型表示，某一项目活动中，若所有活动都以串联关系存在，而且这些活动都必须出现，这就组成了串联响应模型。并联响应模型表示一项活动，只要其中任一风险出现，活动都会受到风险影响的。CIM模型既能处理变量相互独立的情况，又能处理变量相关的问题，是现代风险分析方法中进行风险因素组合、量化评价的一种新的技术。

CIM模型首先解决了风险因素综合影响的概率叠加问题，其次，由于风险因素的概率分布往往是基于专家经验而得到的经验分布，也就是说，CIM模型解决了经验分布的叠加问题。

CIM模型也有其不足之处，并联响应模型要求评价系统的各个风险因素经验分布的分布区间等距；对于串联响应模型，每一次叠加结果的个数将变为两个分布区间个数的乘积，当风险因素个数非常多时，叠加后的区间数将变得非常多，必须重新进行区间划分，才能得到新的分布，这样随着叠加次数的增多必然会造成一定的误差。另外，无论是并联响应还是串联响应，在叠加过程中，是用分布区间的中点值进行计算，虽然可以通过区间细分的方法提高计算精度，但这样就带来了计算量无限增大的问题。

（二）CIM模型在公共政策风险评价中的运用

鉴于公共政策中各风险因素的出现具有随机性，并且每一个风险因素的

---

① 于九如.1999. 投资项目风险分析. 北京：机械工业出版社。

发生对于公共政策都具有相应的影响，因此，对于公共政策的风险评价运用CIM模型中的并联响应模型。根据CIM模型对风险叠加的方法与叠加的顺序，针对公共政策风险的特点，对公共政策风险进行评价的原理及过程如下：

（1）根据公共政策风险识别过程中建立的公共政策风险体系，确定各末层风险因素的概率分布；

（2）在每一个公共政策子过程中，风险因素的发生具有随机性，对它们采用并联叠加模型的原理进行叠加，如图3-11所示，求出各级风险因素的概率分布；

（3）运用并联响应模型将公共政策过程中风险因素概率分布分级向上叠加，直到得到公共政策总风险概率分布；

（4）绘制总风险概率分布图，计算其期望值和标准差，根据计算结果进行公共政策风险评价，从而确定公共政策的总的风险程度及该值的可靠性。

（三）公共政策风险评价及决策制定

公共政策风险评价最终得到的是该公共政策的总风险程度值，根据这一风险程度值，对应表3-1即可制定正确的公共政策决策。

表3-1　公共政策风险评价及决策制定

<table>
<tr><th>风险期望值隶属区间</th><th>风险程度评价</th><th>状态描述</th><th>制定决策</th></tr>
<tr><td>[0～0.2]</td><td>风险程度很小</td><td>在该种状态下，公共政策中各风险因素发生概率很低，甚至可以忽略不计，对于政策的制定和执行不构成威胁，这说明在整个公共政策的制定和执行中对于风险因素的控制和处理适当，有条不紊地实现预期，即与预期目标相差无几</td><td>对于该种风险状态下的公共政策可以广泛地执行和推广</td></tr>
<tr><td>(0.2～0.4]</td><td>风险程度较小</td><td>在该种状态下，公共政策各风险因素的发生概率更多地集中在[0～0.2]之间，通过概率叠加得出总概率分布在[0.2～0.4]之间，因此各风险因素的发生概率还是较低的，且具有弥补的可能，这说明公共政策在制定和执行中对于风险因素的处理还是比较准确地，对于公共政策实施的影响不大</td><td rowspan="2">鉴于该种风险状态下公共政策中各风险因素的发生概率较低，可进行相应弥补，因此应对其进行相应的监督，及时纠正，减少其不确定性带来的风险，保证公共政策预期目标的有效实现</td></tr>
<tr><td>(0.4～0.6]</td><td>风险程度中等</td><td>在该种状态下，各风险因素的发生概率主要集中于[0.2～0.4]之间，其发生对于公共政策风险不具有直接失败的效应，同时各风险因素发生概率不高，具有纠正的可能，因此，这种状态下公共政策具有可修复性，从而保障预期目标的实现</td></tr>
</table>

续表

风险期望值隶属区间	风险程度评价	状态描述	制定决策
(0.6～0.8]	风险程度较大	在该种状态下，各风险因素发生概率偏高，对于公共政策的实施具有破坏性，使其与预期目标相差甚远，从而带来公众对于公共政策效用的怀疑，严重时可导致公共政策的失败	在该种风险状态下，公共政策中各风险因素的发生概率过于高，任意风险因素的发生都可造成不良影响或直接导致公共政策的失败，而没有弥补的可能性，因此该种状态下的公共政策应予以放弃
(0.8～1.0]	风险程度很大	在该种状态下各风险因素的发生概率很高，任意风险的发生都会直接构成公共政策的失败，因此不具有可修复性	

注：该表是根据公共政策中各风险因素及总风险程度的特征进行不同等级及相应决策的划分而成的。

四 公共政策的风险控制

所谓风险控制是指在风险识别和风险评价的基础上，针对组织所存在的风险因素，积极采取控制措施，以消除风险因素或减少风险因素的危险性。在事故发生前，降低事故的发生概率；在事故发生后，将损失减少到最低限度，从而达到降低风险单位预期财产损失的目的。因此，风险控制的本质是减少损失概率或降低损失程度。

综合应急评审与响应技术（synergistic contingency evaluation and response techniques，SCERT）是一种通过主动防范风险进而实现项目主动控制的风险管理模型，但是如果将它直接应用到公共政策的风险控制中去又过于宏观，不利于政策人员对具体政策风险进行控制。工作分解结构（work breakdown structure，WBS）方法的思路恰恰可以弥补这一缺陷，因而我们综合上述两种模型的精髓，在公共政策的风险控制过程中引入一种全新的风险控制模式——风险分解和控制系统（risk breakdown and controlling system，RBCS）。

RBCS 的基本思路是：利用 WBS 分解项目活动并编码；辨识基本政策过程的风险（一级风险）；响应一级风险的对策；辨识二级风险；响应二级风险的对策；估计风险的概率及期望损失值；寻找主要的风险及相应对策。

在实践中，各公共政策在进行风险控制的时候都可以按照本书附录中的公共政策风险辨识与控制手册，对各个风险采取相应的风险对策。

小　结

本书摒弃了以往的公共政策决策的思路——损后控制的决策理念，即制定并执行公共政策，当在实践中产生问题，甚至造成损失后再采取相应措施，修正公共政策；而是从一个全新的视角，采取一种科学、先进的决策观，即在风险制定和执行过程中做到事前预测风险，在损失产生之前就积极采取相应的控制措施，尽量阻止重大风险和损失的发生，做到防患于未然。这种损前控制的科学决策理念通过以上公共政策的风险管理系统得以实现。

第四章 公共政策风险识别

第一节 公共政策风险的认识角度

风险识别是风险管理的第一步，它是指对面临的及潜在的风险加以判断、归类和性质鉴定的过程。公共政策是一个处于特定政策环境中的系统，因此在识别公共政策风险时既要关注政策系统内部的风险因素，又要考虑政策环境对公共政策的影响。我们认为，政策风险的来源主要有两方面：一是来自政策系统内部的风险；二是来自政策环境的风险（图 4-1）。

- 公共政策风险系统
  - 来自政策系统内部的风险
    - 按政策过程识别
    - 按涉及的参与者和影响者识别
  - 来自政策环境的风险
    - 来自体制环境的风险
    - 来自社会政治心理环境的风险

图 4-1　公共政策风险识别角度图

一 来自政策系统内部的风险

如图 4-1 所示，在对政策系统内部的风险进行识别时，结合公共政策的特点又有两条路径：按照政策过程识别、按照涉及的参与者和影响者识别。

（一）按照政策过程识别

公共政策的过程性很明显，一般划分为政策制定和政策执行两大过程，在此基础上我们将这两大政策过程层层细分（图 4-2），对最末一级子过程进行风险因素的辨识。

公共政策制定过程细分为政策问题的确认、政策议程、政策规划、政策抉择合法化四个子过程。其中政策规划是政策制定过程的核心，因为它的目标定位、体系程序和方法技术等会直接关系到公共政策产出的质量和水平，可以细分为政策目标确定、政策方案设计、政策方案评估选优三个方面（宁骚，2004）。因此政策规划是政策制定过程中的主要风险识别环节。

政策执行过程可以细分为政策执行、政策评估、政策调整与改变和政策终结四个子过程，其中每个子过程又可以继续细分，直到对最后一级子过程进行风险识别。

通过这种对政策过程层层细分的方法，可以使风险识别逐层过滤，不忽略每一个细枝末节，从而能够更加有效、精确地将政策风险一一辨识出来。

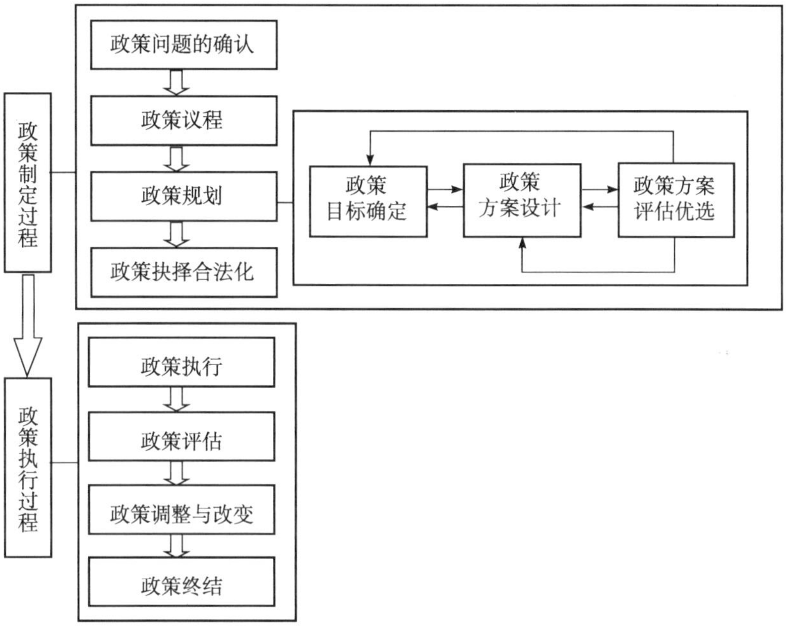

图 4-2　公共政策过程分解图

（二）按照涉及的参与者和影响者识别

在对公共政策的分析中我们发现，直接参与或间接影响公共政策的利益集团有：公共政策的决策者、执行者、政策对象、政策机构的智囊团，以及公众媒体。

决策者是公共政策的主要参与者，他们在政策的制定过程中占主导地位，直接关系到公共政策本身的质量。

执行者是公共政策执行阶段的主要参与者，是公共政策的具体实施者，公共政策能否按照既定目标起到既定效果，在很大程度上取决于执行者对政策的操纵。

政策对象是公共政策的实施对象，即受政策规范、制约的社会成员。公共政策调整或规范的是人的行为及人与人之间的关系，尤其是利益关系。受到利益约束或损害的这一部分政策对象必然形成公共政策执行的阻力，因此政策效果的好坏与政策对象的态度密切相关。

政策机构的智囊团是指政策研究组织，又称“思想库”，它是现代公共决策的一个不可或缺的组成部分，“思想库”的成熟程度是衡量一个国家公共决策水平高低的重要尺度。

公众媒体在这里是指不直接参与政策过程，但通过间接方式影响作为公共政策的直接参与者的人民大众和新闻媒体。他们可以通过各种信息渠道使政策问题被政府部门认定，或者通过舆论力量表示对政策认可和接受与否。因此公众媒体虽然不直接参与政策的决策和执行，但仍然会对公共政策的各个阶段产生重大的影响。图 4-3 描述了公共政策各参与者和影响者之间的相互作用关系。

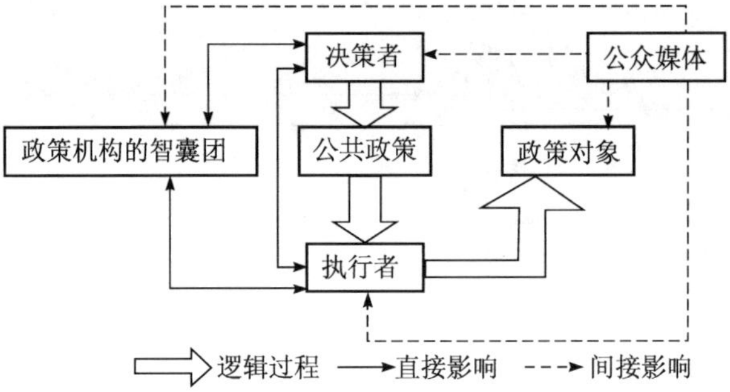

图 4-3　公共政策过程的参与者及影响者

二 来自政策环境的风险

现代管理学提出了环境理论，即应当将组织置于它所处的环境中研究问题，而环境又包括组织的内部环境和外部环境。权变管理理论的创始人卡斯特和罗森·茨韦克又进一步发展了对环境的认识：“组织是范围更广的分系统，即环境的分系统……把系统观念与权变观念应用于研究组织及其管理时，从环境超系统入手是很必要的。不要一开始就搞任何内部分系统。第一步总是要走向这个组织系统的更高一层，研究这个系统对超系统（它是超系统的一部分）的依存关系，因为这个超系统将限定从属系统的行为变化。”（胡宁生，2000）

管理学中环境理论的日臻成熟，无疑对我们研究政策风险具有重要的启发意义。将政策置于它的环境系统中，不难发现除了上述在政策过程中蕴涵的风险即政策的内部环境风险，来自政策外部环境的风险也是我们关注的重点。用系统论观点分析，内外环境因素将相互作用，共同对政策产生作用。因此不能将这两部分风险因素孤立起来分析，而是要将它们看成一个整体，系统地识别政策风险。

从总体看，政策环境可以划分为政策体制环境和社会政治心理环境两大类。

体制环境是指政策运行的工作环境，它包括社会的政治制度、职能架构、政府部门间隶属关系等；社会心理环境则是指在一定社会范围内，人们所持的较为普遍的心理活动状态，具有自发性、情感性、互动性、弥散性、易变守常性等特征（许文惠，1997）。

在分析政策风险时，对来自内外部环境的风险因素我们主要考虑如下两个方面：

1. 来自体制环境的风险

（1）政府各个部门过多考虑自身的利益要求；
（2）政府各部门信息沟通渠道不畅通；
（3）组织结构臃肿；
（4）工作制度不完善或不合理。

2. 来自社会政治心理环境的风险

（1）某一时期社会价值观的偏见；
（2）对政策对象中利益受损团体的声援；
（3）对政府的信任度下降；
（4）公众的价值和行为倾向存在感情或情绪化的特征，并因此受到象征行为而不是实质行为的影响；
（5）政策违背了传统的价值观。

第二节　公共政策风险的识别方法

一 辨识方法

在前面我们阐述了对政策风险的认识角度，公共政策有显著的过程性、有众多的参与者和影响者，并且公共政策与它所处的环境（包括体制环境和社会心理环境）互成一体、密不可分。因此，对公共政策的风险识别不能采用单一的方法，而要依据其上述特点采取多种识别方法相结合、多角度、多侧面分析法。

根据公共政策的特点，在常用的风险识别方法中，我们采用流程图法和环境分析法相结合的一种综合辨识方法，将上述两种在企业风险分析领域中日臻成熟的方法引入政策风险的分析，通过对公共政策过程的分解细化，并考虑影响公共政策的各种环境因素，逐一对其风险进行识别。

(一) 流程图分析法

公共政策恰恰具有与之相适应的过程性——即公共政策过程可分为制定和执行两大过程，而这两大过程又可细分为若干子过程。因此，运用流程分析法是进行政策风险识别的有效工具。通过对政策过程的整个流程的分析，我们可以将公共政策各个阶段的风险细化出来，从而为后续的风险评估、控制打下坚实的基础。

(二) 环境分析法

公共政策是处于现实的社会生活中的，因此任何公共政策都是在一定的环境下形成、运行的。一般而言，公共政策是由主体、客体、目标、手段、资源等内在要素构成，这些要素通过政策组织、政策活动有机结合起来，形成政策的内部生态环境。相对于这种内部环境，处在政策要素之外的，构成政策形成和运行条件的，或是影响政策形成和运行的因素则是政策的外部生态环境。

二 问卷调查法

(一) 基础知识

1. 概念

问卷调查法也称“书面调查法”，或称“填表法”，是用书面形式间接搜集研究材料的一种调查手段。通过向调查者发出简明扼要的征询单（表），请其填写对有关问题的意见和建议来间接获得材料和信息的一种方法。

2. 种类

问卷调查，按照问卷填答者的不同，可分为自填式问卷调查和代填式问卷调查。其中，自填式问卷调查，按照问卷传递方式的不同，可分为报刊问卷调查、邮政问卷调查和送发问卷调查；代填式问卷调查，按照与被调查者交谈方式的不同，可分为访问问卷调查和电话问卷调查。

上述几种问卷调查方法的利弊，可简略概括如表 4-1。

表 4-1　几种问卷调查方法的利弊比较

类别／项目	自填式问卷调查			代填式问卷调查	
	报刊问卷	邮政问卷	送发问卷	访问问卷	电话问卷
调查范围	很广	较广	窄	较窄	可广可窄
调查对象	难控制和选择，代表性差	有一定控制和选择，但回复问卷的代表性难以估计	可控制和选择，但过于集中	可控制和选择，代表性较强	可控制和选择，代表性较强
影响回答的因素	无法了解、控制和判断	难以了解、控制和判断	有一定了解、控制和判断	便于了解、控制和判断	不太好了解、控制和判断
回复率	很低	较低	高	高	较高
回答质量	较高	较高	较低	不稳定	很不稳定
投入人力	较少	较少	较少	多	较多
调查费用	较低	较高	较低	高	较高
调查时间	较长	较长	短	较短	较短

3. 问题的种类、结构和设计原则

1）问题的种类

（1）背景性问题，主要是被调查者个人的基本情况。

（2）客观性问题，是指已经发生和正在发生的各种事实和行为。

（3）主观性问题，是指人们的思想、感情、态度、愿望等一切主观世界状况方面的问题。

（4）检验性问题，为检验回答是否真实、准确而设计的问题。

2）设计问题的原则

（1）客观性原则，即设计的问题必须符合客观实际情况。

（2）必要性原则，即必须围绕调查课题和研究假设设计最必要的问题。

（3）可能性原则，即必须符合被调查者回答问题的能力。凡是超越被调查者理解能力、记忆能力、计算能力、回答能力的问题，都不应该提出。

（4）自愿性原则，即必须考虑被调查者是否自愿真实回答问题。凡被调查者不可能自愿真实回答的问题，都不应该正面提出。

4. 设计答案的原则

（1）相关性原则，即设计的答案必须与询问问题具有相关关系。

（2）同层性原则，即设计的答案必须具有相同层次的关系。

（3）完整性原则，即设计的答案应该穷尽一切可能的、起码是一切主要的答案。

（4）互斥性原则，即设计的答案必须是互相排斥的。

（5）可能性原则，即设计的答案必须是被调查者能够回答、也愿意回答的。

（二）问卷调查法在公共政策风险识别中的应用

1. 预测性调查

1）调查对象和调查内容

为了全面了解公共政策制定及执行过程中的风险因素，本书进行了广泛的问卷调查，调查对象包括公共政策的制定者、执行者，以及公共政策的广大承受者。问卷设计依据以上公共政策制定及执行过程中分解细化出的风险因素。

问卷调查主要针对各大城市的一些单位及个人，其中包括政府机关、学会组织、专家学者、外资企业、在校学生等等。具体调查人员分布情况如下：2 名政府机关人员，4 名学会组织人员，5 名专家学者（2 名教授、3 名副教授），4 位企业人员（对政策问题有过研究），1 名博士（对公共政策风险有过研究），1 名硕士（对公共政策风险问题有过研究）。

调查主要有以下过程：

（1）说明来意，使被调查者认为本次调查对其工作及单位的机密不会产生影响，减少干扰其公正答题的因素。

（2）进行访谈，访谈提纲主要围绕政策执行阶段、政策评估阶段等几个重要阶段存在的风险因素展开。

（3）填写专家问卷调查表。调查问卷见附录 B。

（4）出示“公共政策风险因素辨识结果（初稿）”，请其提出建议。

（5）总结，致谢，访谈结束。

2）预测性调查的结论

（1）通过访谈，发现大部分被访谈人员都认为我国公共政策存在问题比较严重，认为对其研究有着非常重大的现实意义。大部分被调查人员认为公共政策在制定及执行过程中存在大量的风险因素，对其进行风险管理、风险控制是十分有必要的。

（2）大部分被访谈人员认为公共政策的风险因素可以按照公共政策制定过程、公共政策执行过程及公共政策环境风险来进行分类调查。

（3）受访者都填写了专家问卷调查表。调查结果如表4-2、表4-3所示：

表 4-2　公共政策系统内部风险因素辨识结果

公共政策制定过程中						
阶段	风险指标	影响程度低——→影响程度高				
		没有	较小	一般	较大	很大
问题确认阶段	政策问题本身存在相互冲突或不协调的目标	0.08	0.12	0.26	0.38	0.16
	信息不对称造成的政策问题感知错误	0	0.16	0.40	0.36	0.08
	各方利益权衡导致削弱或忽略对一些政策问题的觉察	0.08	0.12	0.40	0.24	0.16
	由于上级压力而回避已经察觉的政策问题或特别关注某些政策问题	0.08	0.04	0.52	0.28	0.08
	公众夸大某个社会问题的严重性	0.04	0.28	0.28	0.20	0.20
	媒体过度渲染某些问题	0.08	0.12	0.36	0.16	0.28
	问题界定者价值观、知识、素质的局限性	0.08	0.20	0.40	0.24	0.08
	界定语言不规范、不准确，产生歧义	0.16	0.32	0.24	0.24	0.04
	对政策问题的陈述不详细、特点不明确	0.16	0.20	0.48	0.16	0
	陈述问题时对各种可变化的因素考虑不全面	0.12	0.12	0.44	0.20	0.12
政策议程阶段	政府当局的态度：阻止或强行推进公共问题进入议程	0.04	0.20	0.40	0.20	0.16
	问题察觉机制不完善、缺乏民主、自我封闭	0	0.12	0.36	0.40	0.12
	社会各利益集团价值观冲突，压制公共问题进入议程	0.12	0.08	0.32	0.28	0.20
	议程参与者沟通不畅，阻碍公共问题议程化	0.04	0.16	0.44	0.28	0.08
	公众、媒体的影响力或社会导向	0	0.12	0.40	0.28	0.20
政策规划阶段	目标不明确具体（概念、时间、相关条件）	0.08	0.20	0.52	0.12	0.08
	政策目标的可行性（没有充足的社会资源配置和可控的环境条件的配合）	0.04	0.20	0.44	0.32	0
	政策的多项目标不能相互协调	0.08	0.12	0.60	0.20	0
	政策目标考虑到社会伦理和各阶层价值观	0.04	0.32	0.44	0.08	0.12
	规划方案没有紧扣政策，不能保持目标一致	0.04	0.20	0.40	0.16	0.20
	多个规划方案缺乏相互独立/创新	0.04	0.08	0.60	0.16	0.12
	对于其他政策的借用、采纳	0.08	0.20	0.44	0.24	0.04
	规划政策方案的预测评估	0.04	0.08	0.60	0.24	0.04
	规划政策方案可行性评估（政治、经济、技术）	0.04	0.08	0.44	0.32	0.12
	择优规划方案的决策者	0.04	0.04	0.40	0.24	0.28
	择优过程的片面性（缺乏广泛讨论、听取意见）	0	0.04	0.44	0.16	0.36
	对择定方案的审查、评定	0.04	0	0.52	0.28	0.16

续表

公共政策制定过程中						
阶段	风险指标	影响程度低——→影响程度高				
		没有	较小	一般	较大	很大
政策合法化性阶段	公众参与，政策考虑、符合民意的程度	0.12	0.08	0.40	0.16	0.24
	决策者对尊重科学化分析的建议的态度	0.04	0.24	0.40	0.12	0.20
	全面考虑各方利益的平衡关系	0	0.20	0.40	0.28	0.12
	政策实质内容存在不合乎既定法律	0	0.16	0.40	0.24	0.20
	政策抉择程序的合法性	0.12	0.12	0.32	0.12	0.32
	决策者的个人决断综合素质	0.08	0.12	0.36	0.28	0.16
公共政策执行过程中						
阶段	风险指标	影响程度低——→影响程度高				
		没有	较小	一般	较大	很大
政策执行阶段	对政策的认知不够准确、深刻	0	0.04	0.44	0.36	0.16
	政策宣传内容不准确、宣传不充分	0.12	0.08	0.40	0.16	0.24
	制定的公共政策执行计划	0.04	0.24	0.40	0.08	0.24
	政策实施策略的应变性	0	0.04	0.12	0.20	0.64
	政策执行的资源没有配合完备（财务、信息、人力、权威性、制度保障）	0.08	0.12	0.36	0.28	0.16
	政策执行机构、组织结构不合理、权责不明确	0	0.12	0.36	0.40	0.12
	沟通协调机制不能保持信息畅通	0	0.16	0.40	0.24	0.20
	执行团队配备不够合理（专业能力、素质）	0	0.12	0.40	0.28	0.20
	政策目标群体（公众）的态度、文化障碍	0.12	0.24	0.36	0.24	0.04
	社会公众、各利益集团的权衡	0.04	0.20	0.40	0.16	0.20
政策评估阶段	政策评估的标准不当，不科学、准确，不合理	0.12	0.20	0.32	0.28	0.08
	评估信息搜集者、渠道、来源的风险	0.08	0.24	0.36	0.20	0.12
	政策信息不完备、缺乏有效信息	0	0.12	0.36	0.40	0.12
	政策制定、执行机构对评估的配合程度	0	0.16	0.40	0.24	0.20
	评估方式、方法应用不协调，过程不规范	0	0.24	0.24	0.36	0.16
	评估缺乏经费、人力支持	0.24	0.12	0.44	0.08	0.12
	评估结果不当对政策调整的影响	0	0.04	0.44	0.36	0.16
政策终结阶段	政策制定、参与者理智上的抵制	0	0.16	0.40	0.24	0.20
	政策执行机构对终结的抵制（不希望被撤销）	0.12	0.24	0.36	0.24	0.04
	反对势力的联合、阻挠	0	0.04	0.12	0.20	0.64
	法律终结程序的繁杂、费时费力、启动代价大	0.04	0.24	0.40	0.08	0.24
	政策损失的沉淀成本、政策的终结成本过高	0	0.04	0.12	0.20	0.64

表 4-3　公共政策环境风险因素辨识结果

风险指标		影响程度低——→影响程度高				
		没有	较小	一般	较大	很大
自然环境	没有因地制宜、不适合区域发展	0.08	0.24	0.24	0.28	0.16
政治环境	某一时期的社会价值观偏见	0.08	0.24	0.28	0.32	0.08
	政治生活的民主程度和政治局势稳定的影响	0.12	0.08	0.24	0.36	0.20
	国际、国内政治环境的影响	0.08	0.12	0.28	0.40	0.12
经济环境	生产力发展状况提供政策物质基础	0.08	0.12	0.20	0.44	0.16
	经济体制影响政策导向、调整和质量	0.04	0.16	0.32	0.28	0.20
	政策对存量资源的配置不能脱离经济制度	0	0.20	0.32	0.24	0.24
文化环境	不同时期"政治文化"的差异	0	0.08	0.40	0.40	0.12
	文化价值观念影响社会群体的利益权衡	0.04	0.16	0.32	0.44	0.04
	社会道德传统、公众心理、媒体影响	0.04	0	0.48	0.28	0.20

3）问卷的说明

根据上一节所提出的测量项目，结合预测性调查情况，调查问卷专家问卷调查表的内容分为 3 个阶段，共 65 项。其中 55 项来自文献综述得出的结论，还有 10 项根据公共政策存在的特殊情况的分析与总结而来。答卷人首先需要选择自己的工作所涉及的政策阶段，然后针对问卷中列举出的各个风险因素进行风险程度的选择，选项包括：几乎没有风险影响、风险影响很小、风险影响一般、风险影响比较大、风险影响非常大。

4）数据的收集过程

调查组选择性地发放了 30 份问卷（按照不同工龄和工作性质选择性地发放），有效问卷 26 份；在网上发放问卷共计 53 份，收回 40 份，有效问卷 33 份（主要针对公共政策研究人员）；在政府部门投放问卷 43 份，收回 34 份，有效问卷 30 份；在企业投放问卷 80 份，收回 47 份，有效问卷 45 份。问卷回收率为 73.3%，有效问卷率为 88%。

由于本问卷部分项目涉及员工个人隐私，因此，问卷的发放过程并不顺利。笔者在多家单位进行调研时，也受到了一些阻挠。为了保证问卷数据的真实可靠性，笔者对答卷人有些选择。例如，网上发放问卷的对象，一般是通过学校老师介绍的。

5）数据的统计

在进行以上分析之前，对收集起来的原始数据进行了描述性统计，进行描述性统计是为了使读者更好地了解本次问卷调查的结果。通过本次问卷调查我们掌握了大量翔实的数据信息，对于我们编制《公共政策风险辨识与控制手册》帮助很大。

2. 对公共政策风险影响因素的解释

公共政策执行是政策过程的重要环节，是实现政策目标和解决政策问题的直接途径。研究政策风险不仅要关注政策的制定过程，也要研究政策的实际执行。美国学者埃利森认为，“在实现政策目标的过程中，方案确定的功能只占10%，而其余90%取决于有效的执行”。政策制定与现实执行层面之间的巨大反差引起人们对政策执行的关注。

江泽民同志指出：政策的制定与执行是相互联系的统一过程，制定政策只是事情的一半，更重要的一半在于执行政策，执行得不好，再好的政策也会落空。美国学者 D. 梅兹曼尼安（D. Mazmanian）和 P. 萨巴提尔（P. Sabatier）提出的“综合模型”，又被称为“梅兹曼尼安—萨巴提尔模型”（宁骚，2004）。政策执行是一个受多种变量影响的、相当复杂、多视角的动态过程。梅兹曼尼安和萨巴提尔将影响政策执行的变量追溯到政策问题，也就是把政策问题也视为影响政策效果的一个重要变量。他们列举、分析了许多受政策问题影响的政策执行的主要因素，并把这些因素分为三大类（图 4-4）。

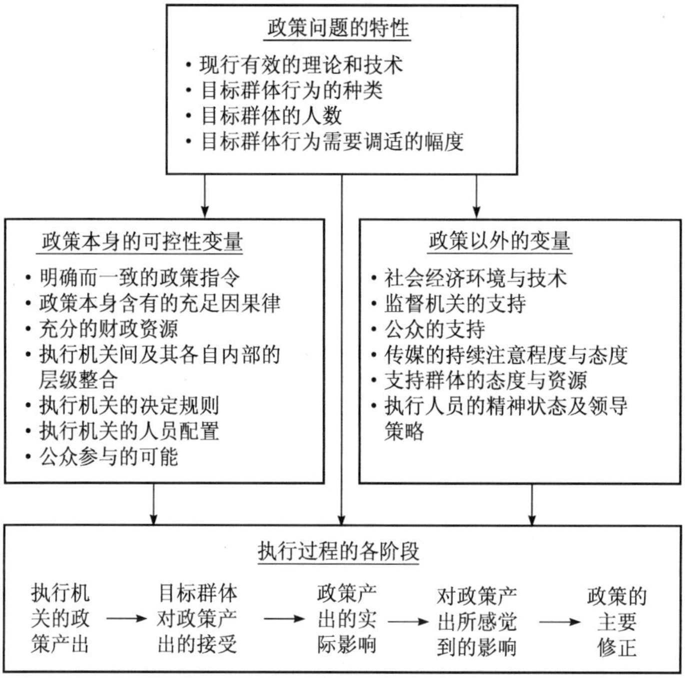

图 4-4 政策执行过程中的相关变量

因此，通过分析公共政策执行过程中出现的偏差、障碍、政策失效问题，我们将影响政策执行的变量因素对应追溯到政策制定、执行过程中的各个环节，进行公共政策的风险辨识。

1）公共政策问题的特性

公共政策的制定和执行，都是针对特定的公共政策问题的。因此，公共政策执行有效与否，首先是和所要解决的公共政策问题的类型和性质密切相关的。公共政策问题对政策执行的影响表现在以下几个方面：

（1）问题本身的复杂程度。越复杂的问题，执行的难度越大。公共政策问题的复杂性取决于四个方面：问题形成的原因、问题本身的影响、问题的关联性、问题的顽固性。由于社会问题一般较为复杂，公共政策在执行中所触动的权力关系较多，涉及的机构和人员较多，相应要调整的利益关系幅度也大，规范的技术操作等级较高，公共政策执行的难度当然也就大得多。一般来说，全面性的公共政策要比局部性的公共政策执行难度大；高层级的公共政策要比低层级的公共政策执行难度大。而在同一层级，同属于局部性的公共政策，也可能因业务内容的复杂程度不同，在公共政策执行的难度上有很大差别。

（2）待规范的目标团体的行为种类。要解决政策问题，就要通过制定和执行公共政策去规范目标团体的行为。待规范的目标团体的行为种类越多，就越难以制定清楚明确的规则来约束公共政策对象的行为，因而政策执行也就越困难。

（3）目标团体的人数。公共政策问题所涉及的目标团体人数的多少，也影响着公共政策执行的效果。一般来说，公共政策涉及的人数越少、越明确，公共政策执行就越容易；反之，执行就越困难。

（4）目标团体行为调适量的大小。公共政策问题需要目标团体行为调适量的大小，也影响到公共政策执行的效果。在历史传统的熏陶下，人们养成了一套行为模式，常习惯于某种成规，倾向于维持保守持续的状况；要全面改变人们的思想行为所需调适量越小越好。这样不至于造成目标团体的共同抵制，从而有利于公共政策的有效执行。我国采用渐进式改革，从某种意义上说，正是基于以上的认识。

2）公共政策本身的因素

（1）公共政策的正确性。公共政策的正确性是其能有效执行的根本前提。公共政策必须能准确地界定和分析社会问题，并有科学、合理的方案和实施步骤，保证公共政策方案的正确性。正确的公共政策容易被执行者所认同，被公共对象所拥护，因而更能得到有效的执行；反之，公共政策执行必然会由于公共政策执行者和执行对象的消极应付和抵制而不能取得预期的效果。

（2）公共政策的具体明确性。公共政策的具体明确首先表现为公共政策目标的具体、明确。公共政策目标的具体明确性是公共政策执行有效的关键所在，是公共政策执行者行动的依据，也是对公共政策执行进行评估和控制的基础。具体、明确的公共政策目标应当具有以下内容：语言表述明确；是可以或可能达到的；可以通过一定的方式衡量；在公共政策执行机构的职权范围内；有明确的时限。一项公共政策要能够顺利执行，从操作上和技术上来说，它必须具体、明确；模棱两可、含糊不清的公共政策令人无法执行，也容易使公共政策界限不清，导致公共政策被随意变通。

（3）公共政策资源的充足性。政策的有效执行需要必要的政策资源的支持。政策资源是政策有效执行的基础，又是检验政策执行效果的价值评判标准之一。政策资源主要包括人力、经费、信息和权威四种资源。

人力资源和经费资源。人力资源与经费资源是政策执行中两种最基本的政策资源，也是政策执行的物质基础。人力资源主要指执行人员的配备。公共政策执行主体的政策水平、知识结构、组织能力及目标群体的受教育程度、政治参与水平和社会能力等素质条件是公共政策执行的重要政治资源。财务经费是执行当中所需的物质资料的价值体现。公共政策执行需要有必要的财务资源的投入，充足的经费和设备供给是公共政策执行的重要保证。我国许多政策执行起来比较困难，原因就在于经费的缺乏。但是并非物力和财力方面的投入越多越好，过多的财政经费开支不仅会导致设备过剩、闲置，还会导致人员投入过多、执行机构臃肿和因人浮于事而产生内耗，从而增加公共政策执行的难度。

信息资源。公共政策执行是公共政策信息的流动和传播过程，既包括公共政策执行系统内部的信息传播与供给，也包括公共政策系统与环境的信息交换。政策信息的宣传不当、不力、过度和信息传播渠道的单一、阻塞、变异都将导致政策信息的非对称，导致信息资源的流失。政策信息作为公共政策执行最为重要的政治资源，是公共政策有效执行的首要条件，畅通的信息渠道和充足的信息来源是政策方案得以顺利实施的重要保证，信息不对称则是政治资源大量流失的重要原因。

权威资源。权威是公共政策执行的根本保证，是公共政策有效执行的又一项特殊而重要的资源。负责执行政策的人员要使其执行活动得以顺利进行，就必须被赋予相应的权威。权威通过保证公共政策制定工作中对专门知识和专门技能的利用，来确保具有理性和效能的高质量决策的实现。权威对公共政策制定和执行的重要意义是不分上下的。

（4）公共政策执行的权力配置机制的合理性。公共政策执行的权力配置机制的不合理在纵向上表现为执行权在不同层级之间的配置不合理，即在中央和地方政府之间、地方各级政府之间，以及统一组织内部各个层次之间存在执行权的分配问题。在横向上表现为执行权在不同地区和不同职能部门之间的配置不协调、不明确。政策执行权力的横向配置不合理，一直是科层制中难以解决的问题。同时，我国公共政策体制还存在协调方面的问题。主要表现为：中央政府与地方政府缺乏协调；一级政府内部各职能部门为谋求部门利益而缺乏协调，甚至在执行过程中互设障碍；地方政府之间为谋求自身利益而缺乏协调，由此导致了地区保护和地区封锁；政府与非政府共同组织之间缺乏协调，各类社会公共组织与社会成员之间缺乏协调。某一政策的执行主体的执行活动往往得不到其他组织的有效支持与配合，甚至还出现损害执行主体利益的现象。

执行机构的决策规则要明确。政策执行除了需要提供清晰和连续的目标外，还需要规定政策执行之后的决策规则。例如，在行政许可证的发放方面，政策执行人员需要按照法定规则办事，他们作出的决策必须符合法定的规则。因此，执行机构有无明确的决策规则也会对政策执行产生影响。

执行组织的人员配置要合理。合理的执行组织配置是实现政策目标的保证之一，执行组织的结构合理还包括执行组织的年龄结构、知识结构、能力结构乃至性格志趣结构等方面的相互协调与功能互补。执行人员是执行组织的主要元素，因而也是影响公共政策执行的主要因素。执行人员的利益、心理、知识和能力等因素影响着执行系统的有效运行。当今时代是一个知识经济时代，执行者如果没有广博的学识，丰富的实践经验，就不能正确理解相关政策，就不能有效地分析和解决政策问题、保证公共政策的贯彻执行。同时，合理的知识结构只有与高强的能力结构相结合才能发挥实际作用。政策执行者不仅要有胆有识，能够及时对形势和条件做出正确估计，而且要能正确处理局部和全局的关系，正确决定每一阶段的工作重点、难点，有计划、有步骤地执行公共政策。

3）公共政策以外的因素

影响公共政策的因素，除了公共政策问题的特性、公共政策本身的因素外，还有目标团体的支持、公共政策执行人员、公共政策环境、监督机关等公共政策以外的因素。

（1）目标团体的支持对公共政策的影响。目标团体是指公共政策直接作用、影响的对象。公共政策能否达到预期目标，不是公共政策制定者一厢情愿的事情，也不是公共政策执行者能够完全决定的事情，而在很大程度上取决于目标团体的态度。一般情况下，目标团体对公共政策的理解和接受程度是影响公共政策能否有效执行的关键因素之一。

（2）政策执行主体的意志力和领导技能。公共政策的执行并非按部就班、依葫芦画瓢，它也是一项具有创造性的活动。政策执行过程中，常常会遇到执行条件不完全具备、资源缺乏、措施不当等问题，从而遭受到一定的挫折。政策执行主体意志力的重要性就表现在，当政策执行出现挫折时，政策执行主体能发挥主观能动性，去实现既定的目标。意志力不足，则容易使人遇到困难就中途放弃。此外，政策执行主体实施政策目标的技能，包括运用资源、整合资源的能力，驾驭局势的能力等，也是关系到政策目标能否实现的重要因素。

（3）公共政策环境。政策环境是影响政策产生、存在和发展的一切因素的综合，可区分为自然环境和社会环境。公共政策执行子系统的自然环境是指与执行系统发生密切联系并与之进行物质、能量和信息交换的外部自然条件，主要包括地理因素、生物因素、宇宙因素。一定的自然环境与一定的政策执行系统发生着这样或那样的联系，影响着政策执行过程及其结果。公共政策执行子系统的社会环境是指该系统以外由人们及人们的活动形成的，对政策执行活动产生交互影响的各种社会因素，这些因素包括社会的经济、政治、文化、教育、科学、技术、精神、道德风尚、风俗习惯等，表现为社会的政治环境、经济环境和文化环境等。

（4）政策执行的监控机制欠缺。这是指政策评估机制不科学，缺少正确的评价标准和评价方法。政策评估倾向于用价值判断代替事实分析，用定性结论取代定量分析，评估结果难以作为政策执行的考核依据，政策规避难以及时认定，责任追究制度缺失。这表现为：政策执行过程缺乏有力监督，执行者的政策规避难以及时发现和纠正；政策执行效果缺乏明确的考核，难以认定和划分执行者的执行责任；政策执行考核后缺乏必要的赏罚措施，政策规避不能查处，政策创新没有动力。有效的监督制度是纠正政策执行过程中的偏差，保证政策达到预期目标的重要保障。现阶段监督机制的不完善主要表现为各级监督主体意识不强、监督不力，监督缺乏具体的法律保障，以及社会监督不畅等问题。这种监督制度的不完善导致执行和不执行一个样，即使有组织检查、监督，也大都流于听听看看、吃吃喝喝、游游玩玩，而很难深入实际纠偏校枉。此外，现有的压力型干部管理体制、不科学的考核考绩制度，以及对领导干部渎职责任追究机制的缺乏，也是导致政策执行中欺上瞒下、弄虚作假等政策变异的主要影响因素。

第三节　公共政策制定过程的风险

公共政策的制定过程是决策者对发生的政策问题采取何种行动做出抉择的过程，它包括：①问题的发生与认定，即政策问题的确认；②问题被列入政策议程；③政策规划（决策）；④政策抉择合法化。其中政策的规划阶段又称决策阶段，是公共政策制定过程的核心。通过政策制定形成理想化的公共政策，从而转入公共政策的第二阶段——政策执行。上述过程如图 4-5 所示。

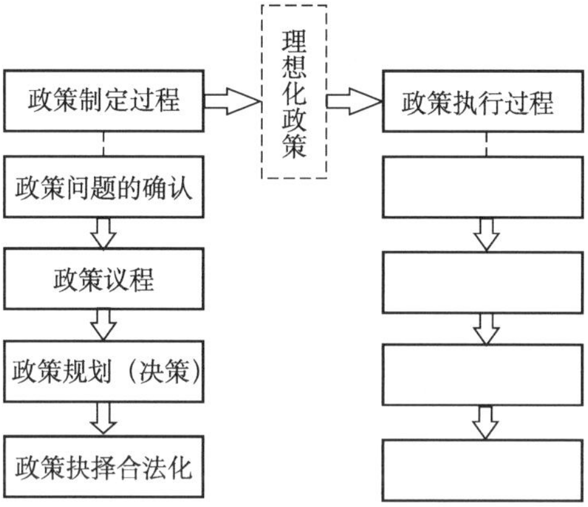

图 4-5　公共政策制定过程分解图

一 政策问题确认过程的风险

政策问题的确认是指，政策制定者将政策问题通过概念性的界定、运用专业术语陈述成形式问题。政策问题确认通常有三个相互依存的过程：问题察觉、问题界定和问题陈述（图 4-6）。

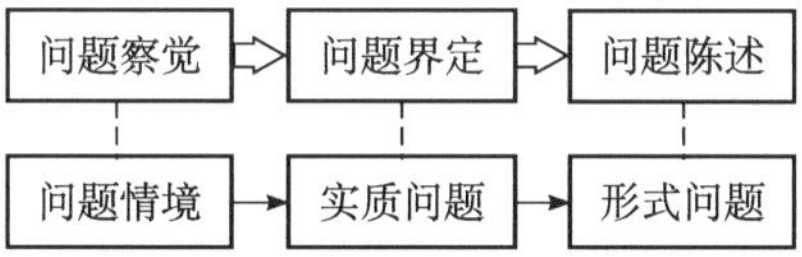

图 4-6　问题确认过程

问题察觉是问题的开始阶段，它是指某一问题被发现并值得政府给予更多的关注且采取可能的行动的过程。在这个阶段决策者面临的是原始的政策问题的情境，这种与政策问题相互关联的决策情境有三种状况，即确定性情境、风险性情境和不确定性情境。不同的决策情境对政策问题的确认会产生不同的限制。

问题界定是对需要解决的政策问题所作的特定解释。把问题情境转变为实质问题，通常决策人员会使用最基本的和普通的词汇进行问题界定。

问题陈述是运用一些可操作性语言，例如数学模型，把实质问题转化为一个详细和特殊的形式问题的过程。

通过分析上述三个阶段的行为过程、所处的环境，以及涉及的参与者和影响者，分别进行风险识别。

（一）问题察觉阶段的风险

这个阶段中的潜在风险因素有：政策问题本身因素、信息因素、政策制定者的因素、公众媒体因素。上述四个因素可界定为政策问题察觉阶段的一级风险，每个一级风险下又可辨识出若干二级风险，如图4-7所示。

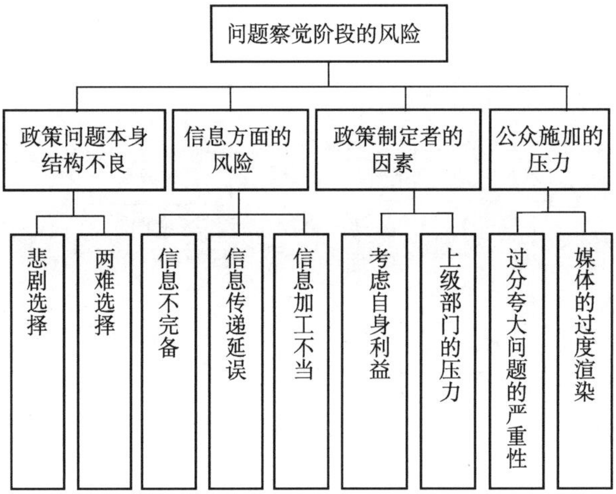

图4-7　问题察觉阶段的风险

1. 政策问题本身结构不良

结构不良的政策问题是指那些与政策相关的人之间存在着相互冲突的或不协调的目标，政策的方案及方案的后果都是未知的，决策的风险和不确定性也无法加以估计（张金马，1992）。这又包括两个方面：

（1）两难选择。这是指在同一时间、同一政策问题上，两种几乎同等重要的价值需要发生直接的冲撞，政策抉择因此出现困境的情形（张国庆，1997）。

（2）悲剧选择。这是一种更为艰难的选择，即必须在不可选择的对象中做出抉择，在对本身具有绝对重要意义的价值观和政策目标中排列出先后次序和相对重要性。悲剧选择源自当代社会严重的价值矛盾和利益对抗（张国庆，1997）。

2. 信息方面的风险

所谓信息方面的风险是指在察觉政策问题时所需要的信息存在信息不对称造成的感知错误。这主要有三方面原因：

（1）信息不完备。政策决策者对信息掌握的不全面导致其片面地认识政策问题，从而对问题认识不够准确、不够完整。

（2）信息传递延误。政策决策者未能及时得到有关政策问题的信息，导致不能及时确认问题，进而延误决策。

（3）信息加工不当。政策信息的各级传递者在传递过程中会按照自己的理解对信息进行处理，使之便于传递，但这种处理难免会出现遗漏、添加、夸大和缩小等现象。这样政策信息传递给最终决策者时，就会出现偏差，导致决策偏差。

3. 政策制定者因素

由于政策制定者自身素质和所处环境的影响，其对政策问题的确认难免会掺杂个人观念，由此导致决策失误。具体的二级风险有如下两种：

（1）考虑自身利益。在这种心理的作用下，决策者可能会故意削弱甚至忽略对一些政策问题的觉察，也可能对另外一些政策问题过分敏感。

（2）上级部门的压力。在这种外界影响下，决策者可能迫于压力对已经察觉的政策问题进行回避，或者将某些上级关注的事件列为政策问题。

4. 公众施加的压力

公众同情弱者的心理可能会使媒体过分渲染和夸大某个社会问题的严重性，以至于影响决策者对问题的确认。其二级风险可以细分为如下两种：

（1）过分夸大问题的严重性。公众的整体情绪及由此产生的一些行为，会在一定程度上牵引政策决策者的视线，影响其认识问题的准确性。

（2）媒体的过度渲染。媒体致力于报道公众关注的社会问题，同时媒体的宣传乃至渲染又会转而左右公众的情绪，从而左右决策者的观念。

（二）问题界定阶段的风险

问题界定阶段界定者会受其自身的价值观念、意识形态的制约，同时他所使用的界定语言也是决定界定质量的风险因素。问题界定阶段的风险如图 4-8 所示。

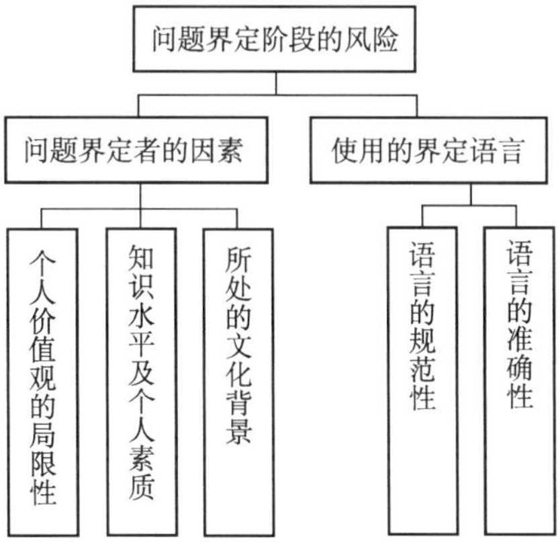

图 4-8　问题界定阶段的风险

1. 问题界定者的因素

（1）个人价值观的局限性。这将导致政策制定者按照自己的观念理解政策问题，可能过分夸大或弱化某个政策问题。

（2）知识水平及个人素质。界定者的知识结构、文化水平及经验、能力等素质将决定其是否能正确地选择界定问题的概念结构，从而准确地界定问题。

（3）所处的文化背景。界定者所处的文化背景将影响其对政策问题的观点，并对其价值观有着潜移默化的作用，因此也将左右政策界定问题的准确性。

2. 使用的界定语言

界定者在界定政策问题时，要使用专门的语言，这种专业术语的特性将直接关系到对政策问题界定的准确性。其主要的二级风险有如下两点：

（1）界定语言的规范性。对政策问题进行界定时，应使用政策学中的基本专业词汇将情境问题界定为实质问题，否则会在以后的政策制定环节中产生歧义，从而带来潜在的风险。

（2）界定语言的准确性。对政策问题的界定是否准确，特别是界定语言是否准确将牵涉到政策制定的关键性步骤是否有效。

（三）问题陈述阶段的风险

问题陈述阶段的风险如图 4-9 所示，包括如下两点。

1. 使用的陈述语言

（1）陈述模型的正确性。在将实质问题陈述为形式问题时，选取正确的陈述模型尤为关键，否则将导致对政策问题确认的全面失败。

（2）模型变量的全面性。在运用陈述模型时，选取的政策变量应涵盖所有重要的政策问题因素，否则陈述出的形式问题将不能完整地反映问题情境，进而造成制定出的政策不能全面地处理政策问题。

（3）模型描述的准确性。模型陈述的形式问题能否准确地表达问题情境，是政策能否具有较强针对性的关键。

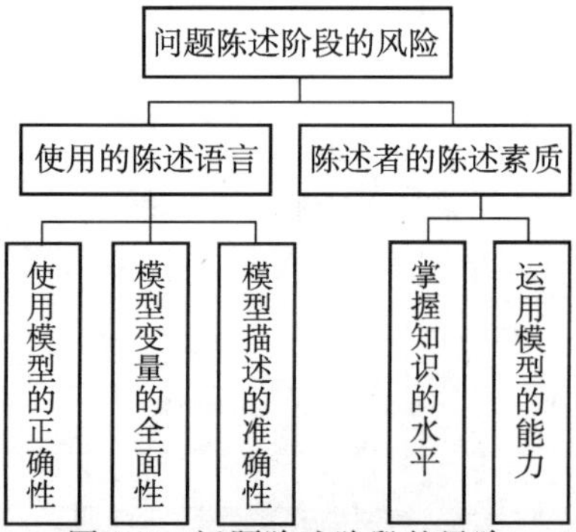

图 4-9　问题陈述阶段的风险

2. 陈述者的陈述素质

（1）掌握知识的水平。掌握陈述语言、模型等工具的多寡，是陈述者能够根据不同的实质问题选用正确的陈述工具前提基础，以保证政策问题的实质有一个最适合的形式外衣。

（2）运用模型的能力。一个优秀的陈述者应当有能力建构切合实际的形式问题，使其足以表征实质问题的本质，进而代表问题情境的复杂性。这种能力与陈述者的应变分析素质有关，也就是他运用陈述模型的灵活性、应变性。

二 政策议程过程的风险

所谓政策议程就是将政策问题纳入政治或政策机构的行动计划的过程，它提供了一条政策问题进入政策过程的渠道和一些需要给予考虑的事项（张金马，1992）。公众议程和正式议程是政策议程的两个主要阶段，如图 4-10 所示。一般而言，一个政策问题的提出过程是，某一社会问题进入公众议程，然后再进入正式议程，最后形成政策问题。

公众议程是指人民群众共同议论某个问题，并认为有必要提交执政党和政府采取措施予以解决的一种政策议程。正式议程则是执政党和政府察觉到某一社会问题引起了公众广泛注意和议论，而这个问题本身也确有解决的必要，从而把它列入自己的议事日程作为政策问题进行研究和处理的过程。

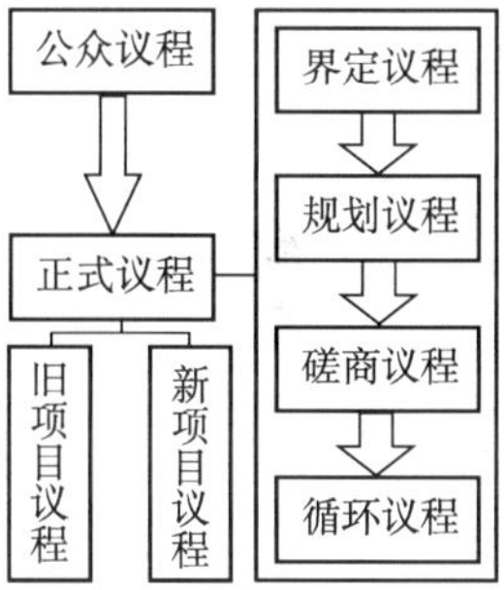

图 4-10　政策议程过程

正式议程的类型主要有两种分法。一是按照议程项目的新旧状况，分为旧项目和新项目。旧项目是指一些规则确定的项目，如预算分配等；新项目是由新的情况所引起的项目。通常前者因为由来已久，常受到优先考虑和较多关注（宁骚，2004）。

正式议程按照其建立过程中各项功能活动的先后次序，可分为如下四个阶段：

（1）界定议程——由一些经过积极而且认真研究的项目所组成；

（2）规划议程——由一些已经达到规划阶段的项目所组成；

（3）磋商议程——根据每一规划方案的利害得失，与政策相关的人彼此之间进行磋商；

(4) 循环议程——已经进入正式议程的每一方案都要不断接受检验，不断修正。

由于政策议程实际上是政策问题确认和政策规划的过渡阶段，而上述正式议程的四个阶段面临的环境、涉及的参与影响者基本相同，因此我们把政策议程过程作为一个整体过程进行风险识别，如图 4-11 所示。

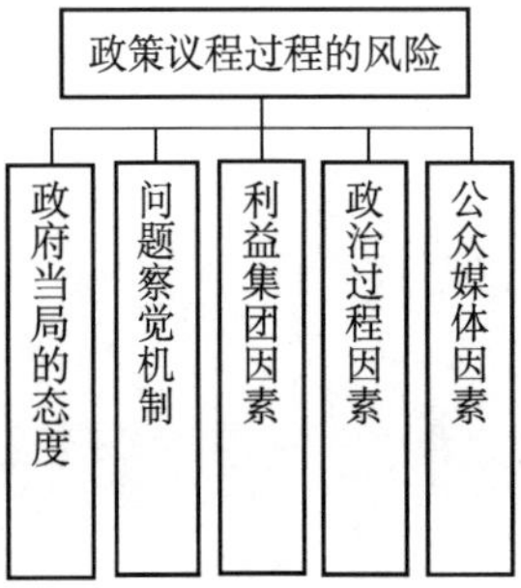

图 4-11　政策议程过程的风险

1. 政府当局的态度

政府是国家意志的体现者，因此政府当局的态度直接关系到公共问题能否进入政策议程。

(1) 阻止态度。如果政府当局不仅不协助人们界定和表达问题，还有意限制或阻止人们的沟通和交流，也不愿意使这些问题进入政府议事日程，那么这种阻止公共问题进入议程的态度就会成为潜在的巨大风险。

(2) 强行引入态度。政府当局若有意推行某种新政策，或许这种新政策所指向的内容并不适合现实条件，但政府却执意将其引入政策议程，使之成为政策问题。这种态度有可能使旧的平衡打破，甚至引发社会矛盾。

2. 问题察觉机制

一个社会问题由来已久，却一直未被人们重视，或者虽被人们所察觉，却没有引起广大群众和政策制定者的注意，从而不能进入政策议程。这些问题产生的原因是问题察觉机制不健全、不完善，因此必须有正常、民主和开放的问题察觉机制。

所谓正常的问题察觉机制，就是能对各种政策问题经常保持警觉，并能对有关问题及时进行相关讨论、分析和研究，以便形成政策议程构建的机制。社会和政府建立社会问题信息收集和分析方面常设性的专门机构和队伍，进行正常的问题察觉和研究工作；有关领导人也要经常亲自调查，以防下级报喜不报忧，延误问题的察觉和解决。

所谓民主的问题察觉机制，是指问题的察觉机制应该体现民主性。这要求整个国家和政府的体制符合现代民主运行的要求，尤其是国家和政府的决策体制应合乎民主理念，有许多民主性的组织和程序设置。例如，保障民意代表机关的应有地位，充分发挥民意代表及时反映民众疾苦和社会问题的作用；重大决策不能由个人说了算，应走群众路线和集体决策路线；建立和健全政策听证程序和制度；加强和完善新闻及社会舆论监督等。

所谓开放的问题察觉过程，是指有关组织的问题察觉系统不应是自我封闭的，而应该在不影响国家安全的情况下向社会、各级组织和群众开放，充分提取和吸收各方面的反映和意见。

只有有了正常、民主和开放的问题察觉机制，一些有可能变得严重的社会问题才能正常而顺利地进入政策议程，并不必非要等到特别严重时才会引起人们的重视，也不必非要有个别权威人物的认同、支持和提出才备受关注。

3. 利益集团因素

利益集团就是在政治共同体中具有特殊利益的团体，它们力图通过自己的活动来实现自己的特殊利益。围绕一个公共问题，各种利益集团为维护各自利益展开争斗，斗争结果将决定这个公共问题能否进入政策议程。凡不合乎社会既得利益者价值规范的要求，通常会因他们利用武力和权力等手段压制而难以被提上公众议程。

4. 政治过程因素

这里指在政策议程中各参与者、影响者间的沟通互动过程，沟通顺畅将能全面、系统地使公众问题进入议程，反之将影响或阻碍问题的议程化。

5. 公众媒体因素

公众媒体具有信息量大、涉及面广、影响力强和传播迅速的特点，它的介入会使一个社会问题很快引起注意，但也会对一些本来不具普遍性的问题产生放大作用。

三 政策规划过程的风险

政策规划是为解决某个政策问题而提出一系列可接受的方案或计划，进而制定出政策的过程（钱再见，2006）。它包括政策目标确定、政策方案设计、政策方案评估选优三个阶段，如图 4-12 所示。

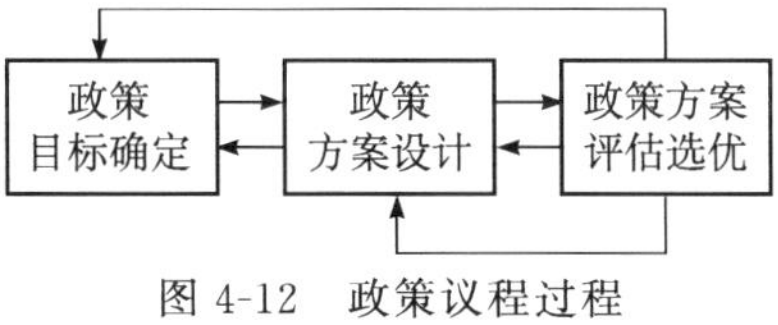

图 4-12　政策议程过程

政策规划是政策制定过程中的核心环节，因此对政策规划阶段所面临的及潜在的风险的识别就显得至关重要。我们分别对上述三个阶段的一级风险因素进行识别（图 4-13），而后再对一级风险进行进一步分析，辨识出下一级风险因素（宁骚，2004）。

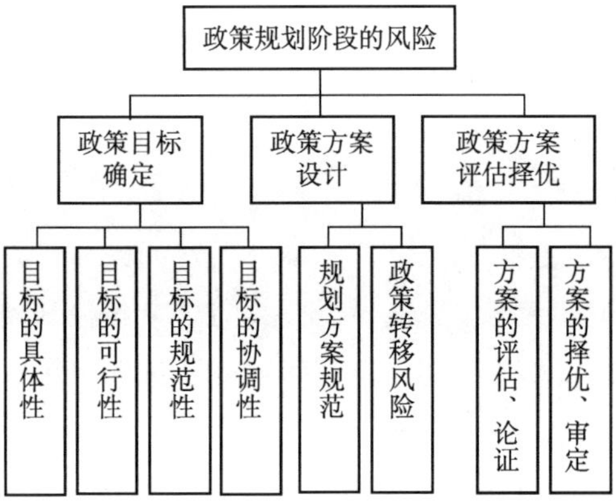

图 4-13　政策规划过程风险

（一）政策目标确定阶段的风险

政策目标就是有关公共组织特别是政府为了解决有关公共政策问题而采取的行动所要达到的目的、指标和效果。

1. 目标的具体性

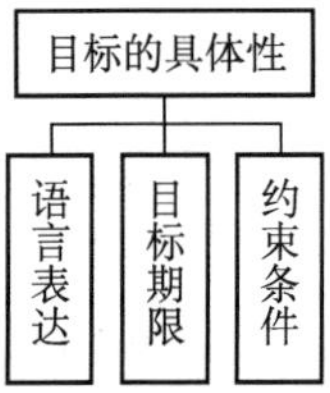

图 4-14　目标具体性风险

政策目标应力求在语言表达、时间期限和约束条件三个方面都做到具体明确，如图 4-14 所示。

（1）不清晰的语言表达、使用易产生歧义的词句将是后期工作的潜在风险；

（2）若对实现目标的期限未做具体限定，政策目标将不是完整意义上的“目标”；

（3）目标的约束条件则是对政策目标的某些限定条件，若对此考虑不足，也将给政策制定带来不确定隐患。

2. 目标的可行性

制定的政策目标是否可行，取决于实现目标的各种资源是否充足，以及当时所处的环境条件是否有利，如图 4-15 所示。

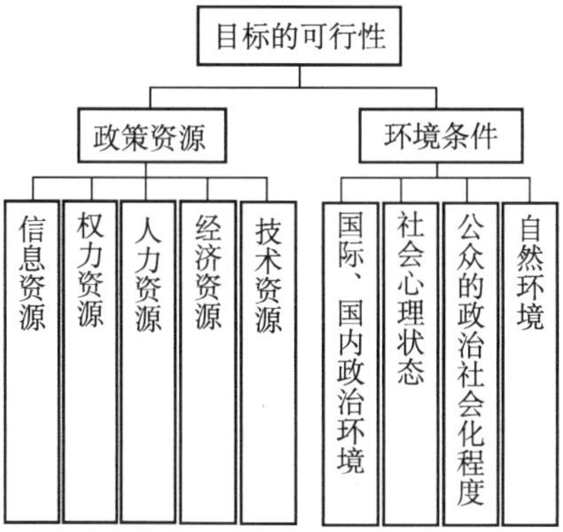

图 4-15　目标可行性风险

(1) 政策资源。这里所谓的政策资源包括完成政策所需花费的各种成本和条件（沈承刚，1996)，具体包括信息资源、权力资源、人力资源、经济资源和技术资源。政策资源是否充足是政策目标是否具有可行性的物质基础，因此，不考虑资源约束确定过高的政策目标将成为日后政策实施阶段的潜在风险。

(2) 环境条件。包括国际、国内政治环境，社会心理状态，公众的政治社会化态度和自然环境。若确定的政策目标不能与这些环境条件相适应，也将构成风险因素。

3. 目标的规范性

政策目标是否规范包括下列具体指标：社会利益的体现、与国家法律的一致性、目标标准的适当性，以及与社会道德规范相符，如图 4-16 所示。

(1) 政策目标是否能体现政策规划者所代表的社会利益，将决定政策目标是否代表正确的政策方向。

(2) 政策目标是否与国家宪法、法律相一致，将决定按照此目标制定的政策能否获准实施。

(3) 目标标准的适当性是指政策目标既要高于现有水平，又必须是经过努力可以达到的。过低目标将不具有激励作用，而过高目标又会让人丧失努力的信心，同样不能实现。

(4) 政策目标应符合社会的道德规范，否则据此制定的政策在执行中一定会遇到巨大的阻力。

图 4-16　目标规范性风险

4. 目标的协调性

各级政策子目标之间应相互协调，不能冲突，否则将成为政策规划下一环节的潜在风险，如图 4-17 所示。

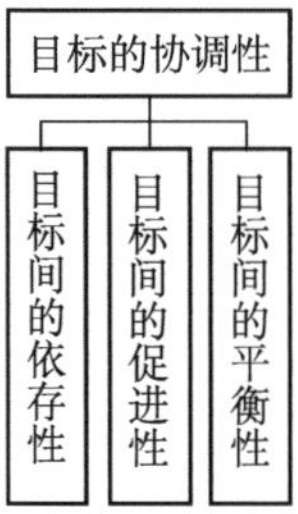

图 4-17　目标协调性风险

（1）目标间的依存性，即某一目标的实现要有赖于另一个或另一些目标的实现。因此在确定政策目标时，如果不充分考虑影响政策实施的各种因素，建立一个系统全面的目标体系，难免出现政策目标间相互抵触的现象。

（2）目标间的促进性，即一个目标的实现有助于促进另一个目标的实现，在确定政策目标时应努力寻求各个目标的共同方向，充分发挥这一促进关系。

（3）目标间的平衡性，即多个同等重要的政策目标共存时，必须选择一个适当的平衡点，不能厚此薄彼。

（二）政策方案设计阶段的风险

政策方案设计阶段的风险包括规划方案规范和政策转移两个部分的风险（宁骚，2004），如图 4-18 所示。

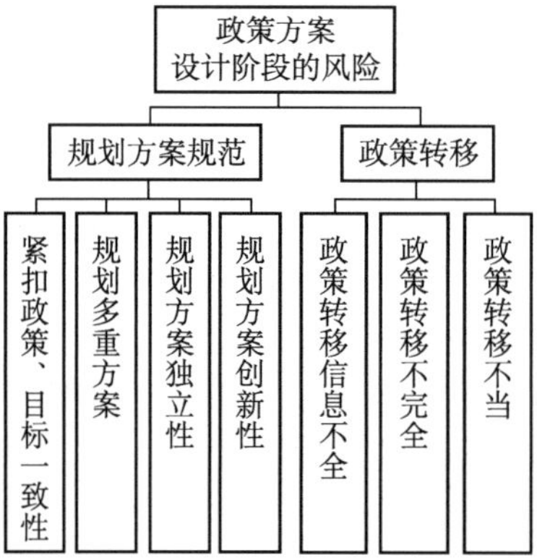

图 4-18　政策方案设计阶段的风险

1. 规划方案规范的风险

（1）紧扣政策，目标一致。设计政策方案必须紧紧围绕、针对某一或某些问题的政策目标，科学地设计实现有关政策目标的具体政策行动方案。否则方案的设计可能无的放矢，无从做起。政策方案设计必须以有关政策目标为核心，与目标保持一致，真正全面贯彻目标的要求。在进行方案设计时，很可能会遇到目标不明确的问题，要采取渐进决策模式，首先大致明确眼前的目标，而后不断调整和明晰问题的长远目标和解决方案。

（2）规划多重方案。多重方案的意义在于可以在尽可能多的备选方案中进行优中选优；同时多重方案的设计也能为此后修正、调整和更新政策方案提供便利条件。但是并非方案越多越好，方案越多，设计和评估的成本也会随之越大，而且人们的理性能力有限，不可能在一定时间内对政策方案做穷尽性的设计。

（3）规划方案独立性。设计的多重方案彼此要相对独立，互不隶属。如果相互隶属，即某一方案可能是另一种方案的一部分，这两种方案实际上是一种方案，这样的设计就不合理，不能达到真正的方案多重化要求。因此要避免各方案与同类其他方案具有包含和被包含关系。

（4）规划方案创新性。尽管政策问题具有重复性和雷同性，方案的设计从内容到思路依靠已有的经验和模式也可以进行，但还是应该看到每一个问题的特殊性及其未来的变化性，通过不同程度地创新方案更好地解决问题。要根据具体情况决定政策方案设计时老方案和新方案的相混合程度。方案创新既不意味着不要任何已有的成功经验和办法，也不能单纯为创新而创新。

2. 政策转移的风险

在公共政策领域，政策转移（policy transfer）已经成为非常重要的政策来源方式。简单地说，政策转移就是一个政策借用国采纳其他国家的公共政策、行政体制及思想等来解决本国所面临的政策问题。政策转移在政策规划阶段的作用尤为重要。

（1）政策转移信息不全。政策借用国对于该政策的信息了解不充分，不清楚它在原国家是如何运行的。

（2）政策转移不完全。虽然政策转移发生，但是使得该政策在原国家获得成功的某些重要因素却没有被采纳。

（3）政策转移不当。没有充分注意到政策借用国与政策输出国之间在经济、社会、政治和意识形态背景方面的不同。

这三方面因素都可能导致政策转移的失败，因此，在政策规划阶段要谨慎对待政策转移。

（三）政策方案评估、择优阶段的风险

拟定政策方案后，要做的就是政策方案的评估和择优。评估是对各项政策方案效果的预测性分析和比较；择优则是在评估和比较的基础上提出政策建议。这两者都是正式的政策抉择程序前不可或缺的步骤。虽然在逻辑上或理论上能将两者加以区分并进行阶段性划分，但事实上，两者是交融在一起的，两者呈现的是反复、循环和错综复杂的关系（宁骚，2004）。

1. 政策方案预测评估和可行性论证阶段的风险

应当说预测性评估和可行性评估是政策方案评估不可分割的两个方面，或

者两者实际上都可能存在于同一个评估过程，做预测性评估必然涉及可行性问题，做可行性评估也会进行预测分析。预测性评估涉及的内容相对要更加广泛，且更强调预测方法的运用；可行性评估主要涉及的是在诸多条件制约下实施方案在条件和后果上的可行性问题。

在政策方案预测评估和可行性论证阶段，我们辨识出以下主要风险因素，如图 4-19 所示。

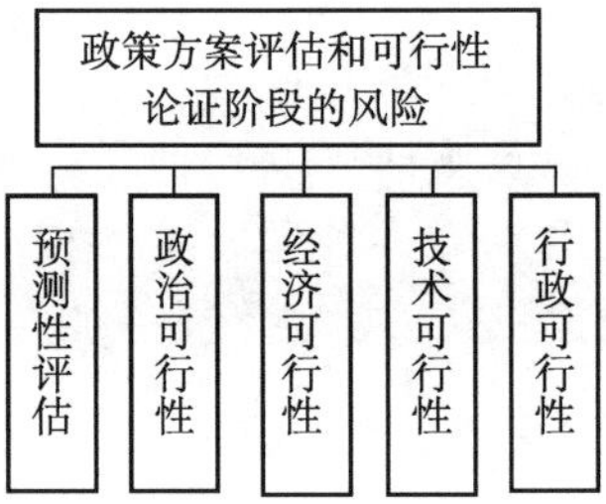

图 4-19　政策方案评估和可行性论证阶段的风险

1）预测性评估

预测性评估是通过方案调查、了解方案应用时的可能状况，预估其可能性的大小；研究与这些方案相关的各种因素及其相互关系，确定可能的情势；分析决策者希望和倾向，估计干扰因素及其发生几率。要采用现代科学定量分析的预测技术（如时间序列法），还要与国家的目前利益和长远目标有机结合，从而制定出科学的政策方案。政策一般都是面向未来的，因此预测评估时对未来趋势和发展规律的把握很大程度决定着政策的成败。

政策方案制定出来之后，还要对其进行可行性论证，以确保政策的顺利实施。政策方案的可行性论证就是围绕政策目标，运用定性和定量相结合的分析方法，对政策方案实际上是否可行进行系统的分析和研究（张金马，1992）。

2）政治可行性

政治可行性主要考量政策规划对相关权力或利益集团的影响，以衡量政策或规划的成效，包括是否符合社会的政治文化、是否合乎社会的价值理念、政策出台时机是否合适。

3）经济可行性

经济可行性主要关注政策规划的成本大小、产出的收益多少，是否实施后能带来好的经济效益和社会效益。

4）技术可行性

技术可行性主要衡量政策或规划的具体产出是否能达到预期目的。它直接针对方案是否会正常运行，其中一个重要衡量概念是效力。效力标准集中关注政策或规划是否会达到它的预期效果，这种效果是长期还是短期的、可量化还是不可量化的、充分的还是不充分的。

5）行政可行性

行政可行性主要关注在特定的社会环境特别是行政环境中实施某项政策规划的可能性，如人员是否到位、是否具有权威性、制度化的责任约定等。

2. 政策方案择优、审定阶段的风险

政策方案选优就是在若干经过评估的可行性方案中，选择最佳方案的过程。在择优后还必须对择定方案进行审查和评定，即进行系统的、周密的论证。其中的风险因素如图 4-20 所示。

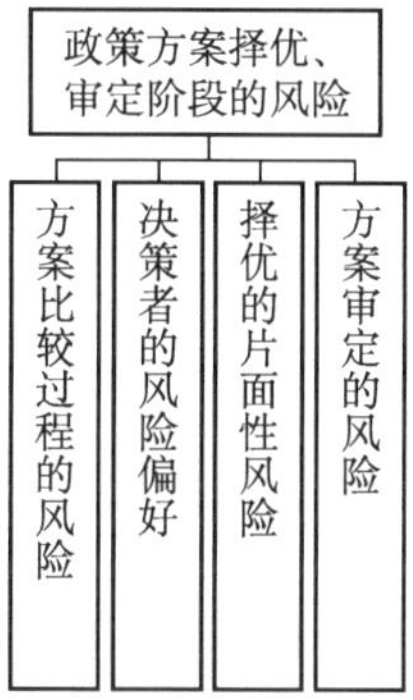

图 4-20　政策方案择优、审定阶段的风险

1）方案比较过程的风险

方案的择优是在比较的基础上进行的判断和选择。所谓比较，要研究各方案间的异同点及在政策执行过程中可能造成的影响。比较的过程在本质上就是一个决策的过程，是决策过程的重要组成部分，反映了决策者的价值观、世界观、经验、知识、素质。比较决策的结果将直接影响政策的制定及执行的效果。

2）决策者的风险偏好

决策者的风险偏好，即决策者和决策集团是风险寻求者，还是风险中性者，或是风险厌恶者（普雷切特，1998），将直接导致方案选择的结果是否更加适合当时的条件。

3）择优的片面性风险

行政决策时切忌独断专行，不能先有结论，而后去搜集“事实”来支持结论，应避免方案择优的片面性。为了尽可能做到判断和选择的正确，择优方案要注意使用逆向决策的方法。要求从不同角度、不同要求、不同场合、不同结果对已拟定的政策方案提出不同的看法，以求收到兼听则明的效果，保证择定方案的科学性、可靠性和严密性。还需要行政领导创造一种较为宽松的民主氛围，鼓励发表意见和看法，形成百家争鸣的局势。科学的决策应从不同观点中选择，应从不同的判断中选择。

4）方案审定的风险

择定的方案还需进行审查和评定，即进行系统的、周密的论证。审定的目的是减少决策失误。审定结果有三种可能性：①通过、生效，付诸实施；②否定或终止；③搁置，等待适当时机再作最后决定。因此，审定是对择定方案的最终选择，要保证审定的科学性。通常采取科学化、定量化的方法，如边际分析、成本—收益分析、价值分析、可行性分析和其他技术，对决策综合分析、权衡、取舍。

四 政策合法化过程的风险

所谓政策合法化是指经过政策规划得到的政策方案上升为法律或获得合法地位的过程。它由国家有关的政权机关依据法定权限和程序所实施的一系列立法活动与审查活动所构成。合法化使政策获得了法律保护，具有强制力，为政策的执行提供了条件（郭巍青，2000）。

政策合法化牵涉到决策者、民众和其他国家机关等方面，他们对政策合法化进程都将产生不确定性的制约或影响，如图 4-21 所示。

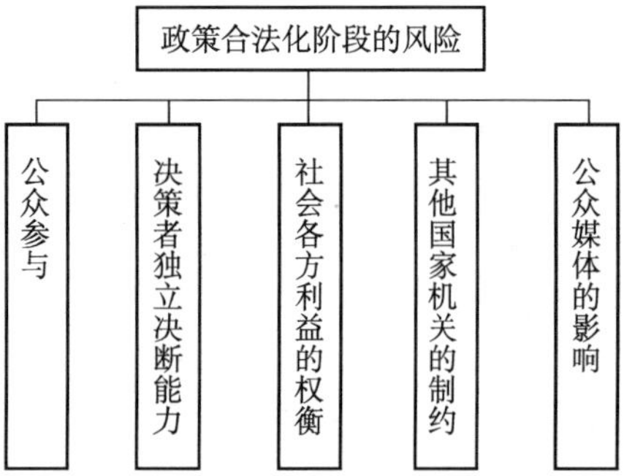

图 4-21　政策合法化阶段的风险

1. 公众参与

社会发展水平、人们的认识水平和社会心理因素都决定着公众对立法的认识，从而影响政策合法化的进程。在公共政策的形成过程中，公众参与是确保政策符合民意及政策合法化的根本途径。政府的政策必须符合民心、符合民意，如果政策与民心、民意逆道而行，无疑会导致民众不服，最终使社会混乱，民心不安。只有公共政策在制定过程中，扩大公众参与，倾听公众的意见，了解民心所向，这样才能促进政策顺利执行，保障政策的合法地位（陶学荣，2006）。

2. 决策者独立决断能力

决策制度要求决策者对自己所做的决策行为负责，如果决策者不能独立决断，显然也不能独立负责。要让决策者能对自己的决策行为负责，就必须要求决策者真正拥有独立决断的权力和能力，因为它事关决策的整体质量问题。

第一，在集体决策条件下，每一位决策参与者的独立决断正是决策民主化和科学化的一个体现和要求，它与决策民主化和科学化是一致的；第二，在个人决策条件下，决策者的地位往往能让决策者得到其他人不可能得到的信息，从而占有信息优势，还容易让决策者比其他人站得高、看得远、考虑得更周全；第三，正确决策与抓住时机往往具有极其密切的联系。决策者个人优柔寡断，当决不决，就会贻误决策的适当时机，给国家和人民的事业造成严重损失。对决策者来说，要真正能独立行使决断权，最关键的还是要不断地提高自身各方面的素质和修养水平，自觉培养和锻炼独立决断的能力。

3. 社会各方的利益权衡

林布隆（Chaltes E. Lindblom）（1988）说，各种利益集团如政党、行政机构、企业团体的相互作用是政治决策的主要方式。联邦德国著名社会学家、政治学家鲁曼则非常明确地说："决策（在多种行为下的选择）不仅是信息处理的结果，而且也是冲突和妥协的结局。"（王福生，1991）因此，各个社会利益集团的经济实力、价值取向、政治地位和人数的多寡又成为其力量权衡的风险因素。

公共政策本身往往会触及相互冲突的各方利益，决策者需要利用民主决策机制，引导冲突各方通过互动实现信息对称、达成谅解、妥协和一致等，在不宜利用民主机制时要充分了解各方利益需求、全面权衡各方的利害关系，尽量避免出现零和博弈，而让各方都能从决策中得到自己最想得到的东西，从而最大限度地实现双赢或多赢的结局。

决策者应注意的是，不能仅仅为利益的均衡而一味地作妥协性的决策，而应时刻把握社会发展的大局，该妥协的才妥协，不该妥协、不该追求利益均衡的，只要有利于社会的进步和发展，就要不怕风险、善加引导和大胆抉择（宁骚，2004）。

4. 其他国家机关的制约

由于国家机关之间的关系紧张、利益冲突或权力冲突可能导致政策方案在合法化阶段被否决或搁置。

5. 公众媒体的影响

新闻界被誉为监督社会政治生活的“无冕之王”。它具有极强的政治参与、表达和导向能力，而公众的普遍价值观、对政策法案的态度又会影响媒介的关注焦点。如此强大的社会影响力是立法者不能不顾忌的要素。

第四节　公共政策执行过程的风险

政策执行是一个动态的过程，它是政策执行者通过建立组织机构，运用各种政策资源，采取解释、宣传、实施、协调与监控等各种活动，将政策观念形态的内容转化为实际效果，从而实现既定政策目标的活动过程（陈振明，2003）。如图 4-22 所示，政策执行过程包括狭义的政策执行、政策评估、政策调整与改变和政策终结这四个子过程。

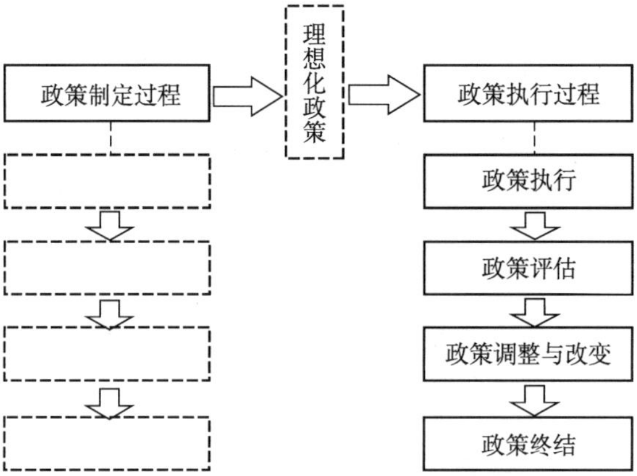

图 4-22　公共政策执行过程分解图

一 政策执行过程的风险

政策执行是政策被采纳后，把政策所规定的内容转变为现实的过程。具体地说，政策执行本质上是遵循政策指令所进行的变革，是为了实现政策目标而重新调整行为模式的过程，是将一种政策付诸实施的各项活动（李成智，2000）。

美国学者艾利森（Allison）指出“在实现公共政策目标的过程中，方案确定的功能只占10%，而其余的90%取决于有效的执行”（陈振明，1998）。政策制定，并不等于政策问题的解决，要彻底解决问题，则有赖于有效的政策执行。大量的研究和事实表明，几乎每个国家在实际的公共政策执行过程当中都不可避免地遇到许多的障碍。

狭义的政策执行过程由建立组织机构、解释政策、实施政策、政策服务和政策宣传五个阶段组成（图4-23），其中政策服务和政策宣传两个阶段贯穿整个政策执行阶段。

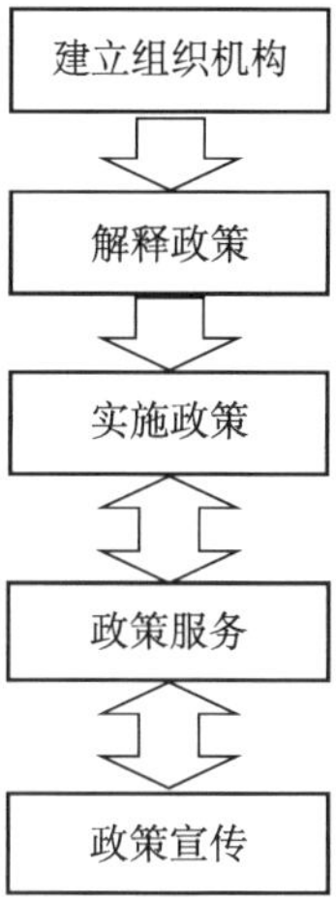

图4-23 政策执行过程

（一）政策资源

狭义的政策执行是政策方案付诸实施的阶段，是整个政策执行阶段最为关键的环节。政策的执行质量在某种意义上体现了公共政策的最终质量。因此，对这一阶段的风险识别也就显得尤为重要，其风险因素包括政策资源、目标群体、执行策略、执行者素质、沟通协调机制和环境因素，如图4-24所示。

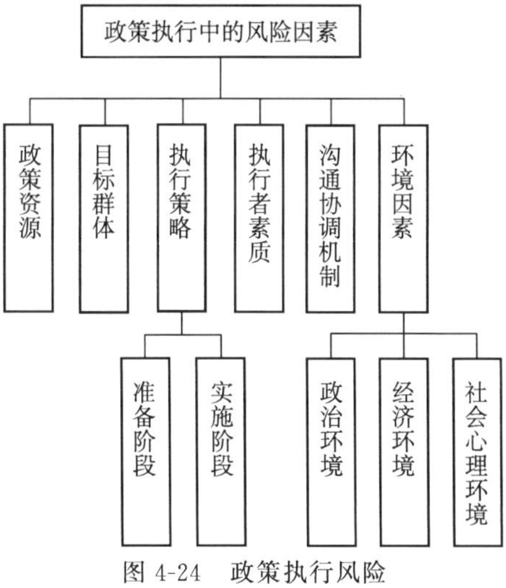

图4-24 政策执行风险

政策资源即完成政策所需花费的各种成本和条件（沈承刚，1996）。它是政策得以顺利实施的保障，具体包括经费资源、人力资源、信息资源和权威资源，如图 4-25 所示。

(1) 经费资源。这是政策执行的财力保障，若经费不足，将使政策执行失去基础和动力；而滥用经费则会造成恶性循环。

(2) 人力资源。这是政策执行的人员保障，人力资源匮乏将导致政策执行不力，但人员过多又会造成执行机构内部的纠纷和内耗。

(3) 信息资源。信息资源是决定政策实施效果的重要因素，信息不对称和信息渠道不畅通将严重阻碍政策的执行进程。

(4) 权威资源。要使政策执行活动得以顺利地进行，必须赋予负责执行政策的人员相应的权威，权威是有助于政策有效执行的重要资源。

（二）目标群体①

目标群体是政策执行的目标对象，即所谓的政策对象。如果把执行者比喻为决定政策目标能否实现的一个端点，那么目标群体因素就是其另一个端点。具体体现为目标群体的社会政治化程度、对政策合法化的态度、对成本利益的衡量和社会心理因素的影响，如图 4-26 所示。

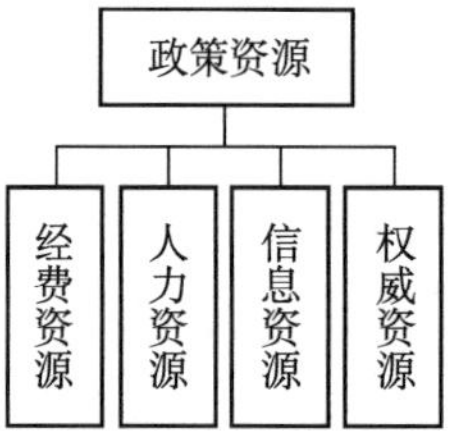

图 4-25　政策资源

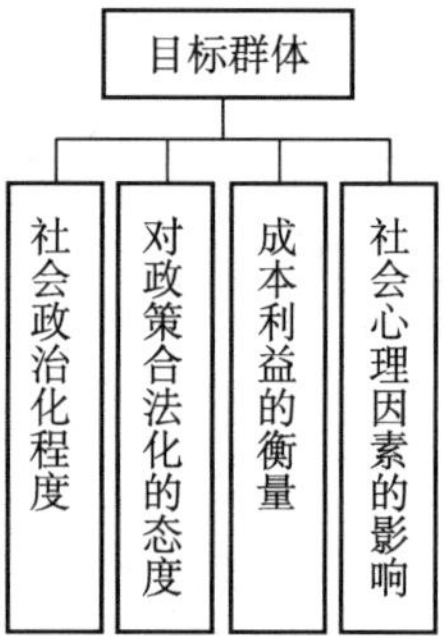

图 4-26　目标群体

(1) 社会政治化程度。社会政治化是指每个社会成员随着自己的社会实践，逐渐形成特定的政治观念，培养政治行为的基本模式，形成对国家、政党、权威、意识形态、权利、义务及社会制度的认识，从而适应特定的社会生活的过程（张金马，1992）。家庭、学校教育、大众传播媒介等渠道使人们完成有利于该社会制度的社会化过程。若政治社会化的过程进行得比较成功，并通过适当的形式和内容，使人们在潜移默化中树立起拥护、支持和体谅现行社会制度的倾向，人们一般都能自动倾向于接受公共政策，反之目标群体将成为政策执行的主要阻力。

---

① 钱再见等．2006．公共政策学新编．华东师范大学出版社：151～154。

（2）对政策合法化的态度。如果政策制定符合法定程序，符合法律原则，而且是政策制定者在政党的权限范围内进行的，那么目标群体就会认为该项政策是合法的，一般也倾向于接受它，反之接受的可能性就会有所降低。

（3）对成本利益的衡量。目标群体是否顺从和接受某一项政策，很大程度上是根据自己的价值判断，衡量接受政策所能得到的利益、不接受政策可能受到的损失孰轻孰重。如果他们认为接受政策比不接受政策所遭受的损失大，则他们往往会对政策加以抵制。

（4）社会心理因素的影响。社会心理决定性地影响着政策对象的价值观念、习俗信仰和行为模式，这一点本书将详细论述。

（三）执行策略

执行者能否采取正确的策略，也是执行阶段的重要潜在风险，主要包括准备阶段的认识统一、组织配备齐全、计划详细、经费设备充足和相关法规完备等细节；实施阶段中实施方法适当、政策目标把握准确、掌握实施的原则性与灵活性相结合，如图 4-27 所示。

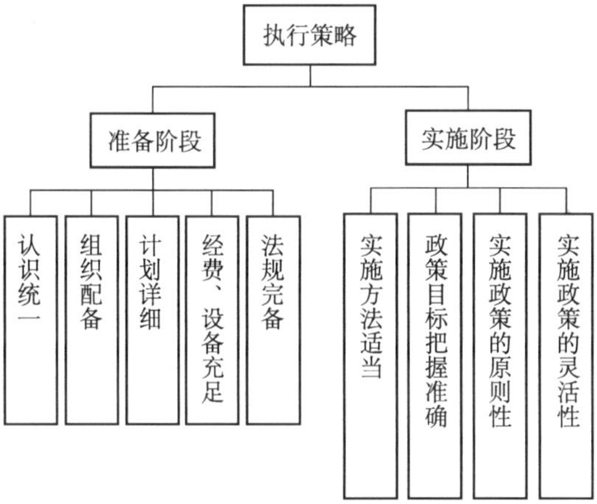

图 4-27　执行策略

1. 准备阶段

准备阶段应注意以下几方面内容（宁骚，2004）。

（1）认识统一。执行者对政策的意图和政策实施的具体措施是否有一个明确、统一的认识关系到他们能否行动一致。

（2）组织配备。机构设置是否完善、人员配备是否整齐是执行策略的重要组成部分。

（3）计划详细。达到政策目标要依靠制定详细周密的执行计划，这是有条不紊地进行政策执行活动的前提基础。

(4) 经费、设备充足。物质准备充足是顺利实施政策的条件。

(5) 法规完备。政策执行者的工作活动是否纳入依法行政的范畴，是决定政策执行是否规范、公平的先决条件。

2. 实施阶段

实施阶段应注意以下几方面内容。

(1) 实施方法适当。在政策实施中一定要根据不同政策的特点选用相应的方法，使政策内容有一个合适的实施载体。

(2) 政策目标把握准确。政策执行者对政策目标把握的准确性、全面性是影响政策最终实施效果的关键因素。

(3) 实施政策的原则性。执行者在实施政策时，一定要严格按照政策本身所规定的特定调控对象和作用范围去贯彻落实政策。如果没有政策实施的原则性，就失去了政策的统一性、严肃性和权威性，就会纵容有令不行、有禁不止的恶劣现象。

(4) 实施政策的灵活性。在上述原则允许的限度内采取灵活的做法，不仅有利于对不同层次政策的把握，也有利于对处于同一层次上不同的具体政策进行协调，从而更好地实施政策。

(四) 执行者的素质

执行者的素质是执行过程中的主观因素，包括执行者的政治素质、对政策的意向、工作态度、知识结构、管理水平和经验能力等下一级风险因素，如图4-28所示。

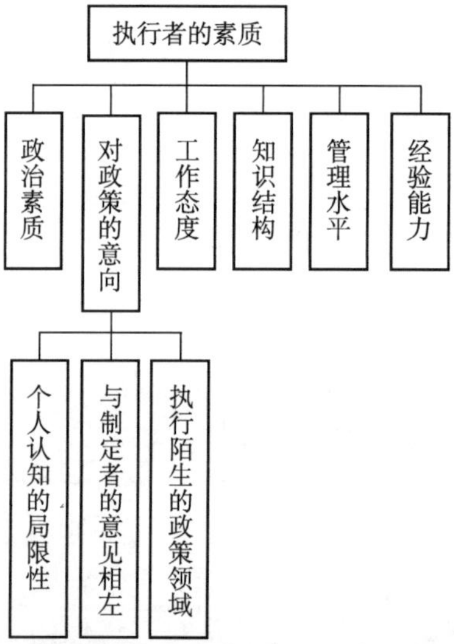

图 4-28　执行者的素质

1. 政治素质

公共政策的执行实际就是对利益的分配和对行为的调整，因此当政策执行者身兼目标群体和执行者双重角色时，是否具有高度的思想政治觉悟，对政策执行过程具有极为重要的影响。许多政策执行不力的情况，不是由作为普通百姓的一般目标群体造成，而是由作为政策执行者的那部分特殊目标群体因缺乏高度思想政治觉悟造成。

2. 对政策的意向

执行者在应用其决策权时都依赖于他们对政策的看法及他们对政策可能会带来的利益所做的推测，对政策执行的风险表现在以下三个方面：

(1) 个人认识的局限性。执行者常常只侧重其个人对政策目标所做的选择性认识，而忽视他所接受的政策指令的某些方面，这种现象在上级的政策指令与个人的政策偏好倾向不一致时表现得更为突出。

(2) 与制定者的意见相左。人们总是不太愿意执行自己所不赞同的政策指令，于是政策与执行之间难免会有不衔接的现象。

(3) 执行陌生的政策领域。执行者只熟悉某些政策领域，而对别的政策领域知之甚少，于是他们很可能会产生反对的意向，从而成为阻碍政策执行的风险因素。

3. 工作态度

执行者对每一个执行事项，往往先权衡轻重，斟酌缓急，而后才做出各种不同的调适；另外他们对政策标准的认识和了解，对政策的反应方向及反应程度，都会影响其执行政策的能力和效果。

4. 知识结构

在当今“知识经济”的时代，如果执行者的知识结构老化、知识层面单一就不能适应时代的发展，必将影响政策的执行质量。

5. 管理水平

就执行机构的领导而言，不仅要有胆有识，能够及时对形势和条件做出正确估计，而且要从实际出发，采取机动灵活的策略正确处理各种关系。若领导者不能具备上述能力势必影响政策的顺利执行。

6. 经验能力

政策执行者能否从过去的执行工作中总结经验教训，是否有未雨绸缪、防患于未然的能力，也是关系到执行质量的重要因素。

(五) 沟通协调机制

执行机构间的沟通和协调是保证政策在执行中始终不偏离政策目标的关键。其中沟通的明晰性、一致性、正确性和完整性又是沟通机制的下一级风险；而目标协调、策略协调、组织协调和法纪协调又是协调机制的次一级风险，如图4-29所示。

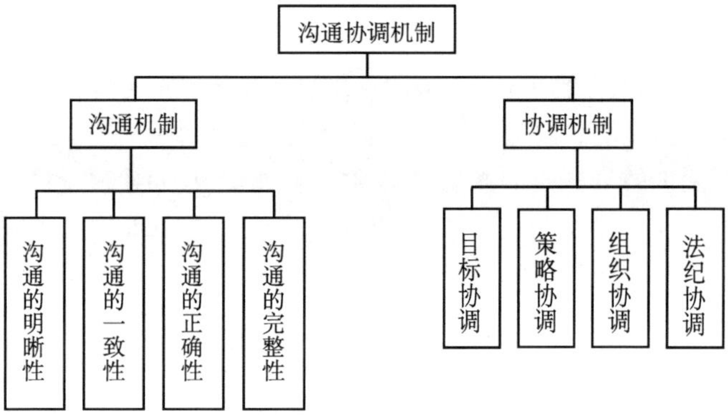

图 4-29　沟通协调机制

1. 沟通机制

沟通是指有关方面为了实现共同的目标，采用正确的程序和方法，例如语言、文字、图片、行为等传递和交换思想，获得相互了解、团结一致、密切合作。具体到政策执行过程中的沟通机制包括：执行机构上下级之间的沟通、执行者之间的沟通和执行者与目标群体之间的沟通，而在这三种沟通渠道中有以下四个需关注的沟通层面：

(1) 沟通的明晰性。若沟通过程中政策指令含糊不清或无法确知政策要求采取的行动，或者不能抓住政策重心而对政策指令感到困惑，将造成执行的延误乃至背离既定的政策目标，从而降低政策的执行效果，妨碍政策的有效执行。

(2) 沟通的一致性。如果前后发布的政策指令不一致、缺乏连续性，轻者会使执行者和目标群体感到无所适从，重者则会使执行者和目标群体对政策发生怀疑以致拒绝接受和执行政策。

(3) 沟通的正确性。连接政策制定者与执行者及目标群体三者之间的信息渠道若不畅通，将造成对信息内容有意或无意的曲解，致使信息失真，影响正常沟通，从而妨碍政策的有效执行。

(4) 沟通的完整性。这是指建立双向信息通路，政策制定者通过沟通路线把政策指令等信息传递给各级执行者，从而启动执行活动，执行者按原路线或专门的沟通渠道把实际的执行情况和改进的建议作为修正政策的信息反馈给政策制定者。

2. 协调机制

协调是指上一级领导为使下属机构之间能分工合作、协同一致地实现共同的目标所进行的各项活动。政策执行过程中的协调主要包括：执行机构内部的协调和执行机构之间的协调两个方面。在这两方面协调中，又可辨识出以下四个层面的风险因素：

（1）目标协调。共同的目标是行动一致的根本前提，只有在全体执行者参与下确定共同的执行目标，才能有协调一致的行动，否则将给政策执行带来反作用力。

（2）策略协调。策略是为了达到一定的目标，调节各方面的关系，缓和、解决各种矛盾而制定的行动方案，因此在政策执行的策略上保持一致是至关重要的。

（3）组织协调。各级执行机构应按统一的部署、在规定的责权范围内行动，否则将会产生矛盾。

（4）法纪协调。法纪是执行活动的依据和准绳，若不严明法纪将导致违法乱纪现象的发生，对政策执行产生负面影响。

（六）环境因素

任何一项政策的执行都无一例外地要与其他社会因素发生相互作用，都要受到一定社会环境的制约和影响。因此，适宜的社会环境无疑有助于政策的有效执行；反之，不良的社会环境必然成为政策执行的风险因素。环境因素具体包括：政治环境、经济环境和社会心理环境三个方面，如图 4-30 所示。

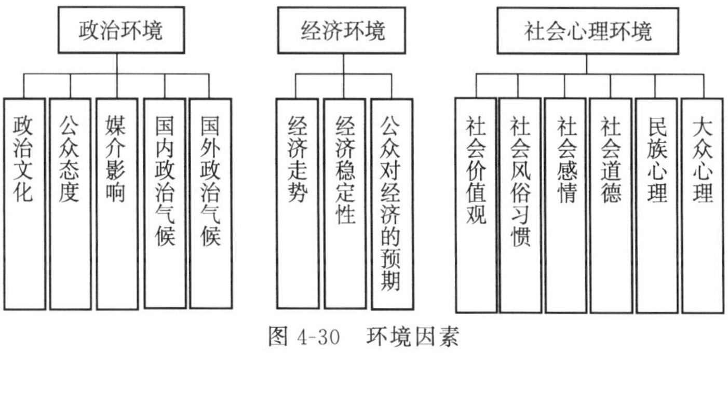

图 4-30　环境因素

(1) 政治环境。由此可分解出的次级风险有：政治文化、公众态度、媒介影响和国内外政治气候，这些因素的不确定性都将左右执行质量。

(2) 经济环境。在政策执行阶段，经济走势、经济稳定性和公众对经济的预期会发生难以预期的变化，给执行带来风险。

(3) 社会心理环境。社会心理是在特定的社会生活条件下，人们（包括个体和群体）对社会事件所做的一种互相影响、互相制约的心理反应和心理特征，具体包括：社会价值观、社会风俗习惯、社会感情、社会道德、民族心理和大众心理。执行者若不充分考虑这些因素，将会产生不同程度的社会波动。

二 政策评估过程的风险

所谓公共政策评估，是政治认识主体在一定价值观和价值标准指导下对公共政策及其活动全过程的各个环节的结果的价值所作的评估活动（周树志，2000）。政策评估又可分解为确定评估规范、搜集评估信息、分析政策效果和提出行动方案四个子过程，如图 4-31 所示。

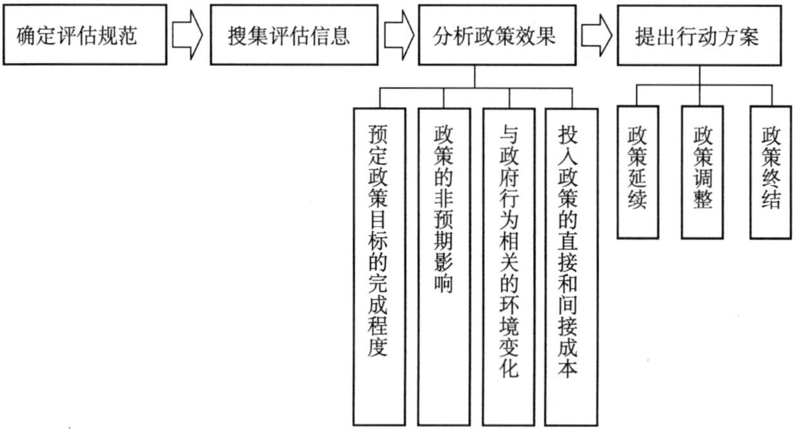

图 4-31 政策评估过程

下面就按照上述政策评估的四个子过程分别进行风险识别：

1. 确定政策评估规范阶段的风险

政策评估实质上是一种价值判断，而要进行价值判断，首先必须建立价值准则即评估标准。在这一阶段涉及的主要风险因素有以下七个方面，如图 4-32 所示：

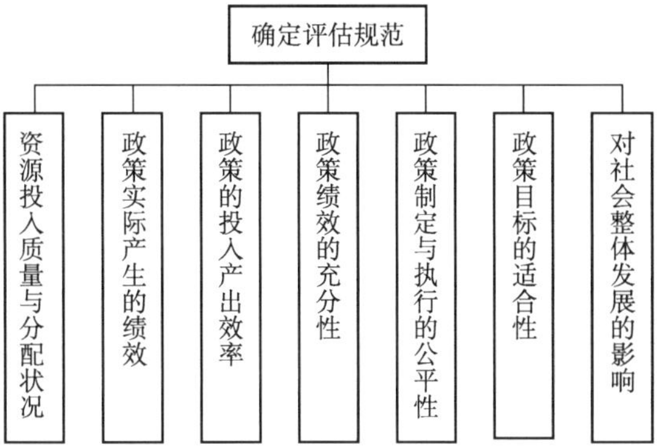

图 4-32　确定评估规范阶段的风险

(1) 资源投入质量与分配状况；
(2) 政策实际产生的绩效；
(3) 政策的投入产出效率；
(4) 政策绩效的充分性；
(5) 政策制定与执行的公平性；
(6) 政策目标的适合性；
(7) 对社会整体发展的影响。

2. 搜集、评估信息阶段的风险

搜集有关政策评估信息的阶段实际上是一个测度过程，即按照上一阶段确定的评估标准尽可能准确地测度政策的实施效果，这一阶段的主要风险因素有信息渠道、信息搜集者和信息来源三个方面，如图 4-33 所示。

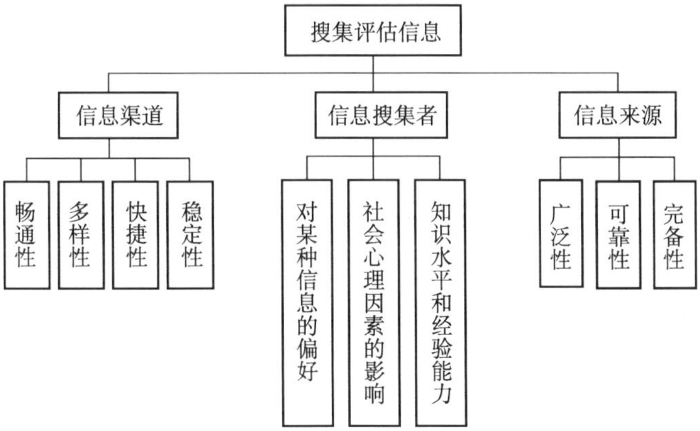

图 4-33　搜集、评估信息阶段的风险

(1) 信息渠道。信息渠道的畅通性、多样性、快捷性和稳定性决定着信息传递的质量，进而决定了政策的评估质量。

（2）信息搜集者。信息搜集者对某种信息的偏好、社会心理因素对其的影响和其知识水平及经验能力都影响着信息采集的质量。

（3）信息来源。信息来源的广泛性、可靠性和完备性同样是信息搜集是否完备、准确的关键因素。

3. 分析政策效果阶段的风险

政策效果是指政策运行过程结束后的成果和收益，可分为政治效果、经济效果、社会效果、技术效果等（沈承刚，1996）。这个阶段中，有关的风险因素有评估者因素、目标群体因素、公共媒介因素、其他机构因素和分析工具因素五个方面，如图 4-34 所示。

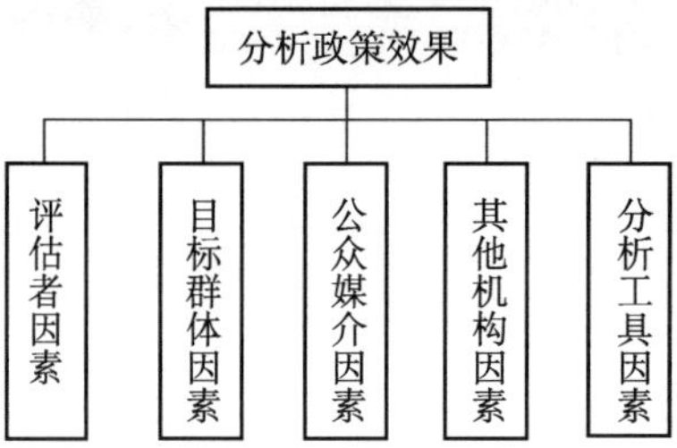

图 4-34　分析政策效果阶段的风险

（1）评估者因素。评估者自身的价值取向、所处利益集团的立场及其知识结构和能力会从主观上影响评价结果，如图 4-35 所示。

（2）目标群体因素。包括目标群体的利益取向、政治素质、价值观念和社会心理因素四个子因素，如图 4-36 所示。

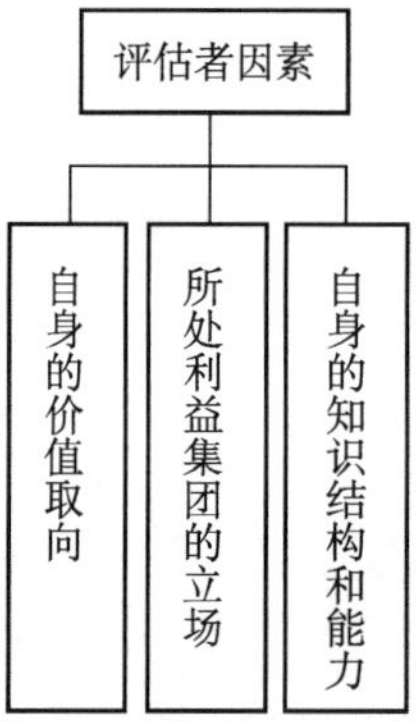

图 4-35　评估者因素

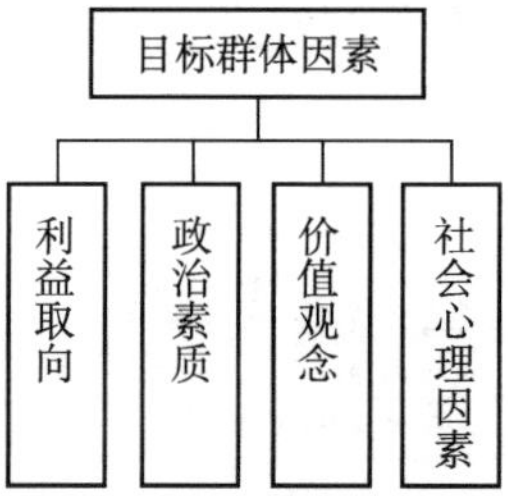

图 4-36　目标群体因素

（3）公众媒介因素。具体分为公众对政策效果的态度和媒介对政策效果的评价两种，如图 4-37 所示。

(4) 其他机构因素。政策实施对其他机构政策的影响、对其他机构利益的影响，以及其他机构对政策效果的评价都将间接影响政策评价结果，如图 4-38 所示。

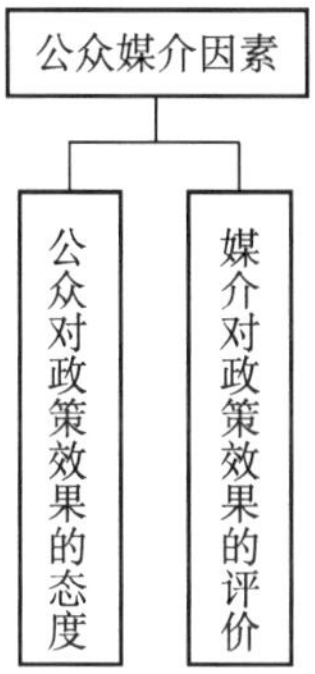

图 4-37　公众媒介因素

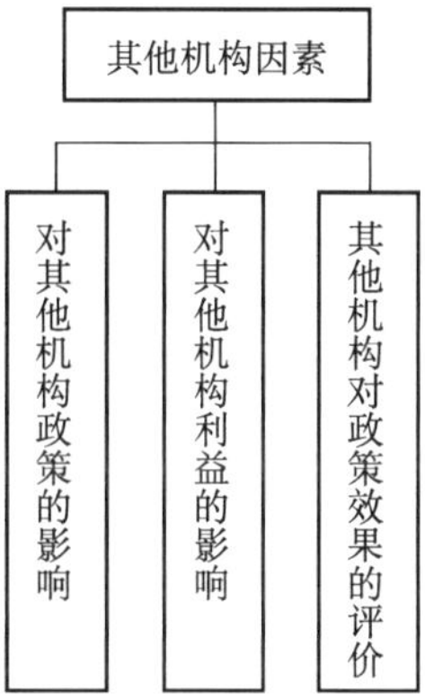

图 4-38　其他机构因素

(5) 分析工具因素。分析政策效果所使用工具的先进性、适用性、多样性和可操作性直接影响评价结果的优劣，如图 4-39 所示。

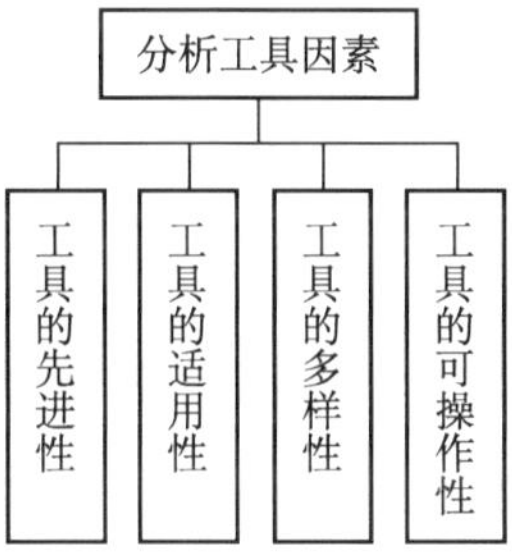

图 4-39　分析工具因素

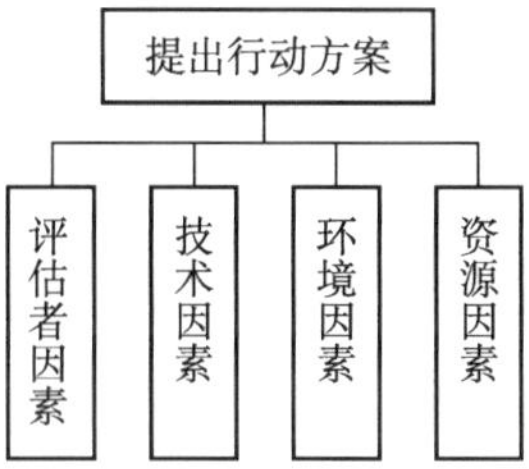

图 4-40　提出行动方案阶段的风险

4. 提出行动方案阶段的风险

针对评价结果，决策者将提出对政策前景的行动方案，该阶段的风险因素具体有评估者因素、技术因素、环境因素和资源因素，如图 4-40 所示。

(1) 评估者因素。评估者的价值取向、风险偏好、知识能力和受社会心理影响的程度关系到所提出的方案的质量，如图 4-41 所示。

(2) 技术因素。创造方案所使用技术的可行性、先进性和适用性是保证方案质量的基础，如图 4-42 所示。

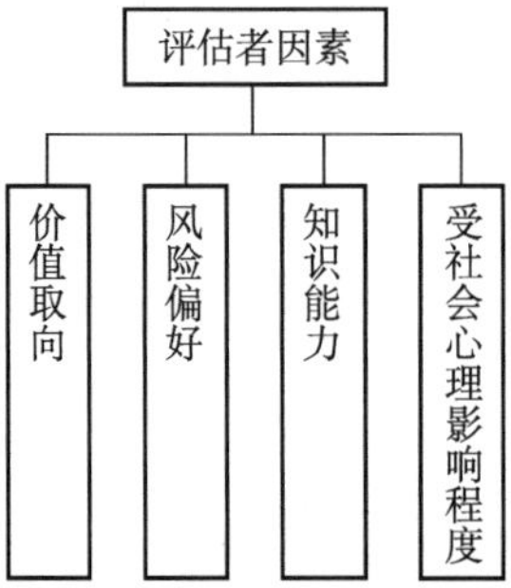

图 4-41 评估者因素

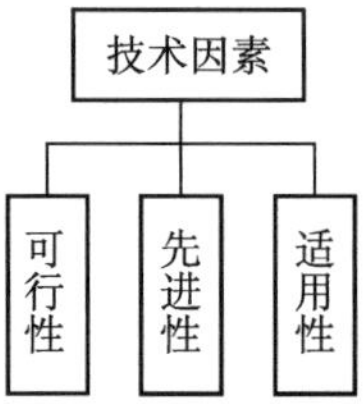

图 4-42 技术因素

（3）环境因素。国内外的政治、经济环境以及当地的社会心理环境是提出方案的外部制约因素，如图 4-43 所示。

（4）资源因素。人力、经费、物质和信息资源是提出方案的物质支持，如图 4-44 所示。

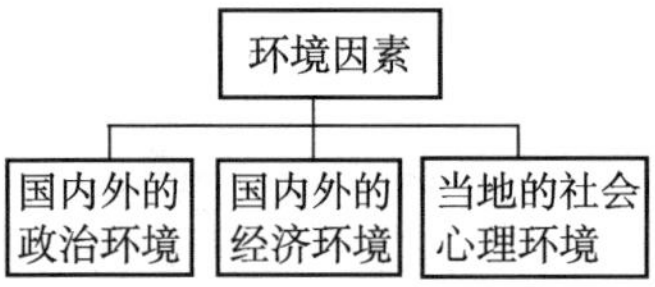

图 4-43 环境因素

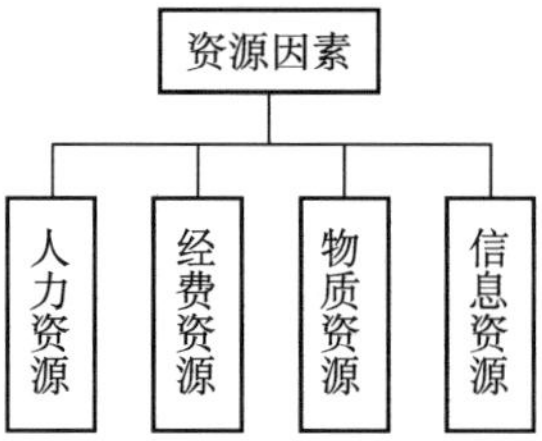

图 4-44 资源因素

三 政策终结过程的风险

政策终结就是政策决策者通过对政策进行慎重的评估后，采取必要的措施，以终止那些多余的、不必要或无效的政策的过程（张金马，1992）。政策终结不是一种自然形成的现象，而是人们在政策过程中主动进行的，旨在提高政策绩效的一种政策行为。一项多余、不必要或无效的政策，若不能及时予以终结，不但会浪费宝贵的资源，还会延误解决政策问题的时机，并危及政府在人民心目中的威望。因此分析政策终结过程中潜在的风险因素也是至关重要的。

政策终结过程中主要涉及五项风险因素：心理因素、组织因素、反对势力、法律因素和成本代价，如图 4-45 所示。

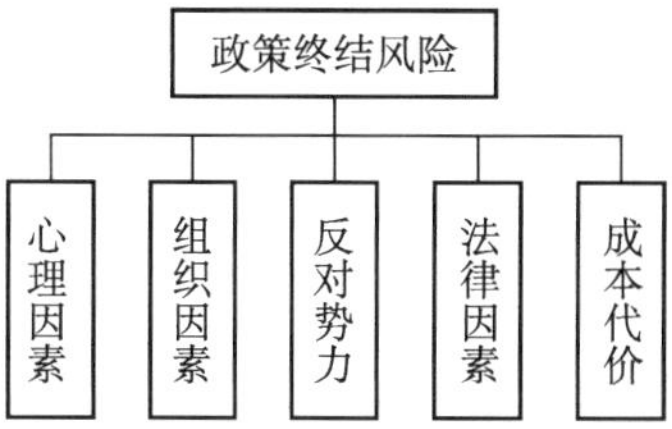

图 4-45　政策终结过程的风险

1. 心理因素

政策参与者不愿承认政策失败、执行失误和不愿意放弃既得利益都会给政策顺利终结带来障碍，导致政策终结风险，如图 4-46 所示。

2. 组织因素

组织因素包括组织惯性、组织生命力和组织适应性，如图 4-47 所示。对公共政策来说，组织机构是政策过程的重要载体，是政策得以实施的重要途径。对于组织机构来说，公共政策是他的灵魂，没有政策功能的公共机构只是一个浪费资源的摆设。因此，当社会还需要某项政策功能时，与此相关的组织机构就难以被彻底终结。当组织感受到终结的威胁时，会尽力解决所面对的问题，争取支持，减轻所面临的压力，以便能够生存下去。组织会随环境和需求的变化而适时地调整，只要有必要，组织就能够也将会改变它们的保护人、受保护人、政策及目标，这就使得政策终结更加困难（宁骚，2004）。

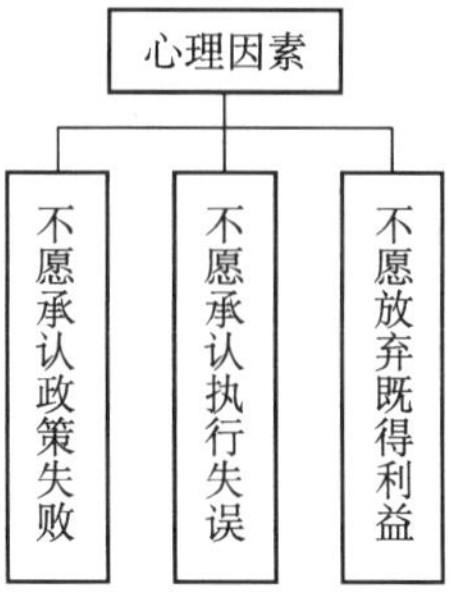

图 4-46　心理因素

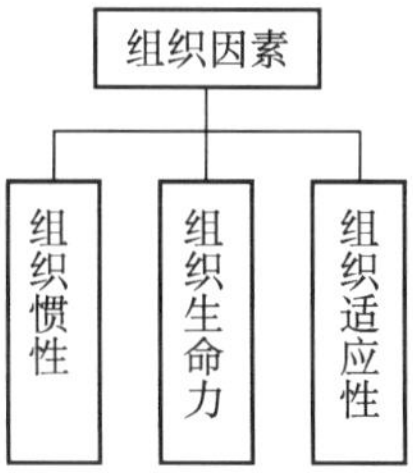

图 4-47　组织因素

3. 反对势力

反对将政策终结的集团会在内部抵制终结，并联合外部力量阻挠终结，都将给终结制造阻碍，如图 4-48 所示。

4. 法律因素

终结已存在的政策法规，程序会很繁杂，并且有政策失败被曝光的风险，因此，也会成为政策终结的风险因素，如图 4-49 所示。

5. 成本代价

终结政策的成本包括已经付出的沉淀成本和终结政策本身花费的终结成本，如果成本代价过高将会使决策者犹豫不决，丧失终结政策的良机，如图 4-50 所示。

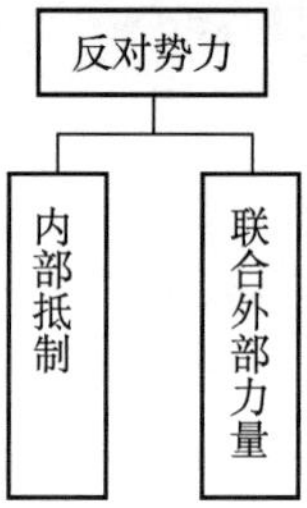

图 4-48 反对势力

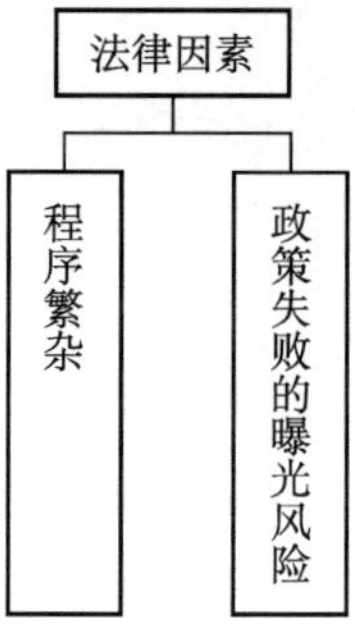

图 4-49 法律因素

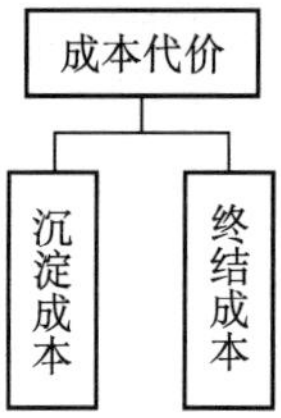

图 4-50 成本代价

小　结

本章根据公共政策的特点，采取流程图法和环境分析法相结合的一种综合辨识方法实现公共政策制定及执行过程中的风险识别；运用流程图分析法将整个政策过程分解细化为各个独立的末级阶段，再运用环境分析法独立地研究各末级阶段的风险因素。这种方法更加系统化，更具有层次性，有助于公共政策风险因素的完整、快速识别。在进行大量的问卷调查的基础上，分析了公共政策各个阶段的主要风险因素，其结果具有一定的可信度。

第五章 公共政策风险评价

第一节　公共政策风险评价模型——CIM 模型及其应用现状

公共政策风险是指在政策制定和执行过程中存在的不确定（潜在风险）因素，影响公共政策的实施效果，危及政府和社会的稳定。在国际上有许多国家都建立有危机管理机制，这点说明决策者和研究者对于公共政策决策过程始终存在风险达成了共识。随着公共政策新问题的不断出现，公共政策风险管理越来越紧迫。

大多数政策科学研究者已经涉入公共政策风险研究，并已取得显著的成果，但都很少使用风险评价模型。本书试图利用风险评价模型对公共政策风险进行量化，为公共政策决策提供科学的依据。实际上，风险分析的技术方法早在 20 世纪 40 年代就大量用于企业管理中，于 20 世纪 60 年代开始向工程项目决策与施工管理转移，目前已取得了丰硕成果，并且日渐成熟（约翰·拉夫特里，2003）。

在公共政策风险系统中，影响风险因素的事件繁多，关系多变，而且不易得到事件发生概率的精确值等，都使得公共政策的风险评价难度增加。相对于其他的评价方法，CIM 分析法可以利用物理关系准确地描述公共政策中各个风险因素之间的关系和分布特点，然后再利用概率论原理，对各个风险因素的概率分布进行叠加得出总系统风险概率分布，进而对公共政策系统的总风险进行评价。这样既可以把繁多的风险因素关系捋顺，又可以在只知道概率分布的情况下，计算总风险程度，减少了风险评价的难度，同时又科学、客观地对公共政策系统风险进行了评价。因此，CIM 分析法可以很好地解决公共政策风险评价系统的难题，故本书选择 CIM 模型对公共政策风险进行评价。

第二节　CIM 模型的基本原理

风险分析需进行概率分布叠加。CIM 模型是进行概率分布叠加的有效方法之一。所谓“控制区间”是指为了减小叠加误差，在计算中常要对叠加变量的直方图加以处理，即缩小其概率区间，将原概率区间分解变小后，再按串联或并联响应模型进行概率叠加，可以得出更加精确的结果。所谓“记忆”，是指当有两个以上的随机变量需要进行概率分布叠加时，可用“记忆”的方式考虑前后变量的相互影响。即把前面概率分布叠加的结果记忆下来，应用“控制区间”的方法将其与后面变量的概率分布叠加，直到计算最后一个变量为止。

CIM 模型分为串联响应模型和并联响应模型，按变量的物理关系分别进行变量概率分布的“串”或“并”联组合与叠加。它既能处理变量相互独立的情况，又能处理变量相关的问题，是现代风险分析方法中进行风险因素组合、量化评价的一种新的技术。鉴于随机变量概率分布的组合或叠加，最简单的计算方法是假设各变量相互独立，本书使用的 CIM 分析方法中的并联响应模型也建立在这一假设的基础上。

1. 并联响应模型

影响活动的风险因素在实际中并不是一个接一个地出现，而是带有随机性。各因素可能出现，也可能不出现；可能同时出现，也可能只出现一个。如图 5-1 所示，一项活动 M 有 n 个风险因素存在，只要其中任一风险出现，活动 M 都会受到风险影响，犹如电路中的并联电路，只要其中任一支路接通，则该电路通，不管其他支路状况如何。

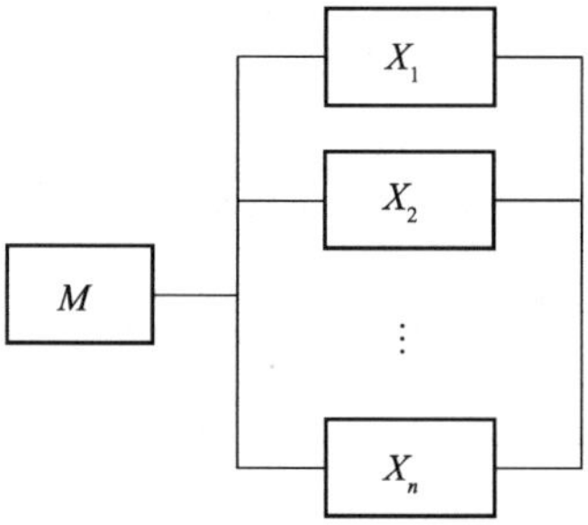

图 5-1　并联响应示意图

由此类比，风险因素 X_1，X_2，…，X_n 的概率分布组合模型称并联响应模型，这种并联概率曲线的叠加称概率乘法。在实际计算中，概率乘法是由一系列的两概率分布连乘组成的，即先将两个风险因素的概率曲线相乘，然后再与第三者相乘，如此下去，直到确定活动全过程的风险概率曲线。

假设风险因素 X_1 与风险因素 X_2 是并联连接的关系，它们的组合影响概率是利用并联概率叠加，即利用等宽度概率区间的直方图进行叠加。并联概率叠加的计算公式可以表示为

$$P(X_a = x_a) = \sum_{i=1}^{n} P(X_1 = x_a,\ X_2 \leqslant x_a) + \sum_{i=1}^{n} P(X_1 < x_a,\ X_2 = x_a) \quad (5\text{-}1)$$

式中，X_1、X_2 为两个风险因素，x_a 为被划分的区间值，n 为区间个数。

根据 CIM 模型对风险叠加的方法与叠加的顺序，针对公共政策风险的特点，对公共政策风险进行评估的原理及过程如下。

（1）在每一个公共政策子过程中，风险因素的发生具有随机性，它们的叠加采用并联叠加模型。如果有两个以上风险出素，则用前两个概率分布叠加得到一个新的概率分布后记忆下来，再与下一个概率分布叠加，如此计算下去即可，如图 5-2 所示。

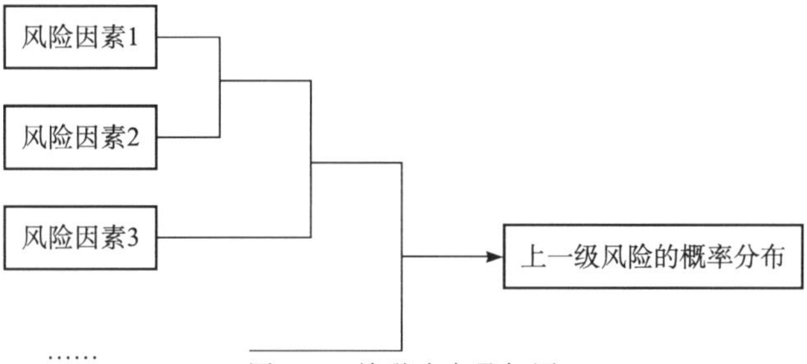

图 5-2 并联响应叠加图

（2）运用并联响应模型将公共政策过程风险分级向上叠加，直到得到公共政策总风险。

（3）绘制总风险概率分布图，计算出其总风险程度的期望值 $E(X)$ 和方差 $\mathrm{Var}(X)$，根据计算结果进行风险评价。

$$E(X)=\sum_{k=1}^{n}x_k p_k \tag{5-2}$$

$$\mathrm{Var}(X)=\sum_{k=1}^{n}(x_k-EX)^2 p_k \tag{5-3}$$

2. 串联响应模型

某一项活动中，若所有活动都以串联关系存在，而且这些活动都必然出现，这就组成串联响应模型。与并联响应模型对应，对它们宜采用串联的方式进行变量概率分布叠加，串联概率叠加的方法又称为概率加法。总风险概率分布就是由一系列的两个变量分布叠加组成的。两个变量概率分布相加，其和加上第三个变量的概率分布，如此下去直到得到总风险概率分布。串联响应模型如图 5-3 所示。

图 5-3 串联响应示意图

假设风险 X_1 与风险 X_2 是串联关系，它们的概率分布用等宽度区间的直方图分别表示，如图 5-4、图 5-5 所示，则风险 X_1 和 X_2 进行串联概率叠加，叠加的概率 $P(X_a)$ 为

$$P(X_a=x_a)=\sum_{i=1}^{k}\sum_{j=1}^{l}P(X_1=x_{1i},X_2=x_{2j})=\sum_{i=1}^{k}P(X_1=x_{1i})\sum_{j=1}^{l}P(X_2=x_{2j}) \tag{5-4}$$

式中 $x_a=x_{1i}+x_{2j}$；$i=1, 2, \cdots, k$；$j=1, 2, \cdots, l$；k 和 l 为风险 X_1 和 X_2 的区间数。

例如，已知某项投资活动可分解为两个单项活动，分别为 C_1、C_2，它们之间的关系为串联关系。其投资风险概率分布分别为 $P(C_1)$、$P(C_2)$，则其组合后的投资风险概率分布用式（5-4）计算，结果如表 5-1 所示。

表 5-1　C_1、C_2 两项投资活动投资风险分布

C_1/万元	$P(C_1)$	C_2/万元	$P(C_2)$
53 579.525	0	19 076.855	0
56 399.5	0.002	20 080.9	0.033
59 219.475	0.14	21 084.945	0.647
62 039.45	0.198	22 088.99	0.25
64 859.425	0.66	23 093.035	0.07

其组合概率利用式（5-4）计算，结果如表 5-2 所示。

表 5-2　C_1+C_2 独立组合投资风险概率分布

投资额/万元	概率
72 656.38	0
73 660.425	0
74 664.47	0
75 476.355	0
75 668.515	0
76 480.4	0.000 066
76 672.56	0
77 484.445	0.001 294
78 296.33	0
78 488.49	0.000 5
79 300.375	0.004 62
79 492.535	0.000 14
80 304.42	0.090 58
81 116.305	0
81 308.465	0.035
82 120.35	0.006 534
82 312.51	0.009 8
83 124.395	0.128 106
83 936.28	0
84 128.44	0.049 5
84 940.325	0.021 78
85 132.485	0.013 86
85 944.37	0.427 02
86 948.415	0.165
87 952.46	0.046 2

在图 5-4、图 5-5 中，x_a 为直方图概率区间的组中值。叠加后的结果用直方

图（图 5-6）表示。

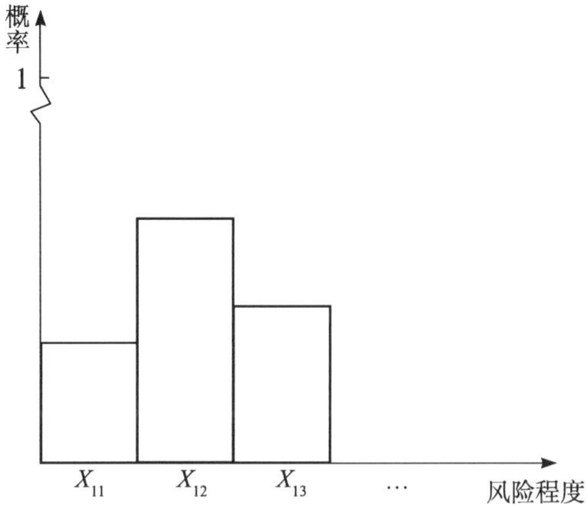

图 5-4　风险 X_1 的概率分布直方图

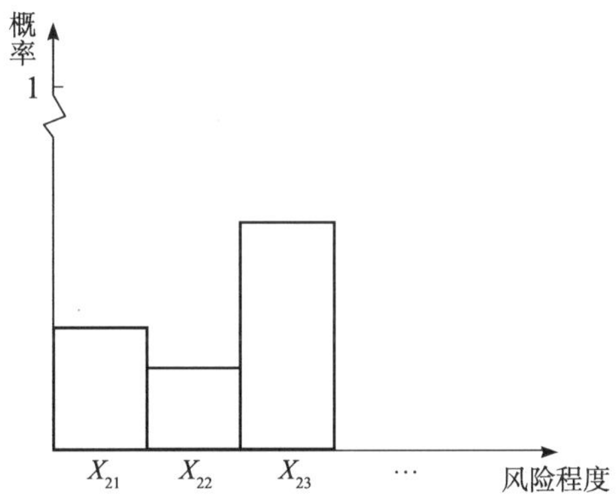

图 5-5　风险 X_2 的概率分布直方图

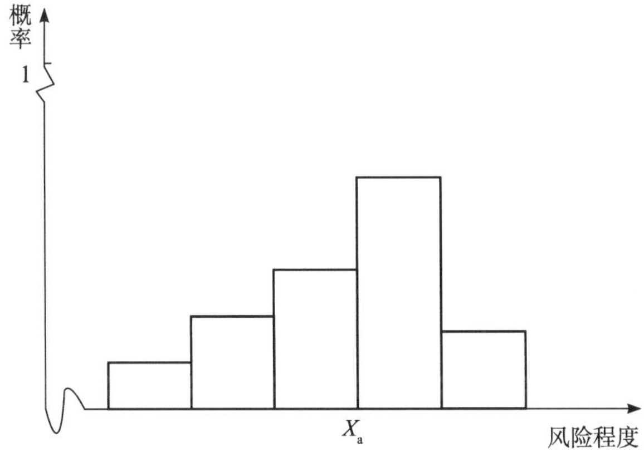

图 5-6　风险 X_1 与 X_2 叠加后的概率分布直方图

无论是串联概率叠加还是并联概率叠加，都是通过相应的叠加原理来汇总出总风险概率分布的，并且只要增加风险概率分布区间都可以得到更为精确的概率分布叠加结果。

第三节 CIM 模型在公共政策风险评价中的运用

我们对公共政策风险评价及控制的研究，都是建立在各个风险变量相互独立的基础上。因变量相关情形涉及的理论和算法均较为复杂，故设定在主观概率的数值中反映了其相关性，这里不再从计算上予以考虑。

在公共政策过程中，各级风险因素的出现具有随机性，应用 CIM 模型的并联响应方法来解决公共政策风险评价问题。为进一步说明该方法应用过程的操作方法，利用 CIM 模型对国内经济适用房政策进行风险评价。

首先通过风险识别将经济适用房政策的各个层次上的风险因素列出，设计风险调查表，然后由有关专家对各风险因素进行评估打分，具体做法如下：

（1）确定每个风险因素的等级值，按照很小、较小、中等、较大和很大五个等级，分别以 0.2、0.4、0.6、0.8、1.0 表示其风险程度。

（2）向专家发放调查问卷，请专家按照确定的打分标准对经济适用房政策最末层的风险因素打分。

（3）根据各位专家的打分结果，合成每个末层风险因素的概率分布。

（4）运用 CIM 的并联响应模型，逐层求出各级风险因素的得分，最后得到经济适用房政策整个过程总风险的概率分布。

（5）计算出总的风险概率的期望值和方差，模拟分析经济适用房政策的风险状况，认为若其总的风险概率主要分布在小于 0.6 的区间，即中等程度，就可以实施该项政策；否则应予以放弃。

经过调查后，得到五位专家对经济适用房政策风险的打分情况，将五位专家对每项风险因素的打分合成为在 0.2、0.4、0.6、0.8、1.0 五个区间的概率分布值，运用 CIM 模型的并联响应方法逐层向上进行风险度的计算。结果如下。

（1）政策制定过程

表 5-3 经济适用房政策制定过程风险评估表

3 级风险	3 级风险概率分布					4 级风险	4 级风险概率分布				
住房问题确认阶段的风险	0.194	0.501	0.105	0.2	0	问题觉察阶段的风险	0.737	0.262	0.001	0	0
						问题界定阶段的风险	0.582	0.36	0.058	0	0
						问题陈述阶段的风险	0.451	0.288	0.061	0.2	0

续表

3级风险	3级风险概率分布					4级风险	4级风险概率分布				
政策规划阶段的风险	0.514	0.363	0.107	0.016	0	政策目标确定阶段的风险	0.689	0.287	0.023	0	0
						方案设计阶段的风险	0.677	0.2	0.123	0	0
						方案评估阶段的风险	0.724	0.116	0.144	0.016	0
						方案优选阶段的风险	0.512	0.288	0.2	0	0
						政策可行性论证阶段风险	0.616	0.2	0.184	0	0
政策合法化阶段的风险	0.092	0.732	0.176	0	0	对立法必要性认识风险	0.616	0.384	0	0	0
						社会心理承受能力风险	0.693	0.307	0	0	0
						民众的政治支持风险	0.747	0.2	0.053	0	0
						社会各利益集团权衡风险	0.722	0.16	0.118	0	0
						其他国家机关的制约风险	0.627	0.36	0.013	0	0
						公众媒介的影响风险	0.64	0.36	0	0	0
政策采纳阶段的风险	0.712	0.2	0.088	0	0	来自政策采纳者的风险	0.64	0.36	0	0	0
						来自政策质量的风险	0.512	0.288	0.2	0	0
						来自政策环境的风险	0.52	0.48	0	0	0

政策制定过程的风险评估结果如表 5-3 所示。运用并联响应模型，计算合成政策制定阶段的风险概率分布，即二级风险概率分布，如图 5-7 所示。

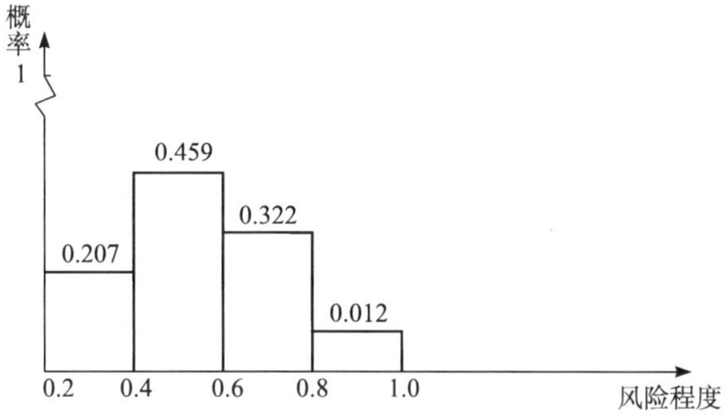

图 5-7 风险制定阶段风险的概率分布直方图

表 5-4 经济适用房政策执行过程风险评估结果

2级风险	2级风险概率分布	3级风险	3级风险概率分布				
政策执行过程的风险	0.24 0.503 0.257 0 0	政策资源风险	0.64	0.36	0	0	0
		目标群体风险	0.712	0.2	0.088	0	0
		执行策略风险	0.677	0.23	0.093	0	0
		执行者素质风险	0.793	0.207	0	0	0
		沟通协调机制风险	0.512	0.288	0.2	0	0
		政治环境风险	0.616	0.26	0.124	0	0
		经济环境风险	0.682	0.295	0.023	0	0
		社会心理环境风险	0.747	0.211	0.042	0	0

（2）政策执行过程

政策执行过程风险评估结果如表 5-4 所示。运用并联响应模型，计算合成政策执行阶段的风险概率分布，如图 5-8 所示。

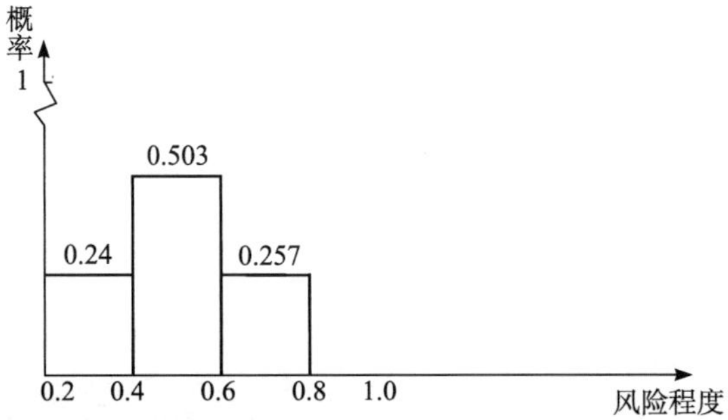

图 5-8　政策执行阶段风险的概率分布直方图

将上述政策制定和政策执行阶段的风险概率分布（图 5-7、图 5-8），运用 CIM 模型的并联响应技术，合成经济适用房政策总的风险概率分布，如图 5-9 所示。

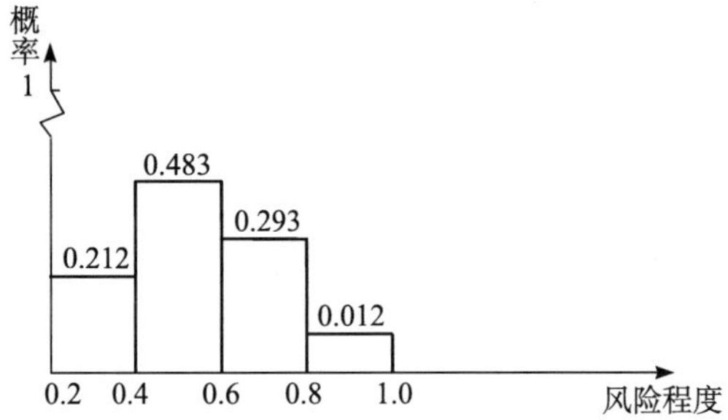

图 5-9　经济适用房政策总风险的概率分布直方图

根据图 5-9 所示的总风险概率分布情况，计算出其总风险程度的期望值 $E(X)$和方差 $\mathrm{Var}(X)$：

$$E(X)=\sum_{k=1}^{n}x_k p_k=0.421$$

其中 X 为总风险程度，p_k 为概率分布值，x_k 为风险程度的可能值。

$$\mathrm{Var}(X)=\sum_{k=1}^{n}[x_k-E(X)]^2 p_k=0.0216$$

经济适用房政策的风险期望值为 0.421，方差为 0.0216，说明该政策的风险程度较小，可以在各级风险对策启动的条件下实施。

小　结

公共政策决策过程的研究，是一个交汇着政治学、行政学、经济学、管理学、社会学等多学科内容的边缘或交叉学科的研究，其内容错综复杂，因此研究手段应相应不断更新，并应注意从其他学科中吸取有益营养，公共政策决策中的风险问题就是明显的例证（郭魏青和卢坤建，2000）。

将 CIM 模型应用到公共政策决策领域的理论意义在于，它能为政策科学研究者所依据的“范式”补充急需填补的“空白”，使政策科学在不确定性问题上摆脱“定性分析”与“定量分析”脱节的烦恼；对于政府公共政策制定部门的实际意义而言，它能为政策决策者提供一套简化易行的系统的风险分析的手段，使政策决策者对于未来的不确定性的性质、危害程度、控制方法都能做到“心中有数”，从而提高决策质量，减少政策风险对社会稳定的影响。

第六章 公共政策风险控制

第一节 公共政策风险控制的理论综述

一 风险控制的含义

了解风险、识别风险、评价风险的目的是为了控制风险，减少损失。在风险识别、风险评价之后，接下去要研究的问题是：如何有效地控制这些风险，以达到减少事故发生的概率和降低损失程度的目的。

所谓风险控制是指在风险识别和风险评价的基础上，针对组织所存在的风险因素，积极采取控制措施，以消除风险因素或减少风险因素的危险性。在事故发生前，降低事故的发生概率；在事故发生后，将损失减少到最低限度，从而达到降低风险单位预期财产损失的目的。因此，风险控制的本质是减少损失或降低损失程度。根据以上公共政策风险评价后的决策，对于广泛实施和推广的公共政策及监督实施、及时纠正的公共政策风险，就需要进行风险控制。

二 风险控制的类型

风险控制是风险管理活动的一个重要环节。在复杂的内外环境中针对企业所存在的风险因素，管理者对控制的对象有目的地施加作用，从而达到降低风险的不确定性和减少损失的目的。

在控制系统中，有什么样的系统目标，就要求有什么样的、与之对应的控制结构方式，而同一系统目标也可以通过不同的结构方式来实现。因此，风险控制的类型是多种多样的，按风险控制的集中程度划分，可以分为集中控制、分散控制和等级结构控制。如果风险是由一个集中的控制机构进行控制的，就是集中控制，它具有集中信息、统一协调的特点，但传输效率低，适应性差。若是采用若干个分散的、相对独立的控制机构分别进行风险控制的形式，就是分散控制。它的优点是：适应性强、控制简便、局部控制效果好，但往往不易统一集体目标和进行整体协调。等级结构控制实际上是分散控制和集中控制相结合的一种形式，兼有两者的特点。

从动态的角度看，可以把风险控制分为预先控制、现时控制和事后控制。在风险事故发生前的控制，就是预先控制，也称损前控制，在现代控制实践中，这种控制方式愈益受到人们的重视和得到广泛的应用，因为它在一定程度上可以避免或防止现时控制和事后控制的失误。现时控制也是一种必要的控制形式，当风险事故发生时，应及时采取必要的措施控制损失的加大或减少损失。当损失发生之后必须查清导致风险事故发生的原因，采取新的控制行动，来减少损失，这种事后控制是针对已经产生的风险损失进行控制的，往往不易取得明显效果。

三　风险控制的对策

风险控制对策可划分为回避、预防、分散、分离、转移五大类。在进行风险管理时，应当灵活地综合运用这些对策，以期达到控制风险、减少损失的最终目标。

1. 回避风险

回避风险是通过主动放弃或者拒绝承担风险来实现的。回避风险能够在风险事件发生之前，完全消除某一特定风险可能造成的种种损失，因此是一种彻底地控制风险的对策，而其他任何风险控制对策都只能减少损失发生的概率或损失的严重程度，或在损失发生后予以经济补偿。

然而，回避风险的对策有很大局限性且是消极变动的。其一，回避风险只有在人们清楚地了解风险事件的存在与发生条件，并对损失的严重性完全有把握的时候才具有积极意义。如果对风险事件的识别、评价尚无把握，回避风险就没有意义。在实际生活中，自然界和人类社会活动的极其复杂性，以及人们认识能力的局限性，常常使得我们不可能对所有风险的潜在危害程度做出正确的估计和判断，因而回避风险只是特殊情况下的最佳选择。其二，回避风险以放弃某项计划或事业作为代价去消除可能由此产生的风险损失。就经济活动而言，人们的某种计划与事业在面临种种风险损失的同时，也伴随着盈利，为了回避风险而放弃这些计划，也必然随之失去与这些活动相伴随的种种利益。如果遇到风险就一概回避，那么社会将无法进步。其三，从某种意义上说，风险是无法回避的，因为回避了甲风险可能又面临乙风险。因此，回避风险的对策在现实生活中并不处处可行可取。

回避风险的对策最适用于以下两种情况：

(1) 某种特定风险造成的损失频率和损失幅度相当高；

(2) 运用其他风险控制对策的成本超过其产生的效益。

在这两种情况下，运用其他风险控制手段都将形成净损失，而用风险回避方法则可以把风险损失降为零。

2. 预防风险

预防风险是指在损失发生前，为消除或减少各种可能引起损失的因素，从而降低损失发生概率所做的工作。预防风险的对策包括纯预防性对策、保护性预防对策和半预防性对策。纯预防性对策旨在消除造成损失的原因。保护性和半预防性对策是指保护处在危险境地或可能受到伤害的人和物。

预防风险应贯穿于企业生产经营的整个过程。如在一个新工厂的最初建厂阶段就采用防火材料建设仓库，把存在火灾风险和其他风险的生产区域预先隔离开，就能够取得减少火灾损失的明显效果，其成本只不过是工厂建成后的改建或火灾后抢救费用的一小部分。通常，预防风险使企业可以用较少的费用换取较大的安全效益和经济效益。

总之，预防风险在风险控制对策中占有重要的地位，预防风险旨在消除潜在损失于风险事件发生之前，是一种积极主动而又有经济效果和社会意义的风险控制方法。

3. 分离风险

分离风险是指将所面临的风险损失人为地分离成许多相互独立的小单元，从而降低同时和集中受损的概率，以期达到缩小损失幅度的目的。分离风险的一个例子是，企业不是把其全部存货放置于一个大仓库中，而是将其存货分别放置于数个相隔一定距离的仓库中，如此一来就减少了一次事故所能造成的最大期望损失。

采取分离风险的对策，还应尽可能把人、财、物与潜在的事故在空间上隔离，在时间上错开，以达到分离风险控制损失的目的。例如，在大雾天关闭高速公路就是要使潜在损失与人和财产在时间上错开，以控制交通事故的发生；英国皇家规定，皇室主要成员中，父子不允许乘同一架飞机出国访问，也是一种典型的采用分离风险来减少集中受损几率的手段。

在风险控制对策中，分离风险是一种较为特殊的方法，应用起来有一定的局限性，但却可以有效地减小风险损失的幅度。

4. 分散风险

分散风险是风险控制对策中较为常用的方法，它的目的是降低风险损失的幅度，从而将损失控制在一定范围之内。例如，投资股票市场的风险是相当大的，有人可能一夜之间成为富翁，也有人可能转瞬之间就一贫如洗，因此，股市中的投资者均期望降低风险，能有所收益。于是，采用分散风险的对策就是投资者首选的方法，投资者应当选择不同行业、不同地区、不同种类的股票进行组合，以期达到分散风险降低损失幅度的目的。

分散风险的对策较少应用于生产型企业，较多地应用于保险行业和金融行业。

5. 转移风险

在各种风险控制对策中，转移风险不失为良策。而转移风险的方法又分为非保险型风险转移手段和保险型风险转移手段两大类。非保险型风险转移是指将某些风险可能造成的损失及因此而引起的责任赔偿和财务损失，通过合同条款转移给其他人，其中不涉及财产本身的转移；保险型风险转移是以合同方式建立保险关系，集合多数单位的风险，合理收取保险金，对特定的灾害事故造成的损失或人身伤亡给予资金保障的经济形式。

目前，我国保险市场还处于起步阶段，可供投保选择的保险公司还为数不多，因而选择保险公司的问题还不是一个重要的决策问题。但随着市场经济大潮的到来，保险市场肯定会开放和活跃起来，因而今后选择保险公司必定会成为风险决策的重要问题。

第二节 基于 RBCS 模型的公共政策风险分解与控制

一 工作分解结构 WBS

(一) WBS 的定义

WBS 是项目管理重要的专业术语之一。WBS 的基本定义：以可交付成果为导向对项目要素进行的分组，它归纳和定义了项目的整个工作范围，每下降一层代表对项目工作的更详细定义。在美国项目管理学会（Project Management Institute，PMI）制定的《项目管理知识体系指南》2000 版中是这样定义 WBS 的：WBS 是面向项目可交付成果的成组项目元素，这些元素组织和定义了该项目整体的工作范围，每下降一层代表对项目组成要素更加详细的定义，项目组成要素既可以是项目可交付的产品，也可以是项目服务活动。

WBS 一般用在项目管理实践中，是最重要的内容之一。WBS 总是处于计划过程的中心，也是制定进度计划、资源需求、成本预算、风险管理计划和采购计划等的重要基础。WBS 同时也是控制项目变更的重要基础。项目范围是由 WBS 定义的，所以 WBS 也是一个项目的综合工具。WBS 是进行工程项目范围定义的方法，在项目全范围内分解和定义各层次工作包，是一种层次化的树状结构，是将项目划分为可以管理的项目单元，通过控制这些单元的费用、进度和质量，达到控制整个项目的目的（王雪青，2000）。

WBS是由三个关键元素构成的名词：工作（work）——可以产生有形结果的工作任务；分解（breakdown）——是一种逐步细分和分类的层级结构；结构（structure）——按照一定的模式组织各部分。根据这些概念，WBS有相应的构成因子与其对应。

1. 结构化编码

编码是最显著和最关键的WBS构成因子，用于将WBS彻底地结构化。通过编码体系，我们可以很容易识别WBS元素的层级关系、分组类别和特性。并且由于现代计算机技术的发展，编码实际上使WBS信息与组织结构信息、成本数据、进度数据、合同信息、产品数据、报告信息等紧密地联系起来。

2. 工作包

工作包（work package）是WBS的最底层元素，一般的工作包是最小的“可交付成果”，这些可交付成果很容易识别出完成它的活动、成本和组织，以及资源信息。例如，管道安装工作包可能含有管道支架制作和安装、管道连接与安装、严密性检验等几项活动；包含运输/焊接/管道制作人工费用、管道/金属附件材料费等成本，过程中产生的报告/检验结果等文档，以及被分配的工班组等责任包干信息等。正是上述这些组织/成本/进度/绩效信息使工作包乃至WBS成为项目管理的基础。基于上述观点，一个用于项目管理的WBS必须被分解到工作包层次才能够使其成为一个有效的管理工具。

3. WBS元素

WBS元素实际上就是WBS结构上的一个个节点，通俗的理解就是组织机构图上的一个个方框，这些方框代表了独立的、具有隶属关系/汇总关系的可交付成果。经过数十年的总结，大多数组织都倾向于WBS结构必须与项目目标有关，必须面向最终产品或可交付成果，因此WBS元素更适于描述输出产品的名词组成（effictive WBS）（豪根，2005）。其中的道理很明显，不同组织、文化等为完成同一工作所使用的方法、程序和资源不同，但是他们的结果必须相同，必须满足规定的要求。一方面，只有抓住最核心的可交付结果才能最有效地控制和管理项目；另一方面，只有识别出可交付结果才能识别内部/外部组织完成此工作所使用的方法、程序和资源。

4. WBS字典

管理的规范化、标准化一直是众多公司追求的目标，WBS字典就是这样一种工具。它用于描述和定义 WBS 元素中的工作的文档。字典相当于对某一 WBS 元素的规范，即 WBS 元素必须完成的工作及对工作的详细描述；工作成果的描述和相应规范标准；元素上下级关系及元素成果输入输出关系等。同时 WBS 字典对于清晰的定义项目范围也有着巨大的规范作用，它使得 WBS 易于理解和被组织以外的参与者（如承包商）接受。在建筑业，工程量清单规范就是典型的工作包级别的 WBS 字典。

（二）WBS 的主要用途

WBS 是一个描述思路的规划和设计工具，它帮助项目经理和项目团队确定和有效地管理项目的工作，其主要用途有如下几点。

（1）WBS 是一个清晰地表示各项目工作之间的相互联系的结构设计工具。

（2）WBS 是一个展现项目全貌，详细说明为完成项目所必须完成的各项工作的计划工具。

（3）WBS 定义了里程碑事件，可以向高级管理层和客户报告项目完成情况，作为项目状况的报告工具。

（4）WBS 防止遗漏项目的可交付成果。

（5）WBS 帮助项目经理关注项目目标和澄清职责。

（6）WBS 建立可视化的项目可交付成果，以便估算工作量和分配工作。

（7）WBS 帮助改进时间、成本和资源估计的准确度。

（8）WBS 帮助项目团队建立和获得项目人员的承诺。

（9）WBS 为绩效测量和项目控制定义一个基准。

（10）WBS 辅助项目沟通，使工作责任变清晰。

（11）WBS 为其他项目计划的制订建立框架。

（12）WBS 帮助分析项目的最初风险。

（三）WBS 的创建方法

创建 WBS 是指将复杂的项目分解为一系列明确定义的项目工作并作为随后计划活动的指导文档。WBS 的创建方法主要有以下两种：

（1）类比方法。参考类似项目的 WBS 创建新项目的 WBS。

（2）自上而下的方法。从项目的目标开始，逐级分解项目工作，直到参与者满意地认为项目工作已经充分地得到定义。该方法由于可以将项目工作定义在适当的细节水平，对于项目工期、成本和资源需求的估计可以比较准确。

创建 WBS 时需要满足以下几点基本要求。

（1）某项任务应该在 WBS 中的一个地方且只应该在 WBS 中的一个地方出现。

（2）WBS 中某项任务的内容是其下所有 WBS 项的总和。

(3) 一个 WBS 项只能由一个人负责，即使许多人都可能在其上工作，也只能由一个人负责，其他人只能是参与者。

(4) WBS 必须与实际工作中的执行方式一致。

(5) 应让项目团队成员积极参与创建 WBS，以确保 WBS 的一致性。

(6) 每个 WBS 项都必须文档化，以确保准确理解已包括和未包括的工作范围。

(7) WBS 必须在根据范围说明书正常地维护项目工作内容的同时，也能适应无法避免的变更。

(8) WBS 的工作包的定义不超过 40 小时，建议在 4～8 小时。

(9) WBS 的层次不超过 10 层，建议在 4～6 层。

（四）WBS 的分解方式

WBS 的分解可以采用以下三种方式进行：

(1) 按产品的物理结构分解。

(2) 按产品或项目的功能分解。

(3) 按照实施过程分解。

WBS 方法实际上是将要做的全部工作分解成合适的部分来编制项目计划的一种结构或框架，这种结构或框架具有层次性。对于简单的项目只需分三层，即项目、子项目和活动；对于复杂的或大型的项目，为清晰起见，则分成 5～6 层。工作分解结构中，每下降一级表示项目单元的描述逐渐变得详细。同时，项目计划人员也可以对 WBS 中的各个单元进行编码，以满足项目控制的各种需要。

从上述 WBS 方法的原理中不难看出，这种工作分解结构恰恰与公共政策风险识别时的基本思路吻合。因此，在对公共政策风险的控制阶段，我们将借用 WBS 方法的思路，将分解后的公共政策风险逐层进行控制。

二 综合应急评审与响应技术

综合应急评审与响应技术（synergistic contingency evaluation and response techniques，SCERT）是于 1976 年由 C. B. Chapman 等人总结英国北海油田开发项目工期、费用风险管理经验而提出的一种有效的项目风险管理模式（尹贻林，1999）。它以活动与风险的辨识为基础，能较好处理风险因素的复杂联系，它在系统中加入了对策响应节点，并引入二级风险和二级对策的观念。

1. SCERT 的步骤

SCERT 将风险管理活动分为四个阶段，每个阶段又分成若干步骤，如表6-1

所示。下面将整个工程项目作为一个系统，对各个阶段、步骤的具体内容加以解释和说明。

表 6-1　SCERT 的步骤

阶段	系统界定	系统构造	系统量化	系统评价
步骤	活动辨识 一级风险辨识 一级对策辨识 二级风险辨识 二级对策辨识	风险程度辨识 决策准则辨识 风险/对策（风险/响应图）	风险/对策归类 概率估计	风险计算 风险/对策文档

1）步骤说明

（1）活动辨识：通过调查手段，获知活动名称，活动的详细内容，活动的费用、工期情况，与其他活动间的关系等内容。并最终获得活动内容表和只有活动节点的网络图。

（2）一级风险辨识：通过调查来实现对各种风险因素的识别。风险辨识的详细程度将直接影响到本方法的准确度，是至关重要的环节。风险，指各活动中的各种不确定因素，即风险因素。调查的主要内容包括：风险名称、风险的详细内容、影响的活动名称等。

（3）一级对策辨识：对策是风险管理的依据，因此也是实际工作中调查的重点。所谓对策，就是针对某种风险所应采取的措施，一种风险可能有几种对策，这就存在一个决策的问题，因此在一般情况下要给出决策的规则。调查的主要内容包括：对策名称、对策的详细内容、对策所需的准备工作、采取此种对策的其他约束条件、对策的优先级（多种对策条件下）、对应的风险名称、决策规则或依据（多种对策条件下）。

（4）二级风险辨识：有些对策在实施过程中，会引起较为严重的风险，即二级风险，其辨识方法与一级风险辨识方法基本相同，并以一级对策一览表为基础。可能二级风险数量非常少，但不可忽视，它们对项目来说可能非常重要。

（5）二级对策辨识：为了消除二级风险所采取的措施就是二级对策，其与二级风险相对应。其调查方法和一级对策的相同。调查手段包括专家调查法、头脑风暴法等。调查结果为形成活动、风险、对策文档，并分别编码，为后续调查做好准备工作。

2）阶段划分

（1）系统界定阶段

该阶段的目的是辨识活动的具体内容及活动间的主要关系，找出其中所包含的风险，并给出相应的对策，其主要任务是确定系统的边界。

本阶段的调查主要采用专家调查法，如头脑风暴法和德尔菲法，集思广益，广泛听取各类专家的意见和建议。调查最终将形成活动/风险/对策文档，并分别编码，为后续调查做好准备工作。

本阶段的主要内容是活动辨识，活动辨识是通过调查手段来实现的。其调查的主要内容包括活动名称，活动的详细内容，活动的费用、工期情况，与其他活动间的关系描述。最终，可以得到一张活动内容表，同时可以得到一张只有活动节点的网络图。

(2) 系统构造阶段

系统构造阶段的目的是对风险所造成的损失的严重程度进行分类，简化模型，将重点风险分离出来认真研究，同时形成系统的基础活动、风险、对策图，为系统量化阶段做准备。

本阶段的调查手段是小组讨论与专家填写调查表相结合，活动之间关系明显的可以采取小组讨论的形式，模糊的可采取专家填写调查表的形式。

本阶段的内容：首先是进行风险严重程度辨识，把注意力集中在恶性风险上，把造成损失程度小的风险从前面得到的风险集合中剔除掉，这样不仅简化了模型，而且也可抓住问题的关键。然后是对策的一般性辨识，其中一般对策是指同时适用于一个以上的风险的对策，而特殊对策是指只适用于某个特定风险的对策。

3) 系统量化阶段

对每一风险因素处于临界分析中获得的各变动区间的概率进行独立的估计，可获得一级和二级风险因素的先验概率分布。SCERT 根据风险因素的关联性运用 CIM 对风险概率进行整合。

4) 系统评价阶段

首先，根据风险量化的结果，计算期望值和标准差，据此评判项目活动在未实施人为风险控制时的可行性。其次，考察选择一级对策时存在的二级风险，并在实施二级对策的条件下，计算风险指标的期望值、标准差，据此评判项目活动在实施风险控制的条件下的可行性。最后，根据风险量化结果形成活动—关键风险—对策的响应计划图，作为项目运行过程中实施风险监控的依据。

2. SCERT 的特点

SCERT 具有一个相当完整系统的基础理论框架，在西方发达国家的大型工程项目中得到广泛应用，并取得了良好的效果。它具有以下特点。

(1) SCERT 对项目活动的划分不是照搬施工进度网络图，而是在此基础上将活动控制在 20 个以内，以使风险分析与管理人员不必纠缠于项目细节，可以将精力投入到对项目整体的风险管理上。

(2) SCERT 对风险的辨识和评价均在特定的项目活动背景下进行，给风险损失的评价带来方便，并为风险的管理与控制提供支持。

(3) SCERT 在模型网络中加入了风险响应（或称“对策”）节点，考虑了网络计划的不确定性。

(4) SCERT 引入了二级风险和二级响应的辨识与分析，从而提高了模型的描述能力，使模型更加仿真，真实性更强。

(5) SCERT 以 CIM 模型为基础算法。因此模型的计算成果为柔性输出，为风险管理人员提供了最好的支持。

SCERT 这一理论技术是从风险分析实务中发展起来的，它总结了该领域内许多具有创新意识的思想方法，是一种行之有效的风险控制技术。

从上述分析中我们可以看出，SCERT 是一种通过主动防范风险进而实现项目主动控制的风险管理模型，但是，如果将它直接应用到公共政策的风险控制中去又过于宏观，不利于政策人员对具体政策风险进行控制。WBS 方法的思路恰恰可以弥补这一缺陷，因而我们综合上述两种模型的精髓，在公共政策的风险控制过程中引入一种全新的风险控制模式——风险分解和控制系统，即 RBCS。

三 风险分解和控制系统 RBCS①

RBCS 的基本思路是：利用 WBS 分解项目活动并编码；辨识基本政策过程的风险（一级风险）；响应一级风险的对策；辨识二级风险；响应二级风险的对策；估计风险的概率及期望损失值；寻找主要的风险及相应对策。

1. RBCS 的工作程序

RBCS 的工作程序如图 6-1 所示。

2. RBCS 的工作内容

分解工作：为便于应用 SCERT 模型，我们可按最多不超过 20 个基本活动来分解政策过程及其子过程。然后以每个政策过程为对象应用 SCERT 模型，诚然，这些基本政策过程所包含的子过程很多，但我们可以将类似的基本活动尽量合并。

一级风险辨识：对每个政策子过程进行风险辨识，辨识主要应用德尔菲法。

一级对策辨识：针对一级风险所采用的对策辨识，有时针对一种风险存在着多种对策，此处就有决策的问题，因此应同时给出决策的原则。对策辨识的方法同样可用专家调查法。

二级风险辨识：所谓二级风险即在实施一级对策后又产生的风险，因此有必要辨识清晰。

二级对策辨识：二级对策即针对二级风险所采用的对策。

① 尹贻林博士论文“投资项目风险决策论”，第 41 页。

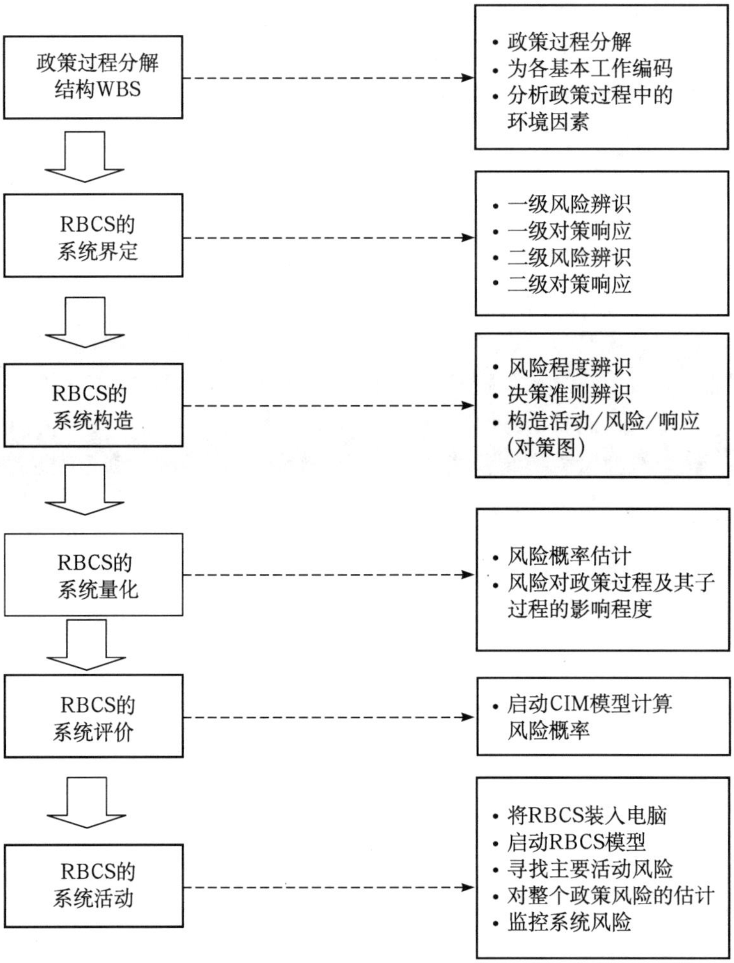

图 6-1　RBCS 工作程序图

概率估计：在应用 SCERT 模型阶段应采用专家调查方法对各种风险发生的概率进行主观估计。

风险对政策过程的影响程度：我们采用相对数（百分比）来估计该风险发生后对政策目标的影响程度。例如，地基塌方将引起地基工程估算上涨 20%，工期增加 30%等。

3. RBCS 模型的启动

我们借助电子计算机来运行 RBCS 系统，运行中应寻找主要活动的风险，并采取措施监控这些风险，图 6-2 给出了 RBCS 的系统结构。

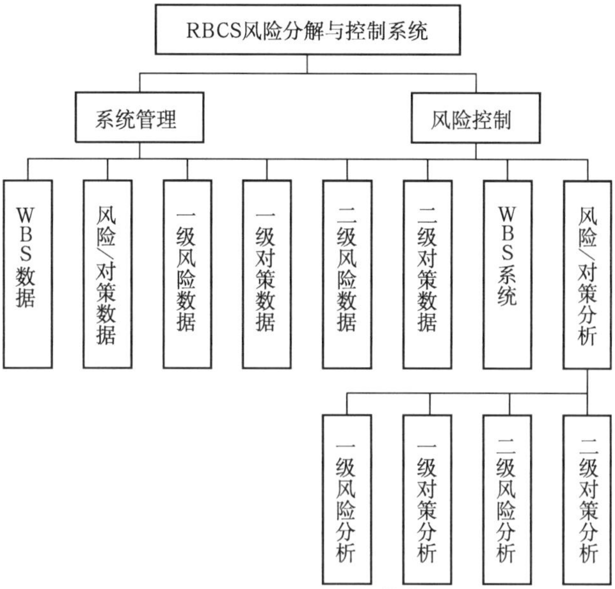

图 6-2　RBCS 的系统结构图

四 RBCS 的模型应用实例

为了更好地表述 RBCS 模型在公共政策风险管理中的实用性，我们以国内经济适用房政策为案例进行了风险辨识，然后利用 RBCS 模型对风险进行分解与控制，并列出在经济适用房政策过程各阶段的风险对策方案。

（一）政策制定过程中的风险及风险控制（表 6-2）

表 6-2　政策制定过程中的风险及风险控制措施

一级风险	一级风险对策	二级风险	二级风险对策
问题确认阶段风险	在问题结构、信息、人员加强自身监督；依靠各级智囊团，并充分利用大众媒体的功能	住房问题本身的结构风险	运用积极垂直公平策略，兼顾水平公平；建立智囊团
		信息方面的风险	建立各级完备的信息搜集、加工和传递渠道
		政策问题确认者的因素	任用政治素质较高的并且与本政策问题没有切身利益的人员；加强相互监督
		公众媒体负面影响	增加工作的透明度，使公众媒体了解问题的察觉程度
		所使用确认语言的风险	聘请政策问题专家与问题确认者共同进行确认

续表

一级风险	一级风险对策	二级风险	二级风险对策
政策规划阶段风险	建立各阶段人员配备组织系统；制定完备的决策制度系统；政策、经济、技术问题专家各司其职、协调工作	确定政策目标风险	建立完善的政策目标确定系统——具体、可行、规范、协调
		政策方案设计风险	各方专家协作设计——轮廓清晰、细节合理
		政策方案评估风险	全方位评估角度、定量定性相结合评估方法、结构合理的评估专家组
		政策方案选优风险	建立民主决策制度、决策监督制度
		政策方案可行性论证风险	政治、经济、技术三方专家协作进行可行性论证
政策合法化阶段的风险	建立完整的各级政策宣传系统；充分发挥各种大众传媒渠道进行政策解释；协调各级政府部门的关系	对立法必要性认识风险	发挥基层政策宣传力量进行政策解释；充分利用各种传媒渠道
		社会心理能力承受风险	充分展现政策蓝图前景，力求获得目标群体及公众的理解
		民众的政治支持风险	各级相关政府部门分层次、有目的地进行政策理论渗透
		社会各利益集团的力量权衡风险	落实利益受损集团的精神、物质补偿工作
		其他国家机关的制约风险	建立各政府部门间的完善的协调、沟通机制
		公众媒介的影响风险	增强媒体的政策理论宣传作用
政策采纳阶段风险	选取适当的试点城市；选用知识水平、政治素质均较高的政策采纳者	来自政策采纳者的风险	任用高素质的政策采纳人员；树立其对政策的客观价值观；设立监督机制
		来自政策质量风险	选取条件适当的试点城市；将存在问题及时反馈到政策规划部门
		来自政策环境的风险	积极宣传试点成果；及时修正与之抵触的相关政策；密切关注试点状况

（二）政策执行过程的风险及风险控制（表 6-3）

表 6-3 政策执行过程中的风险及风险控制措施

一级风险	一级风险对策	二级风险	二级风险对策
政策执行过程风险	制定若干备选执行策略；建立各种资源的保障体系；密切监控环境形势；建立完善的沟通协调机制	政策资源风险	建立完备的资源保障系统；准备充分的应急措施
		目标群体风险	对试点经验加以宣传推广；做好执行前、执行中的宣传解释工作
		执行策略风险	设计若干应对不同形势的执行方案；建立严格的执行规范
		执行者素质风险	选用高素质执行人员；政策、经济、技术三方人力资源充足
		来自沟通协调机制的风险	建立多渠道、全方位的沟通协调系统
		政治环境风险	结合当时当地的政治文化形式；关注国内国际的政治动态

续表

一级风险	一级风险对策	二级风险	二级风险对策
政策执行过程风险	制定若干备选执行策略；建立各种资源的保障体系；密切监控环境形势；建立完善的沟通协调机制	经济环境风险	定期进行经济趋势的预测；制定积极的应对策略
		社会心理环境风险	继续政策的宣传解释工作；准备应急手段

小　结

本章根据公共政策的特点，在公共政策风险控制方面，将普遍应用的项目管理技术——WBS、SCERT相整合，取长补短，提出了一种全新的风险控制模式——RBCS。该方法针对识别出的不同层级的各个风险，提出相应的对策，同时，根据风险评价过程中不同层级中各个风险的风险期望值，找出主要风险，针对这些主要风险重点实施相应对策。其提供的对策具有一定的可行性，能够为决策者提供依据。

第七章　公共政策的风险管理应用实例

前面各章节针对公共政策风险分别阐述了其识别和评价的理论基础、工具和方法等，特别是介绍了CIM模型在公共政策风险评价中的应用，该研究的目的就是要将这些理论和方法用于实践和指导实践，为决策者提供理论支持。因此，本章例举了北京奥运会之前，北京进行交通整治颁布公交改革政策的风险评价过程，其评价结果表明风险程度中等、可以实施、需不断纠偏有效控制，并据此提出了风险控制对策。以下介绍的就是该政策的整个风险评价过程和制定风险对策的过程。

第一节　北京公交改革政策风险评价

一　北京公交改革政策

2006年12月27日，北京市交通委员会召开新闻发布会，宣布实施一系列发展公共交通和解决交通拥堵的措施。重点是提高公共交通的吸引力，除了实施低票价普票制外，还包括扩大公交覆盖范围，改善换乘条件及让公交车进入小区等方式。

（一）改革背景

近年来，随着经济的发展，机动车的快速增长造成了北京的交通拥挤。2005年北京市的居民出行调查表明，公共交通从2000年的26.5%增长到2005年底的29.8%，只增长了3.3个百分点。但同期北京私人小汽车的出行比例从23.2%增长到2005年29.8%，增长了6.6个百分点。小汽车增长的幅度是公共交通增长幅度的2倍。而在2005年，北京道路交通流的流量中68.9%是小汽车，它所承担的出行比例是29.8%。而另外的公共交通的流量只占到10.2%，同样也承受了29.8%的出行比例。如果扣除地铁，使用小汽车出行单位行程所产生的道路负荷大大超过了公共交通。种种迹象表明，机动车的快速增长给北京的交通带来严重的问题。急需调整北京的交通结构以解决交通拥堵的问题。

（二）改革的目的

为解决这一危机，北京市政府提出优先发展公共交通的策略，这是缓解交通拥堵十分重要的措施。改革的目标就是要让公共交通快起来，方便起来，同时还要舒适起来。只有这样才能使市民在出行的时候优先选择公共交通，从而缓解交通拥堵的局面。要让利用公交出行，成为一种新风尚。

（三）北京公交改革新方案的具体措施

根据北京市 2006 年末公布的公交票价方案，从 2007 年 1 月 1 日起，北京市实行地面公交全线一元起步，刷卡 4 折、学生票 2 折。对于公众提出的票价降低可能带来的服务差和车辆设备落后的疑虑，北京市交通委副主任刘小明在 2006 年 12 月 27 日“优先发展公共交通缓解交通拥堵”新闻发布会上表示，到 2010 年北京空调公交车将超过总车辆的 63%。

北京市公交线网优化调整目前已开始进行，2007 年 1 月 1 日前将实施第 4 批 46 条线路的优化调整，其中开通新线路 16 条，优化调整线路 15 条，撤销重复线路 15 条，减少重复站位 828 处。新开通线路运营时间统一为首车早上 5 点 30 分，末车晚上 22 点。

预计线网优化调整规划全部实施后，将减少 110 条重复线路，三环内减少站牌约 3000 块，可将中心城区重复线路车辆约 1500 部投入小区公交线路，完善中心城周边 300 多个小区的公交服务。

未来 5 年，北京市政府将投入资金 715 亿元进行轨道和地面交通的建设，还明确提出要用公共支出的方式来购买公共交通服务，把原来对公交的补贴，改为政府对公交的公共财政支出。

二 北京公交改革政策中风险因素的估计

本书选取北京公交改革这一公共政策进行具体研究。我们利用第四章中对于一般政策的风险识别，构建北京公交改革政策风险体系。而北京公交改革政策中风险因素的风险估计法的选取需考虑到以下两方面：一方面，风险因素的概念可能是模糊的，影响风险因素的事件复杂多变，因而不可能得到事件发生概率的精确值；另一方面，我们对于公共政策风险研究的资料积累相对很少，因此数据的获取具有一定的难度，故本书采用主观概率估计法中的专家调查法。

北京公交改革是北京市政府为缓解交通拥堵提出的一项新的公共政策，2007 年初处于试行阶段。本调查目的是搜集各界人士对于北京公交改革中潜在风险的判断，以便结合我们在“公共政策的风险评价方法”这一课题中建立一般公共政策风险体系和 CIM 风险评价模型，对北京公交改革这一公共政策风险进行评价，为公交改革政策的推广提供科学的依据。

就北京公交改革的实际系统而言，由于风险因素的概念可能是模糊的，影响风险因素的事件复杂多变，加上人为因素的影响，因而潜在风险的影响因素评价包含许多不确定性、随机性和模糊性。因此，该政策的评价方法采用的是主观概率法，通过专家打分的方法进行定量分析。

本次问卷调查（见附录 B）针对北京公交改革政策风险体系的最末层指标，即对各风险因素的风险程度进行信息收集。本次调查发放问卷 40 份，调查对象为 40 名该领域的专家。收回问卷 40 份，有效问卷 40 份。

该方法通过选择该领域一定数量的专家组成评价小组，由分析人员把要评价的内容设计成含义明确的评价意见征询表，采用书面通信的方式请专家匿名回答问题，由专家根据自己的经验对基本风险因素的影响程度等级做出判断。具体做法如下：

（1）根据风险识别，列出政策中各个层次的风险因素，设计风险调查表。由于专家不可能精确估算事件的概率，而且当事件的描述不明确时，专家倾向于采用自然语言，如“小”、“大”等来描述事件的概率。因此，本次问卷调查的问卷中确定每个风险因素的等级值，按照很小、较小、中等、较大和很大五个等级。又考虑到公共政策的风险要比一般企业或项目中的风险导致的后果严重得多，因此，在计算公共政策总的风险程度时，我们采取比较悲观、比较保守的态度，分别用各区间的右端点值，即 0.2、0.4、0.6、0.8 和 1.0 来表示各区间的风险程度；

（2）向 40 位专家发放调查问卷，请专家根据自己的经验，按照确定的打分标准对北京公交改革政策风险体系最末层的风险因素进行估计；

（3）根据各位专家的评价结果，综合得出每个末层风险因素的概率分布。

经过调查，我们得到 40 位专家对北京公交改革政策的风险因素的打分情况（详见附录 B），将 40 位专家对每项风险因素的打分合成为在 0～0.2、0.2～0.4、0.4～0.6、0.6～0.8、0.8～1.0 五个区间的概率分布值，得到以下结果（表 7-1、表 7-2）：

表 7-1　政策制定过程风险程度

阶段	风险指标	程度轻——程度重				
		0.1	0.3	0.5	0.7	0.9
问题察觉阶段	政策信息导致的风险（信息不完备、信息延误、信息处理不当）	0.600	0.325	0.050	0.025	
	政府机构由于过分考虑自身利益而导致的风险	0.625	0.325	0.050		
	社会大众对问题过分的反应导致的风险（包括群众和媒体）	0.600	0.375	0.025		
问题界定阶段	政策界定者能力的风险	0.575	0.375	0.05		
	使用界定语言的风险	0.625	0.350	0.025		
问题陈述阶段	问题陈述者自身能力的限制	0.625	0.325	0.050		
	使用陈述语言不当的风险	0.625	0.350	0.025		
政策议程过程	政府机构问题察觉机制风险	0.575	0.350	0.050	0.025	
	社会各利益集团对问题界定的限制	0.600	0.350	0.050		
政策目标确定阶段	目标的具体性风险	0.625	0.325	0.050		
	目标的可行性风险	0.650	0.300	0.050		
	目标的规范性风险	0.625	0.350	0.025		
	目标的协调性风险	0.600	0.375	0.025		

续表

阶段	风险指标	程度轻——程度重				
		0.1	0.3	0.5	0.7	0.9
方案设计阶段	规划方案规范的风险（方案构思过程中存在的风险）	0.575	0.375	0.050		
	政策转移的风险（指由对其他政策的借用导致的风险）	0.650	0.300	0.050		
方案评估、选优阶段	方案可行性研究引起的风险（包括方法、角度等）	0.650	0.300	0.050		
	决策者为风险偏好类型导致的风险	0.675	0.250	0.050	0.025	
	方案择优时其他片面性导致的风险	0.600	0.375	0.025		
政策合法化性阶段	社会民众接受程度引起的风险（包括群众和媒体）	0.625	0.350	0.025		
	利益集团的力量权衡风险（例如政府机构间的相互制约）	0.650	0.325	0.025		

表 7-2　政策执行过程风险程度

阶段	风险指标	程度轻——程度重				
		0.1	0.3	0.5	0.7	0.9
政策资源风险	政策经费不足	0.75	0.225	0.025		
	人力资源匮乏	0.675	0.300	0.025		
	政策信息不完备	0.675	0.275	0.050		
	缺乏权威资源	0.7	0.275	0.025		
目标群体风险	社会公众自身利益的衡量	0.625	0.300	0.05	0.025	
	社会公众对政策的理解	0.600	0.375	0.025		
执行策略风险	执行计划不周全	0.625	0.325	0.05		
	实施方法不适当	0.675	0.300	0.025		
	政策实施应变能力差	0.650	0.325	0.025		
执行者素质风险	知识结构风险	0.700	0.250	0.050		
	管理水平风险	0.600	0.350	0.050		
	经验能力风险	0.650	0.325	0.075		
沟通协调机制的风险	沟通机制风险	0.575	0.35	0.050	0.025	
	协调机制风险	0.650	0.275	0.050	0.025	
环境风险	目标群体外的公众对政策的态度	0.675	0.300	0.025		
	国内交通问题解决的影响	0.650	0.325	0.025		
	国外交通问题解决的影响	0.650	0.300	0.050		
	政府财政支持的影响	0.650	0.300	0.050		
	相关行业经济发展的影响	0.675	0.300	0.025		
	社会价值观及传统思想的影响	0.700	0.275	0.025		

三　运用 CIM 模型对北京公交改革政策进行风险评价

对上述最末层风险在 0～0.2、0.2～0.4、0.4～0.6、0.6～0.8 和 0.8～1.0 五

个区间的概率分布，运用 CIM 模型的并联响应方法逐层向上进行风险度的计算，得到北京公交改革政策风险的总概率分布，最后计算出总风险概率的期望值和方差。如表 7-3～表 7-5 所示。

表 7-3　北京公交改革制定过程中的风险评估表

3 级风险	3 级风险概率分布					4 级风险	4 级风险概率分布				
问题确认阶段的风险	0.032	0.703	0.240	0.025	0.0	问题察觉阶段的风险	0.225	0.632	0.118	0.025	0.0
						问题界定阶段的风险	0.359	0.567	0.074	0.000	0.0
						问题陈述阶段的风险	0.391	0.536	0.074	0.000	0.0
政策议程阶段的风险	0.345	0.534	0.096	0.025	0.0	政策机构问题察觉机制风险	0.575	0.350	0.050	0.025	0.0
						社会利益集团对问题界定的限制	0.600	0.350	0.050	0.000	0.0
政策规划阶段的风险	0.015	0.666	0.294	0.000	0.0	政策目标确定阶段的风险	0.152	0.706	0.142	0.000	0.0
						方案设计阶段的风险	0.374	0.529	0.097	0.000	0.0
						方案评估、选优阶段的风险	0.263	0.617	0.095	0.025	0.0
政策合法化阶段风险	0.406	0.544	0.050	0.025	0.0	民众接受程度引起的风险	0.700	0.250	0.050	0.000	0.0
						利益集团的力量权衡风险	0.600	0.375	0.025	0.000	0.0

表 7-4　北京公交改革执行过程中的风险评估表

3 级风险	3 级风险概率分布					4 级风险	4 级风险概率分布				
政策资源风险	0.239	0.641	0.120	0.000	0.0	政策经费不足风险	0.750	0.225	0.025	0.000	0.0
						人力资源匮乏风险	0.675	0.300	0.025	0.000	0.0
						政策信息不完备风险	0.675	0.275	0.050	0.000	0.0
						缺乏权威资源风险	0.700	0.275	0.025	0.000	0.0
目标群体风险	0.375	0.527	0.073	0.000	0.0	社会公众自身利益的衡量	0.625	0.300	0.050	0.025	0.0
						社会公众对政策的理解	0.600	0.375	0.025	0.000	0.0
执行政策风险	0.274	0.629	0.097	0.000	0.0	执行计划不周全	0.625	0.325	0.05	0.000	0.0
						实施方法不适当	0.675	0.300	0.025	0.000	0.0
						政策实施应变能力差	0.650	0.325	0.025	0.000	0.0
执行者素质风险	0.273	0.630	0.097	0.000	0.0	知识结构风险	0.700	0.250	0.050	0.000	0.0
						管理水平风险	0.600	0.375	0.025	0.000	0.0
						经验能力风险	0.650	0.325	0.025	0.000	0.0
沟通协调机制风险	0.374	0.482	0.095	0.049	0.0	沟通机制风险	0.575	0.350	0.050	0.025	0.0
						协调机制风险	0.650	0.275	0.050	0.025	0.0
环境风险	0.088	0.728	0.184	0.000	0.0	目标群体外公众对政策的态度	0.675	0.300	0.025	0.000	0.0
						国内交通问题解决的影响	0.625	0.325	0.005	0.000	0.0
						国外交通问题解决的影响	0.625	0.325	0.005	0.000	0.0
						政府财政支持的影响	0.650	0.300	0.050	0.000	0.0
						相关行业经济发展的影响	0.675	0.300	0.025	0.000	0.0
						社会价值观及传统思想的影响	0.700	0.275	0.025	0.000	0.0

表 7-5　北京公交改革政策风险评估表

1 级风险	1 级风险概率分布	2 级风险	2 级风险概率分布
北京公交改革政策风险	0.000 0.189 0.670 0.141 0.0	政策制定过程风险	0.000 0.418 0.508 0.074 0.0
		政策执行过程风险	0.000 0.452 0.475 0.073 0.0

注：政策制定过程和政策执行过程在 0～0.2 之间的风险概率分布都极小，因此，在不影响计算结果的情况下这里近似取零。

根据表 7-5 中对北京公交改革政策风险的评价，可以得到政策制定过程的风险概率分布直方图、政策执行阶段的风险概率分布直方图及北京公交改革政策总风险的概率分布直方图，见图 7-1～图 7-2。

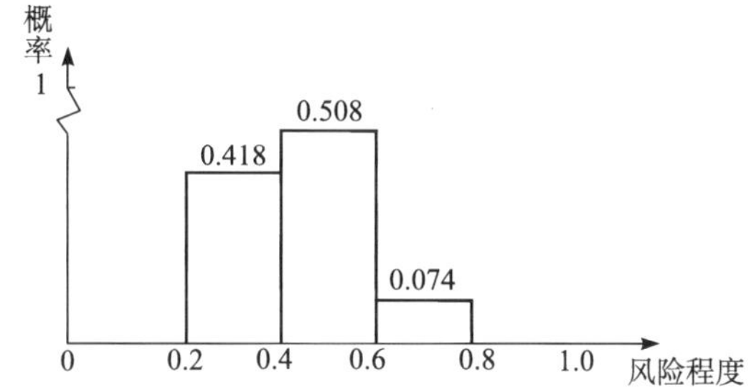

图 7-1　北京公交改革政策制定阶段的风险概率分布直方图

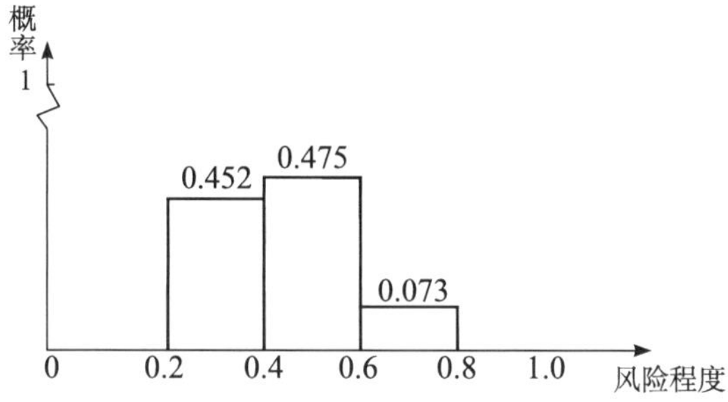

图 7-2　北京公交改革政策执行阶段的风险概率分布直方图

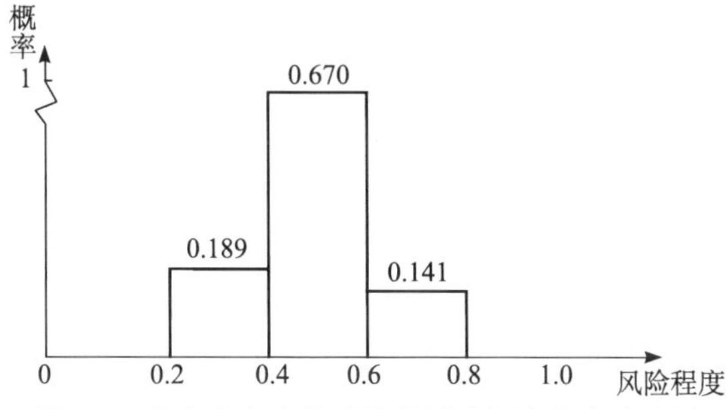

图 7-3　北京公交改革政策总风险概率分布直方图

根据图 7-3 所示的总概率分布情况，计算出其总风险程度的期望值 E（X）和方差 Var（X）：

$$E(X)=\sum_{k=1}^{5}x_k p_k=0.189\times 0.4+0.670\times 0.6+0.141\times 0.8=0.590$$

$$\mathrm{Var}(X)=\sum_{k=1}^{5}(x_k-EX)^2 p_k=0.300$$

四 北京公交改革政策风险程度的判断

通过上述计算得出，北京公交改革政策风险的期望值为 0.590，方差为 0.300，可参见表 7-6，来判断该项公共政策是否继续执行和推广。

表 7-6　公共政策风险评价及决策制定

<table>
<tr><th>风险期望值隶属区间</th><th>风险程度评价</th><th>状态描述</th><th>制定决策</th></tr>
<tr><td>[0-0.2]</td><td>风险程度很小</td><td>该种状态下，公共政策中各风险因素发生概率很低，甚至可以忽略不计，对于政策的制定和执行不构成威胁性的影响，这说明在整个公共政策的制定和执行中对于风险因素的控制和处理适当，有条不紊的实现预期的期望，即与预期目标相差无几</td><td>对于该种风险状态下的公共政策可以广泛地执行和推广</td></tr>
<tr><td>(0.2-0.4]</td><td>风险程度较小</td><td>在该种状态下，公共政策各风险因素的发生概率更多地集中在［0-0.2］之间，通过概率叠加得出总概率分布在［0.2-0.4］之间，因此各风险因素的发生概率还是较低的，且具有弥补的可能，这说明公共政策在制定和执行中对于风险因素的处理还是比较准确地，对于公共政策实施的影响不大</td><td rowspan="2">鉴于该种风险状态下公共政策中各风险因素的发生概率较低，可进行相应弥补，因此应对其进行相应的监督和及时的纠正，减少其不确定性带来的风险，保证公共政策预期目标的有效实现</td></tr>
<tr><td>(0.4-0.6]</td><td>风险程度中等</td><td>在该种状态下各风险因素的发生概率主要集中于［0.2-0.4］之间，其发生对于公共政策风险不具有直接失败的效应，同时各风险因素发生概率不高，具有纠正的可能，因此，这种状态下公共政策具有可修复性，从而保障预期的目标</td></tr>
<tr><td>(0.6-0.8]</td><td>风险程度较大</td><td>在该种状态下，各风险因素发生概率偏高，对于公共政策的实施具有破坏性，使其与预期目标相差甚远，从而带来公众对于公共政策效用的怀疑，严重时可导致公共政策的失败</td><td rowspan="2">在该种风险状态下，公共政策中各风险因素的发生概率过于高，任意风险因素的发生都可造成不良影响或直接导致公共政策的失败，而没有弥补的可能性，因此该种状态下的公共政策应予以放弃</td></tr>
<tr><td>(0.8-1.0]</td><td>风险程度很大</td><td>在该种状态下各风险因素的发生概率很高，任意风险的发生都会直接构成公共政策的失败，因此不具有可修复性</td></tr>
</table>

注：该表是根据公共政策中各风险因素及总风险程度的特征进行不同等级及相应对策的划分而成的。

由上可知，北京公交改革政策风险的期望值为 0.590，期望值隶属于［0.4-

0.6］之间，并且根据方差可知其总概率分布主要集中于［0.4-0.6］之间，而风险程度较高区间的概率分布对于公共政策的实施影响不大，因此根据表7-6可知，在当前的一系列政策保障和各级风险对策启动的条件下，其属于可接受的范围，可以继续执行，同时应加强对其风险因素的监督和纠正。但值得注意的是，保证该项政策有效实施的监督管理和相应的一系列保障措施是否具有持久性和及时性，将影响该项公共政策未来的风险程度。一旦相应的保障措施发生问题，该项政策的风险将朝着越来越大的方向发展。

第二节　北京公交改革政策风险控制

在本章第一节我们选取北京公交改革政策为案例，运用CIM模型进行了公共政策的风险评价。根据前面分析所得的数据，本节我们对此案例进行RBCS模型的风险控制——列出在北京公交改革政策过程各阶段的风险对策方案，并寻找公共政策的主要风险，即管理重点。

一　政策制定过程的风险控制（表7-7）

表7-7　政策制定过程的风险级别及对策

一级风险	一级风险对策	二级风险	二级风险对策
问题确认阶段风险	在问题结构、信息、人员加强自身监督；依靠各级智囊团，并充分利用大众媒体的功能	公交问题本身的结构风险	运用积极垂直公平策略，兼顾水平公平；建立智囊团
		信息方面的风险	建立各级完备的信息搜集、加工和传递渠道
		政策问题确认者的因素	任用政治素质较高的并且与本政策问题没有切身利益的人员；加强相互监督
		公众媒体负面影响	增加工作的透明度，使公众媒体了解问题的察觉程度
		所使用确认语言的风险	聘请政策问题专家与问题确认者共同进行确认
政策规划阶段风险	建立各阶段人员配备组织系统；制定完备的决策制度系统；政策、经济、技术问题专家各司其职、协调工作	确定政策目标风险	建立完善的政策目标确定系统——具体、可行、规范、协调
		政策方案设计风险	各方专家协作设计——轮廓清晰、细节合理
		政策方案评估风险	全方位评估角度、定量定性相结合评估方法、结构合理的评估专家组
		政策方案选优风险	建立民主决策制度、决策监督制度
		政策方案可行性论证风险	政治、经济、技术三方专家协作进行可行性论证

续表

一级风险	一级风险对策	二级风险	二级风险对策
政策合法化阶段的风险	建立完整的各级政策宣传系统；充分发挥各种大众传媒渠道进行政策解释；协调各级政府部门的关系	对立法必要性认识风险	发动基层政策宣传力量进行政策解释；充分利用各种传媒渠道
		社会心理能力承受风险	充分展现政策蓝图前景，力求目标群体及公众的理解
		民众的政治支持风险	各级相关政府部门分层次、有目的地进行政策理论渗透
		社会各利益集团的力量权衡风险	落实利益受损集团的精神、物质补偿工作
		其他国家机关的制约风险	建立各政府部门间完善的协调、沟通机制
		公众媒介的影响风险	增强媒体的政策理论宣传作用
政策采纳阶段风险	选取适当的试点公交路线；选用知识水平、政治素质均较高的政策采纳者	来自政策采纳者的风险	任用高素质的政策采纳人员；树立其对政策的客观价值观；设立监督机制
		来自政策质量风险	选取条件适当的试点；将存在问题及时反馈到政策规划部门
		来自政策环境的风险	积极宣传试点成果；及时修正与之抵触的相关政策；密切关注试点状况

二 政策执行过程的风险控制（表 7-8）

表 7-8　政策执行过程的风险控制

一级风险	一级风险对策	二级风险	二级风险对策
政策执行过程风险	制定若干备选执行策略；建立各种资源的保障体系；密切监控环境形势；建立完善的沟通协调机制	政策资源风险	建立完备的资源保障系统；准备充分的应急措施
		目标群体风险	对试点经验加以宣传推广；做好执行前、执行中的宣传解释工作
		执行策略风险	设计若干应对不同形势的执行方案；建立严格的执行规范
		执行者素质风险	选用高素质执行人员；政策、经济、技术三方人力资源充足
		来自沟通协调机制的风险	建立多渠道、全方位的沟通协调系统
		政治环境风险	结合当时当地的政治文化形式；关注国内国际的政治动态
		经济环境风险	定期进行经济趋势的预测；制定积极的应对策略
		社会心理环境风险	继续政策的宣传解释工作；准备应急手段

三 确定主要风险

无论任何管理活动中，资源都是有限的，因此需要确定公共政策众多风险中的主要风险，即需要重点管理的风险。根据本章第一节的方法，由公式 $E(X)=\sum_{k=1}^{n} x_k p_k (n=1, 2, \cdots, 5)$ 得到北京公交改革政策不同层级各风险的风险期望值（表 7-9，表 7-10），风险期望值较大的风险因素即为需要重点管理的主要风险，因此，其对应的风险对策就是公共政策实施过程中努力的方向。

表 7-9　北京公交改革政策制定过程中各风险的期望值

一级风险	一级风险期望值	二级风险	二级风险期望值
问题确认阶段的风险	0.4517	问题察觉阶段的风险	0.3886
		问题界定阶段的风险	0.3429
		问题陈述阶段的风险	0.3366
政策议程阶段的风险	0.3603	政策机构问题察觉机制风险	0.3050
		社会利益集团对问题确定的限制	0.2900
政策规划阶段的风险	0.4657	政策目标确定阶段的风险	0.3979
		方案设计阶段的风险	0.3448
		方案评估、选优阶段的风险	0.3764
政策合法化阶段风险	0.3287	民众接受程度引起的风险	0.2800
		利益集团的力量权衡风险	0.2750

表 7-10　北京公交改革政策执行过程中各风险的期望值

一级风险	一级风险期望值	二级风险	二级风险期望值
政策资源风险	0.3761	政策经费不足风险	0.2550
		人力资源匮乏风险	0.2700
		政策信息不完备风险	0.2750
		缺乏权威资源风险	0.2650
目标群体风险	0.3496	社会公众自身利益的衡量	0.2950
		社会公众对政策的理解	0.2850
执行政策风险	0.3645	执行计划不周全	0.2850
		实施方法不适当	0.2700
		政策实施应变能力差	0.2750
执行者素质风险	0.3647	知识结构风险	0.2700
		管理水平风险	0.2850
		经验能力风险	0.2750
沟通协调机制风险	0.3640	沟通机制风险	0.3245
		协调机制风险	0.2900

续表

一级风险	一级风险期望值	二级风险	二级风险期望值
环境风险	0.4193	目标群体外公众对政策的态度	0.2700
		国内交通问题解决的影响	0.2750
		国外交通问题解决的影响	0.2800
		政府财政支持的影响	0.2800
		相关行业经济发展的影响	0.2700
		社会价值观及传统思想的影响	0.2650

小　　结

本章以北京公交改革政策为实例，对其进行了风险管理，在充分识别风险因素的基础上，运用 CIM 法对该政策的风险进行评价，并运用 RBCS 模型对风险进行控制——列出在北京公交改革政策过程各阶段的风险对策方案，并寻找公共政策的主要风险，即管理重点。该应用实例证明了在公共政策体系中实施风险管理的可行性，以及本书所提供的风险管理方法——CIM 法和 RBCS 模型的实用性。

参考文献

阿尔蒙德 G A. 1987. 比较政治学：体系、过程和政策．上海：上海译文出版社：29

安德森 J E. 1990. 公共决策．唐亮译．北京：华夏出版社

曹俊汉．1997. 公共政策．台北：三民书局股份有限公司

陈建华．2005. 风险识别方法在组织创新中的应用研究．技术经济与管理研究．(2)：85～86

陈仕亮．1994. 风险管理．成都：西南财经大学出版社：10～35

陈伟珂，王亦虹．2003. 公共政策的风险识别系统研究．中国软科学，(3)：20～24

陈伟珂，王亦虹．2004. 基于 RBCS 模型的公共政策风险对策系统．中国软科学，(1)：142～146

陈伟珂，姚卫峰，王亦虹．2006. 基于 CIM 模型的公共政策风险决策实证研究．天津理工大学学报，22 (1)：16～18

陈振明．2003. 政策科学．北京：中国人民大学出版社：151～207

代利明，陈玉明．2006. 几种常用定量风险评价方法的比较．安全与环境工程．12 (4)：95～98

戴维·伊斯顿．1993. 政治体系——政治学状况研究．马清槐译．北京：商务印书馆

丁煌．2002. 政策执行阻滞机制及其防治对策：一项基于行为和制度的分析．北京：人民出版社

樊钉．2005. 公共政策．北京：国家行政学院出版社

付聪，尹贻林．2009. 基于政策过程理论的公共政策风险因素识别与分析．理论与改革，(2)：31～33

傅立．1992. 灰色系统理论及其应用．北京：科学技术文献出版社

高祺勋，权聪娜，李博，等．2010. 灰色模糊 CIM 模型的电力项目融资风险评判构架．工业工程，13 (4)：96～99

格雷戈里 T 豪根．2005. 有效的工作分解结构．北京广联达慧中软件技术有限公司译．北京：机械工业出版社

《公共政策》编写组．2002. 公共政策．北京：中国国际广播出版社

顾建光．2002. 公共政策分析引论．北京：科学出版社：1～8

顾孟迪，雷鹏．2005. 风险管理．北京：清华大学出版社

郭红玲．2007. 公共政策导论．成都：西南交通大学出版社

郭齐胜．2005. 装备效能评估概论．北京：国防工业出版社

郭巍青，卢坤建．2000. 现代公共政策分析．广州：中山大学出版社

郭仲伟．1986. 风险分析与决策．北京：机械工业出版社

韩峰，史彦波．2010. 关于公共政策问题界定的路径研究．经济与法，(01)：200

何文炯．1999. 风险管理．大连：东北财经大学出版社

亨利 E J，等．1988. 可靠性工程与风险分析．吕应中等译．北京：原子能出版社

胡宁生．2000. 现代公共政策研究．北京：中国社会科学出版社

黄维民．2005. 浅析公共政策的本质属性——公共性的涵义．西北大学学报（哲学社会科学版），35 (6)：112～116

黄祥瑞．1990. 可靠性工程．北京：清华大学出版社
黄智辉．2005. 浅谈工作分解结构（WBS）在项目管理控制中的应用．工程管理，(4)：57～59
加布里埃尔 A 阿尔蒙德，小 G 宾厄姆 鲍威尔．1987. 比较政治学：体系、过程和政策．曹沛霖译．上海：上海译文出版社
江波．2005. 销售项目风险管理的研究与实践．济南：山东大学
江志远．2004. 金沙江溪洛渡水电站工程风险分析．水力发电，(1)：1～5
杰克 普拉诺，等．1986. 政治学分析辞典．胡杰译．北京：中国社会科学出版社
金太军，钱再见，张方华，等．2005. 公共政策执行梗阻与消解．广州：广东人民出版社
金锡万．2001. 企业风险控制．大连：东北财经大学出版社
卡尔·帕顿，大卫·沙维奇．2002. 公共政策分析和规划的初步方法．孙兰芝，胡启生，顾平安，等译．北京：华夏出版社
李长江．2003. 市场经济条件下政府信用研究的重要性及政府信用模型构建．东南大学学报（哲学社会科学版），5 (4)：55～58
李成智．2000. 公共政策．北京：团结出版社
李剑锋．1996. 企业经营管理风险决策．北京：冶金工业出版社
李涛．2006. 生态环境旅游系统管理中的生态风险研究．安徽农业科学，(24)：6652～6656.
梁海燕．2005. 基于 WBS 的工程项目 MIS 系统与文档信息集成研究．西安：西北工业大学出版社
林布隆 E 查尔斯．1988. 政策制定过程．朱国斌译．北京：华夏出版社
林水波．1984. 公共政策分析评论．台北：五南图书出版公司
林水波，张世贤．1982. 公共政策．台北：五南图书出版公司
林钟沂．1983. 政策分析的理论与实践．台北：瑞兴文化公司
刘伯龙．2000. 当代中国公共政策．上海：复旦大学出版社
刘春，王军．2000. 公共政策概论．北京：当代世界出版社
刘尚希．2000. 财政风险及其防范研究文集．北京：经济科学出版社
刘思峰，郭天榜，党耀国．1999. 灰色系统理论及其应用．北京：科学出版社
马丁·冯，彼得·杨．2003. 公共部门风险管理．天津：天津大学出版社
宁骚．2004. 公共政策学．北京：高等教育出版社：326～335
彭澎，牛东晓，王贤．2003. 基于 AHP 的北京市目标工业能源市场的灰色关联分析．现代电力，10 (5)：104～107
钱再见．2006. 公共政策学新编．上海：华东师范大学出版社
邱东．2003. 多指标综合评价方法的系统分析．北京：中国统计出版社
邱菀华．2002. 管理决策与应用熵学．北京：机械工业出版社
沈承刚．1996. 政策学．北京：北京经济学院出版社
宋晓莉，余静，孙海传，等．2006. 模糊综合评价法在风险评估中的应用．信息安全，12：71～73
陶学荣．2006. 公共政策学．大连：东北财经大学出版社：1～28
特瑞斯·普雷切特．1998. 风险管理与保险．北京：中国社会科学出版社
田军，张朋柱，王刊良，等．2004. 基于德尔菲法的专家意见集成模型研究．系统工程理论与

实践，1（1）：57～63
田琦，赵凤．2004. SCERT在项目融资风险评估中的应用研究．工业技术经济，23（6）：77～79
田欣颖．2010. 地方政府公共政策执行阻碍及防治策略研究——基于利益博弈的分析．上海：上海交通大学：3～13
王诚．1997. 竞争策略与风险管理．北京：商务印书馆：300～302
王福生．1991. 政策学研究．成都：四川人民出版社：3～4
王明明．2001. 运筹与决策基础．北京：中国林业出版社
王诗宗．2003. 公共政策：理论与方法．杭州：浙江大学出版社
王学琴．2008. 基于CIM模型与蒙特卡罗模拟相结合的工程项目投资风险分析．长沙：长沙理工大学硕士学位论文：25～33
王雪青．2000. 国际工程项目管理．北京：中国建筑工业出版社：59
王亦虹．2002. 公共政策的风险识别与控制研究．天津：天津大学硕士学位论文
王亦虹，尹贻林，陈伟珂．2002. 公共政策的风险辨识．科学学与科学技术管理．（1）：46～19
王振强，刘玉杰，于九如．2002. SCERT在大型工程项目风险分析与管理中的应用研究．中国软科学，（7）：105～108
威廉N邓恩．2010. 公共政策分析导论（第二版）．谢明等译．北京：中国人民大学出版社
韦冠俊．1995. 安全原理与事故预测．北京：冶金工业出版社
吴志东．2004. 基于WBS的工程项目管理信息系统研究．西安：西北工业大学：9～13
伍启元．1989. 公共政策．香港：商务印书馆
小杰克·伯特，L特德·穆尔．1992. 管理决策模型．陈尚霖译．北京：商务印书馆
徐国详，胡清友．2002. 统计预测和决策．上海：上海财经大学出版社
许文惠．1997. 行政决策学．北京：中国人民大学出版社：301～302
严鸿和，陈玉祥，许绍明．1989. 专家评分机理与最优评价模型．系统工程理论与实践，9（2）：19～23
严强，王强．2002. 公共政策学——一种政策系统分析新范式．南京：南京大学出版社
严武，程振源，李海东．1999. 风险统计与决策分析．北京：经济管理出版社
阎春宁．2002. 风险管理学．上海：上海大学出版社
阎炯智，陈江明．2007. 施工企业工程项目风险预警管理体系研究．建筑经济，（3）：27～29
杨海华．2010. 近年来我国公共政策科学研究评估（2004—2008）．江南社会学院学报，12（3）：64～68
尹贻林．1999. 投资项目风险决策论．沈阳：辽宁大学博士论文：41
尹贻林，刘云龙．1996. 一种基于WBS与SCERT的风险管理模型RBCS. 基建优化，17（4）：30～40
尹贻林，卢晶．2008. 基于集值—层次分析的公共政策风险评价．西安电子科技大学学报（社会科学版），18（4）：12～16
于九如．1999. 投资项目风险分析．北京：机械工业出版社
于九如，张红梅．1996. 大型项目投资膨胀的估计方法．天津大学学报，（1）：103～107
贠杰．2003. 公共政策研究的理论与方法．郑州：河南人民出版社
约翰·拉夫特里．2003. 项目管理风险分析．李立清译．北京：机械工业出版社

詹姆斯 E 安德森．2009．公共政策制定（第五版）．谢明等译．北京：中国人民大学出版社
张飞，李长源，阚巍，等．2006．公共政策要义缕析．学术论坛，(9)：66～68
张国庆．1997．现代公共政策导论．北京：北京大学出版社：340～350
张金马．1992．政策科学导论．北京：中国人民大学出版社：15～50
张景林，崔国璋．2002．安全系统工程．北京：煤炭工业出版社
张骏生．2006．公共政策的有效执行．北京：清华大学出版社
张世贤．1986．公共政策析论．台北：五南图书出版公司
赵冬梅，刘海峰，刘晨光．2007．基于 BP 神经网络的信息安全风险评价．计算机工程与应用，43（1)：139～141
赵培生．2003．模糊 CIM 模型在评标中的应用．港工技术，(6)：37，38
赵瑞峰．2007．公共政策分析——理论、方法与实务．北京：中国时代经济出版社
周柏春．2010．影响公共政策执行的因素分析及对策探讨．科技管理研究，(15)：24～27
周慧玲．1996．风险管理学．武汉：武汉测绘科技大学出版社：1，2
周建国．2006．工程项目管理．北京：中国电力出版社
周栖梧．2005．基于 BP 神经网络的技术风险评价．科学技术与工程，12（23)：1850～1853
周庆文．2006．工程项目的风险管理研究．基建优化，4（2)：84～86
周树志．2000．公共政策学——一种政策系统分析新范式．西安：西北大学出版社
Charles O Jones. 1984. An Introduction to the Study of Public Policy（3rd ed）. California：Brooks/Cole Publishing Company
Dai Shu-Ho，Wang Ming-O. 1992. Reliability Analysis in Engineering Applications. New York：Van Nostrand Reinhold
Easton D. 1953. The Political System. New York：Knofp：129
Klein J H，Powell L. 1994. Project risk analysis based on prototype activities. Journal of the Operational Research Society，45（7)：749～758
Lasswell H D，Kplan A. 1970. Power and Society. New Haven：Yale University Press：71
Robert E. 1971. The Threads of Public Policy：A Study in Policy Leadership. Indianapolis：Bobbs-Merril：18
Saaty T L，1980. The Analytic Hierarchy Process. New York：Mcgraw-Hill
Saaty T L，2004. Decision making-the analytic hierarchy and network processes(AHP /ANP). Journal of Systems Science and Systems Engineering，13（1)：1～35
Thomas R D. 1987. Understanding Public Policy（6th ed）. New Jersey：Pretice Hall Inc：2
Yehezke Dror. 1968. Public Policymaking Reexamined. Pennsylvania：Chandler
Yehezke Dror. 1971. Design for Policy Sciences. New York：American Elsevier
Yehezke Dror. 1971. Ventures in Policy Sciences：Concepts and Application. New York：American Elsevier

附录 A　公共政策风险辨识与控制手册

一　公共政策制定过程风险及应对策略

表 A-1　问题确认阶段风险辨识及相应对策

<table>
<tr><th>问题确认阶段风险辨识</th><th>相应对策</th></tr>
<tr><td>政策问题本身是否存在相互冲突或不协调的目标（即政策问题存在不良结构）</td><td>运用积极垂直公平策略，兼顾水平公平；建立智囊团</td></tr>
<tr><td>信息不对称造成的政策问题感知错误</td><td>建立各级完备的信息搜集、加工和传递渠道</td></tr>
<tr><td>政策决策者对信息掌握存在不全面性，从而对问题认识不够准确、不够完整</td><td>大力搜集信息，加强交流</td></tr>
<tr><td>政策决策者未能及时得到有关政策问题的信息，造成不能及时确认问题，进而延误决策</td><td>建立实时监控及反馈系统</td></tr>
<tr><td>政策信息的各级传递者在传递过程中存在理解偏差、对信息进行处理不当，以导致决策偏差</td><td>制定规章制度或运用计算机软件规范各管理层级之间的信息处理和传递</td></tr>
<tr><td>政策制定者对政策带来不利影响</td><td>慎重选择政策制定者人群，并对选定的政策制定者进行教育和引导，提高其自身素质</td></tr>
<tr><td>政策制定者过分考虑自身利益，削弱甚至忽略对一些政策问题的觉察</td><td>避免政策的利益相关者成为政策制定者，提高已选定政策制定者的素质，加强相互监督</td></tr>
<tr><td>政策制定者由于承受上级压力而回避已经察觉的政策问题或特定关注某些政策问题</td><td>提高政策制定者的素质，加强相互监督</td></tr>
<tr><td>公众过分渲染和夸大某个社会问题的严重性，以致于影响决策者对问题的确认</td><td>规范各媒体的行为，加强其报道信息的真实性</td></tr>
<tr><td>媒体过度渲染公众关注的社会问题，或者媒体的宣传、渲染影响公众的情绪，从而混淆决策者的观点</td><td>规范媒体行为，提高决策者的观察能力和素质</td></tr>
<tr><td>问题界定者存在的自身素质影响政策问题的确定</td><td rowspan="4">任用政治素质较高的并且与本政策问题没有切身利益的人员；加强相互监督</td></tr>
<tr><td>问题界定者价值观是否存在局限性，从而可能过分夸大或弱化某个政策问题</td></tr>
<tr><td>问题界定者知识水平及个人素质对问题的准确界定存在一定程度的影响</td></tr>
<tr><td>问题界定者所处的文化背景对于问题的认识是否存在影响，从而左右政策问题的准确界定</td></tr>
<tr><td>使用的界定语言是否恰当合理</td><td rowspan="2">聘请政策问题专家与问题确认者共同进行确认</td></tr>
<tr><td>界定语言是否不规范、不准确</td></tr>
</table>

续表

问题确认阶段风险辨识	相应对策
问题陈述语言是否存在问题	聘请政策问题专家与问题确认者共同进行确认
当政策实质问题为形式问题时，选取的陈述模型是否合理	
在运用陈述模型时，选取的政策变量是否能涵盖所有重要的政策问题因素	
模型陈述的形式问题能否准确地表达问题情境	
陈述者的陈述素质是否存在问题	
陈述者是否掌握了充分的陈述语言、模型等工具	
陈述者是否具有运用陈述模型的灵活性、应变性	

表 A-2　政策议程阶段风险辨识及相应对策

政策议程阶段风险辨识	相应对策
政府当局是否有意限制或阻止人们的沟通和交流，阻止公共问题进入议程	规范政府职能，加强媒体的舆论引导作用
政府当局是否执意推行某种新政策，将其引入政策议程，使之成为政策问题	
问题察觉机制是否不完善、缺乏民主、自我封闭	加强不同层级之间的信息沟通
社会各利益集团对于公共问题是否存在价值观冲突，从而压制公共问题进入议程	对社会各利益集团进行问卷调查
政策议程中各参与影响者间是否存在沟通不畅，缺乏互动性，从而阻碍公共问题议程化	加强各参与影响者间的交流与沟通
公众、媒体是否对一些本来不具普遍性的问题产生放大的作用	规范媒体行为，提倡实事求是

表 A-3　政策规划阶段风险辨识及相应对策

政策规划阶段风险辨识	相应对策
目标是否存在不明确具体性（如概念、时间、相关条件）	明确表述政策目标
政策目标是否存在不可行性	建立完善的政策目标确定系统——具体、可行、规范、协调。
实现目标的各种资源是否不充足	成立专家组，针对公共政策实现目标的各种资源是否充足进行分析与论证，如果某些资源不足，则需要广泛搜集信息，加强信息交流，通过各种途径争取到相应资源
信息资源是否不充足	
权力资源是否不完备	
人力资源是否不充足	
经济资源是否不充分	成立专家组，针对公共政策实现目标的各种资源是否充足进行分析与论证，如果某些资源不足，则需要广泛搜集信息，加强信息交流，通过各种途径争取到相应资源
技术资源是否不充分	
当时所处的环境条件是否不利于政策目标的实现	成立专家组，科学地分析所处环境条件、社会心理状态，做出正确判断
国际政治环境是否不利于政策的制定	
国内政治环境是否不利于政策的制定	
社会心理状态是否不利于政策的制定	
公众的政治社会化程度是否不利于政策的制定	
自然环境是否不利于政策的制定	

续表

政策规划阶段风险辨识	相应对策
政策目标是否不能体现社会利益	建立完善的政策目标分析系统，对公共政策目标进行全面、准确、详细的分析与研究
政策目标是否与国家法律不相一致性	
政策目标是否存在标准不适当，造成实现的可能性低	
政策目标是否与社会的道德规范不相符	
政策的多项目标是否不能相互协调	
目标间的依存性是否构建地不系统全面，造成政策目标间相互抵触的现象	
目标间共同方向的寻求是否存在不完善性，从而导致目标间促进性差	
多个同等重要的政策目标共存时，目标间平衡点的选择是否存在不适当性	
规划方案是否存在不规范	规划方案设计阶段，需要各方专家协作设计，力求规划方案轮廓清晰、细节合理；规划方案设计完成后，需要对其进行各方面的分析与论证
规划方案是否没有紧扣政策，不能保持目标一致	
多个规划方案是否缺乏相互独立，相互隶属	
多个规划方案是否存在重复性、雷同性，缺乏创新性	
对于其他政策的借用、采纳是否导致的风险	
是否存在对于借用政策的信息了解不充分导致的风险	
是否存在对于借用政策的关键因素的采纳存在不完全所引起的风险	
是否存在对于政策借用国与政策输出国之间在经济、社会、政治和意识形态背景方面的认识不当引起的风险	规划方案设计阶段，需要各方专家协作设计，力求规划方案轮廓清晰、细节合理；规划方案设计完成后，需要对其进行各方面的分析与论证
规划政策方案的预测评估是否不准确	选择适当的评估方法和评估专家组
规划政策方案的政治可行性是否不符合政治文化、社会价值观念等	各方专家共同磋商研究，判断规划政策方案可行性，包括政治、经济、技术、行政可行性各方面
规划政策方案的经济可行性是否不能带来好的经济效益和社会效益	
规划政策方案的技术可行性是否不能实现预期的产出效果	
规划政策方案的行政可行性是否不能提供政策实施的社会环境	
政策方案选优、审定阶段是否存在风险	建立民主决策制度、决策监督制度
方案比较过程是否存在决策风险	
择优规划方案的决策者是否存在风险偏好	选择风险中立的人员组成决策组
择优过程是否存在择优的片面性风险	保证择优专家的专业性和客观性，保障择优方法及过程的透明度
择优过程中方案审定是否存在风险	提高择优过程的客观性及科学性

表 A-4　政策合法化阶段风险辨识及相应对策

政策合法化阶段风险辨识	相应对策
公共政策是否缺乏公众参与，使政策与民意相违背	通过问卷调查、信访等方式进行民意调查
决策者是否缺乏独立决断的能力	提高决策者决断能力
公共政策是否触及各方利益，造成利益各方的冲突	协调公共政策各方利益相关者；加强思想教育，转变陈旧观念；落实利益受损集团的精神、物质补偿工作
政策实质内容是否存在不合乎既定法律	成立专家组对政策进行再次审查，并了解该政策各方面利益相关者的思想
是否存在由于其他机构的利益冲突导致的政策抉择程序的不合法性	建立各政府部门间完善的协调、沟通机制
公众价值观与媒体的介入是否对于公共政策立法者存在影响	增强媒体的政策理论宣传作用

二　公共政策执行阶段风险应对策略

表 A-5　政策执行阶段风险及相应对策

<table>
<tr><th>政策执行阶段风险</th><th>相应对策</th></tr>
<tr><td>政策执行是否存在资源配合不完备</td><td rowspan="5">建立完备的资源保障系统；准备充分的建立应急系统</td></tr>
<tr><td>政策执行是否缺乏经费资源</td></tr>
<tr><td>政策执行是否缺乏人力资源配备</td></tr>
<tr><td>政策执行的信息资源是否存在问题（即信息不对称和信息渠道不畅通）</td></tr>
<tr><td>政策执行的权威资源是否存在问题（即人员权力赋予不足）</td></tr>
<tr><td>目标群体对于政策理解是否存在不当</td><td rowspan="5">选取公共政策的试点，对试点经验加以宣传推广；做好执行前、执行中的宣传解释工作</td></tr>
<tr><td>目标群体的社会政治化程度是否存在不高，阻碍公共政策的执行</td></tr>
<tr><td>目标群体对于政策合法化的判断是否存在不当，影响公共政策的执行</td></tr>
<tr><td>目标群体对政策的成本利益是否存在价值衡量不利，抵制公共政策的执行</td></tr>
<tr><td>目标群体的社会心理因素是否存在影响公共政策的执行</td></tr>
<tr><td>公共政策执行是否存在准备不完善</td><td>执行前充分准备</td></tr>
<tr><td>是否存在对政策实施的具体措施认知不够准确、深刻，未能实现行动的一致性</td><td>在所有参与者中明确政策执行措施，保持行动一致</td></tr>
<tr><td>是否存在政策执行机构组织结构不合理、权责不明确</td><td>制定完善的制度安排，做到权责明确，奖罚分明</td></tr>
</table>

续表

政策执行阶段风险	相应对策
政策执行是否缺乏经费设备	政策执行前做好充分准备，全面分析各种可能发生的情况，做好应急系统
政策执行计划是否存在不够详细	
政策执行法规是否存在不完备	
政策实施阶段是否存在风险	
政策实施方法是否不当	
对于政策目标把握是否不准	
是否存在政策实施缺乏原则性	
政策实施策略是否缺乏应变性	
政策执行者素质是否存在问题	选用高素质执行人员；政策、经济、技术三方人力资源充足
政策执行者的政治觉悟是否过低	
政策执行者的政策意向是否对政策执行存在风险	选用高素质执行人员；政策、经济、技术三方人力资源充足
政策执行者个人对政策认知是否存在局限性	
政策执行者与制定者是否存在意见相左	
政策执行者对于政策的熟悉是否存在不全面性	
政策执行者工作态度是否存在不当，影响其执行政策的能力和效果	
政策执行者知识结构是否存在不完善	
政策执行者是否不具备相应的管理水平	
政策执行者是否缺乏相应工作经验的能力	
沟通协调机制是否存在不畅通	建立多渠道、全方位的沟通协调系统
沟通指令是否不明确	
沟通指令是否不一致	
沟通渠道是否不畅通	
沟通机制是否不完整	
政策目标是否存在不协调性	
政策策略是否存在不协调性	
政策组织是否存在不协调性	
政策法纪是否存在不协调性	

表 A-6 政策评估阶段风险及相应对策

政策评估阶段风险	相应对策
政策评估规范是否存在不良影响	成立专家组，对政策的目标、绩效等进行全面、详尽的分析，及时发现偏差并予以纠正
资源投入质量与分配状况评估是否存在不合理的影响	
政策实际产出的绩效是否存在不良的影响	
政策的投入产出效率是否存在不理想的影响	
政策绩效是否存在不充分性	
政策制定与执行是否存在不公平性	
政策目标是否存在不合适性	成立专家组，对政策的目标、绩效等进行全面、详尽的分析，及时发现偏差并予以纠正
对社会整体发展是否存在不良影响	

续表

政策评估阶段风险	相应对策
评估信息搜集是否存在影响	全面搜集信息，建立完善的信息渠道
政策信息渠道是否不畅通	
政策信息渠道是否缺乏多样性	
政策信息渠道是否不具备快捷性	
政策信息渠道是否不具有稳定性	
信息收集者是否存在由于自身原因对于政策收集带来的不利影响	选择具有丰富经验和专业知识的信息搜集者，并不断提高他们的专业能力及政治素质
信息收集者是否存在由于自身对某种信息的偏好不同带来的影响	
信息收集者是否存在由于社会心理因素带来的不利影响	
信息收集者的知识水平和经验能力是否存在缺乏或不足	
信息来源带来对政策效果分析是否存在不利影响	规范信息来源，做到信息来源的广泛性、可靠性、完备性
信息来源是否缺乏广泛性	
信息来源是否缺乏可靠性	
信息来源是否不具有完备性	
政策效果分析中是否存在不利的影响	进行科学的政策效果分析
评价者是否存在自身原因引起不利的影响	慎重选择评价者，提高他们的政治觉悟和专业素质
评价者自身的价值取向是否对政策效果带来不利影响	
评价者从所处利益集团的立场角度带来不利的影响	
评价者自身的知识结构和能力的问题带来不利的影响	
目标群体因素引起的不利影响	对试点经验加以宣传推广；做好执行前、执行中的宣传解释工作
目标群体的利益取向是否对政策效果带来不利影响	
目标群体的政治素质是否对政策效果带来不利影响	
目标群体的价值观念是否对政策效果带来不利影响	
目标群体的社会心理因素是否对政策效果带来不利影响	
公众媒介因素是否存在对政策效果的不利影响	增强媒体的政策理论宣传作用，规范媒体的舆论导向作用
公众是否存在对政策效果的不利态度	
是否存在媒介对政策效果的不利评价	
其他机构因素是否存在对于政策效果分析的不利影响	充分考虑公共政策对于其他机构的影响
政策实施是否存在对其他机构政策的不利影响	
政策实施是否存在对其他机构利益的不利影响	
其他机构是否存在对政策效果的不利影响	
分析工具因素是否存在对政策效果分析的影响	选择先进的分析工具
分析工具是否落后和不适用	
分析工具是否单一	
分析工具是否缺乏可操作性	

续表

政策评估阶段风险	相应对策
提出行动方案的过程中是否存在风险	规范行动方案的提出程序
方案评价者的自身是否存在不利影响	慎重选择方案评价者
方案评价者的价值取向是否对提出行动方案存在不利影响	
方案评价者的风险偏好是否对提出行动方案存在不利影响	
方案评价者的知识能力是否对提出行动方案存在不利影响	
方案评价者的社会心理影响是否对提出行动方案存在不利影响	
技术因素是否对提出行动方案存在不利影响	选择先进的评价技术和方法，并对所选技术和方法进行多方论证后再投入使用
技术因素是否存在不可行	
技术因素是否缺乏先进性	
技术因素是否具有不适用	
环境因素是否对提出行动方案存在不利影响	优化调度各方资源，因地制宜，因势利导
资源因素是否对提出行动方案存在不利影响	
人力资源是否对提出行动方案存在不利影响	
经费资源是否对提出行动方案存在不利影响	
物质资源是否对提出行动方案存在不利影响	
信息资源是否对提出行动方案存在不利影响	

表 A-7　政策终结阶段风险辨识及相应对策

政策终结阶段风险辨识	相应对策
政策制定、参与者理智上对于政策终结是否存在抵制性心理	就此进行问卷调查
政策制定、参与者是否不愿承认政策失败	
政策制定、参与者是否不愿意承认执行失败	
政策制定、参与者是否不愿放弃既得利益	
政策执行机构对政策终结是否存在抵制（不希望被撤销）心理	
政策执行机构是否存在对其惯性	
政策执行机构是否不具备其他支撑其生命力延续的原因	
政策机构是否存在不适应性	
是否存在反对势力的联合、阻挠	成立专家组，研究政策终结对于各利益集团的利弊，对反对势力进行思想纠偏甚至经济补偿
反对势力是否在内部抵制政策终结	
反对势力是否联合外部力量抵制政策的终结	
法律因素是否对政策终结构成影响	聘请法律顾问
法律终结程序是否存在繁杂、费时费力、启动代价大的问题	
法律终结程序是否存在曝光政策失败的可能	
成本代价对政策终结的不利影响	科学预测政策终结成本
政策的终结成本是否过高将影响政策的终结良机	

三 公共政策环境风险及应对策略

表 A-8 各种政策环境中潜在的风险因素及相应对策

各种政策环境中潜在的风险因素	相应对策
自然环境是否存在对政策的不利影响	详细了解当地自然条件及区域状况，做到因地制宜
没有因地制宜、不适合区域发展	
政治环境是否存在对政策的不利影响	关注国内国际的政治动态，结合当时当地的政治文化形式
历史悠久的社会政治文化是否存在对政策的不利影响	
社会公众态度对政策的不利影响	
媒介的介入对政策的不利影响	
当前国内政治气候环境对政策的不利影响	
当前国际政治气候环境对政策的不利影响	
经济环境是否存在对政策的不利影响	定期进行经济趋势的预测；制定积极的应对策略
经济走势是否存在不确定性	
经济发展是否存在不稳定性	
公众对经济的预期是否存在怀疑性	
社会心理环境是否对政策存在不利的影响	继续政策的宣传解释工作；准备应急手段
政策是否违背了公众的社会价值观念	
社会道德、风俗习惯是否对政策存在不利的影响	
大众心理、社会感情是否对政策存在不利的影响	

附录B 调 查 问 卷

关于辨识公共政策制定、执行过程中风险因素的调查问卷

您好！

非常感谢您在百忙之中对本次问卷调查的支持和配合！

本问卷调查是基于科技部软科学科研项目《公共政策的风险评价方法》的研究需要而进行的，您的答案对本课题的研究具有十分重要的作用并将对公共政策的风险规避水平做出重要的贡献。本问卷中的所有问题将不涉及您的工作机密和个人隐私，只需依照真实感受及您的工作经验作答即可。所有数据仅供本学术研究分析使用，您提供的信息一定不公开。再次对您的支持表示感谢！

天津理工大学管理学院

指导教授：尹贻林院长

联系人：付聪

联系方式：电话：022-60215526；传真：022-60214426；E-mail：yinyilin@tjut.edu.cn

邮寄地址：天津市红旗南路延长线　理工大学主校区　9号楼601，邮编：300384

背　景　信　息

您所在的工作单位______________________________

您所在的工作部门____________________　您的工龄__________

请选择您的工作涉及以下哪些环节：(可多项选择)

☐ 政策问题确认　☐ 政策议程　☐ 政策规划　☐ 政策合法化

☐ 政策执行　☐ 政策评估　☐ 政策调整　☐ 政策终结

请针对下面的问题，依据说明在各项细目中选择相应分值打“√”。如果您认为备选细目中未能包括您的意见，请您在备选答案后填写您认为重要的风险因素。本问卷将分为公共政策系统内部和公共政策环境两部分来分别调研。其中公共政策系统部分包括制定过程和执行过程两大环节，按其各工作流程进行调研。

问卷中的分值选项代表各个因素对公共政策不同程度的风险影响，具体程度划分如下：

0—— 几乎没有风险影响

1—— 风险影响较小
2—— 风险影响一般
3—— 风险影响比较大
4—— 风险影响非常大

第一部分 公共政策系统内部

政策制定过程

各环节潜在的风险因素选项	没有风险	风险较小	风险一般	风险较大	风险很大
	影响程度低——→影响程度高				
一、问题确认阶段风险	**0**	**1**	**2**	**3**	**4**
1. 政策问题本身存在相互冲突或不协调的目标	□	□	□	□	□
2. 信息不对称造成的政策问题感知错误	□	□	□	□	□
3. 各方利益权衡导致削弱或忽略对一些政策问题的觉察	□	□	□	□	□
4. 由于上级压力而回避已经察觉的政策问题或特定关注某些政策问题	□	□	□	□	□
5. 公众夸大某个社会问题的严重性	□	□	□	□	□
6. 媒体过度渲染某些问题	□	□	□	□	□
7. 问题界定者价值观、知识、素质的局限性	□	□	□	□	□
8. 界定语言不规范、不准确，产生歧义	□	□	□	□	□
9. 对政策问题的陈述不详细、特点不明确	□	□	□	□	□
10. 陈述问题时对各种可变化的因素考虑不全面	□	□	□	□	□
二、政策议程阶段风险	**0**	**1**	**2**	**3**	**4**
1. 政府当局的态度，阻止或强行推进公共问题进入议程	□	□	□	□	□
2. 问题察觉机制不完善、缺乏民主、自我封闭	□	□	□	□	□
3. 社会各利益集团价值观冲突，压制公共问题进入议程	□	□	□	□	□
4. 议程参与者沟通不畅，阻碍公共问题议程化	□	□	□	□	□
5. 公众、媒体的影响力或社会导向	□	□	□	□	□

请您补充其他的风险因素：______________________________

____

三、政策规划阶段风险	0	1	2	3	4
1. 目标不明确具体（概念、时间、相关条件）	□	□	□	□	□
2. 政策目标的可行性（没有充足的社会资源配置和可控的环境条件的配合）	□	□	□	□	□
3. 政策的多项目标不能相互协调	□	□	□	□	□
4. 政策目标考虑到社会伦理和各阶层价值观	□	□	□	□	□
5. 规划方案没有紧扣政策，不能保持目标一致	□	□	□	□	□
6. 多个规划方案缺乏相互独立/创新	□	□	□	□	□
7. 对于其他政策的借用、采纳导致的风险	□	□	□	□	□
8. 规划政策方案的预测评估	□	□	□	□	□
9. 规划政策方案可行性评估（政治、经济、技术）	□	□	□	□	□
10. 择优规划方案的决策者风险	□	□	□	□	□
11. 择优过程的片面性（缺乏广泛讨论、听取意见）	□	□	□	□	□
12. 对择定方案的审查、评定的风险	□	□	□	□	□

四、政策合法化阶段风险	0	1	2	3	4
1. 公众参与，政策考虑、符合民意的程度	□	□	□	□	□
2. 决策者对尊重科学化分析的建议的态度	□	□	□	□	□
3. 全面考虑各方利益的平衡关系	□	□	□	□	□
4. 政策实质内容存在不合乎既定法律的风险	□	□	□	□	□
5. 政策抉择程序的合法性	□	□	□	□	□
6. 决策者的个人决断综合素质	□	□	□	□	□

请您补充公共政策制定过程中潜在的其他风险因素：

____

____

公共政策执行过程

各环节潜在的风险因素选项	影响程度低——→影响程度高				
	没有风险	风险较小	风险一般	风险较大	风险很大
一、政策执行阶段风险	**0**	**1**	**2**	**3**	**4**
1. 对政策的认知不够准确、深刻	□	□	□	□	□

2. 政策宣传内容不准确、宣传程度不充分	□	□	□	□	□
3. 制定的公共政策执行计划的风险	□	□	□	□	□
4. 政策实施策略的应变性	□	□	□	□	□
5. 政策执行的资源没有配合完备（财务、信息、人力、权威性、制度保障）	□	□	□	□	□
6. 政策执行机构组织结构不合理、权责不明确	□	□	□	□	□
7. 沟通协调机制不能保持信息畅通	□	□	□	□	□
8. 执行团队配备不够合理（专业能力、素质）	□	□	□	□	□
9. 政策目标群体（公众）的态度、文化障碍	□	□	□	□	□
10. 社会公众、各利益集团的权衡	□	□	□	□	□

二、政策评估阶段风险	**0**	**1**	**2**	**3**	**4**
1. 政策评估的标准不当，不科学、准确，不合理	□	□	□	□	□
2. 评估信息搜集者、渠道、来源的风险	□	□	□	□	□
3. 政策信息不完备、缺乏有效信息	□	□	□	□	□
4. 政策制定、执行机构对评估的配合程度	□	□	□	□	□
5. 评估方式、方法应用不协调，过程不规范	□	□	□	□	□
6. 评估缺乏经费、人力支持	□	□	□	□	□
7. 评估结果不当对政策调整的影响	□	□	□	□	□

请您补充其他的风险因素：______________________________

三、政策终结阶段风险	**0**	**1**	**2**	**3**	**4**
1. 政策制定、参与者理智上的抵制	□	□	□	□	□
2. 政策执行机构对终结的抵制（不希望被撤销）	□	□	□	□	□
3. 反对势力的联合、阻挠	□	□	□	□	□
4. 法律终结程序的繁杂、费时费力、启动代价大	□	□	□	□	□
5. 政策损失的沉淀成本、政策的终结成本过高	□	□	□	□	□

第二部分　公共政策环境

	影响程度低——→影响程度高				
各种政策环境中潜在的风险因素选项	没有风险	风险较小	风险一般	风险较大	风险很大

	0	1	2	3	4
1. 自然环境：没有因地制宜、不适合区域发展	□	□	□	□	□
2. 政治环境：某一时期的社会价值观偏见	□	□	□	□	□
3. 政治生活的民主程度和政治局势稳定的影响	□	□	□	□	□
4. 国际、国内政治环境的影响	□	□	□	□	□
5. 经济环境：生产力发展状况提供政策物质基础	□	□	□	□	□
6. 经济体制影响政策导向、调整和质量	□	□	□	□	□
7. 政策对存量资源的配置不能脱离经济制度	□	□	□	□	□
8. 文化环境：不同时期“政治文化”的差异	□	□	□	□	□
9. 文化价值观念影响社会群体的利益权衡	□	□	□	□	□
10. 社会道德传统、公众心理、媒体影响	□	□	□	□	□

请您补充其他的风险因素：________________________________

再次感谢您对我们工作的支持！

有关北京公交改革措施中潜在风险的调查问卷

各位专家：

你好！

非常感谢你在百忙之中抽出时间填写天津理工大学管理学院“北京公交改革措施中潜在风险研究”调查问卷！北京公交改革是北京市政府为缓解交通拥堵提出一项新公共政策，目前正处于试行阶段。我们希望通过“问卷一”来了解你对北京公交改革政策制定过程中潜在风险的判断，通过“问卷二”了解你对北京公交改革政策执行过程中潜在风险的判断。本问卷收集到的数据仅仅用于我们的课题研究，以便对北京公交改革这一公共政策风险进行评估，为公交改革的推广提供科学的依据。

每份问卷采取匿名的方式，诚请各位专家根据经济的经验客观真实的填写。谢谢合作！

在此对你给予我们的配合和支持致以诚挚的谢意！

天津理工大学管理学院

2007 年 5 月

问卷一：北京公交改革政策制定过程中潜在风险的判断

请根据以下项目内容选择与你的经验判断最相符的一项，在对应的空格处画√。

阶段	风险指标	程度低——→程度高				
		很小	较小	中等	较大	很大
问题察觉阶段	政策信息导致的风险（信息不完备、信息延误、信息处理不当）					
	政府机构由于过分考虑自身利益而导致的风险					
	社会大众对问题过分的反映导致的风险（包括群众和媒体）					
问题界定阶段	政策界定者能力的风险					
	使用界定语言导致的风险（如语言的规范性和准确性）					
问题陈述阶段	问题陈述者自身能力的限制					
	使用陈述语言不当的风险					
政策议程过程	政府机构问题察觉机制风险					
	社会各利益集团对问题确定的限制					
政策目标确定阶段	目标的具体性风险					
	目标的可行性风险					
	目标规范性风险					
	目标协调性风险					
方案设计阶段	规划方案规范的风险（方案构思过程中存在的风险）					
	政策转移的风险（指对于其他政策的借用导致的风险）					
方案评估、选优阶段	方案可行性研究引起的风险（包括方法、角度等）					
	决策者为风险偏好类型导致的风险					
	方案择优时其他片面性导致的风险					
政策合法化性阶段	社会民众参与程度过少或过大所引起的风险（包括群众和媒体）					
	利益集团的力量权衡风险（例如政府机构间的相互制约）					

问卷二：北京公交改革政策执行过程中的潜在风险的判断

请根据以下项目内容选择与你的经验判断最相符的一项，在对应的空格处画√。

阶段	风险指标	程度低——→程度高				
		很小	较小	中等	较大	很大
政策资源风险	政策经费不足					
	人力资源匮乏					
	政策信息不完备					
	缺乏权威资源					

续表

阶段	风险指标	程度低——→程度高				
		很小	较小	中等	较大	很大
目标群体风险	受益公众自身利益的衡量					
	受益公众对政策的理解程度导致的风险					
执行策略风险	执行计划不周全					
	实施方法不适当					
	政策实施应变能力差					
执行者素质风险	知识结构风险					
	管理水平风险					
	经验能力风险					
沟通协调机制的风险	沟通机制风险（各级执行过程中沟通导致的风险）					
	协调机制风险（各级执行机构间协调导致的风险）					
环境风险	受益群体外的社会公众对政策的态度和影响（包括公众和媒体）					
	国内交通问题解决的影响					
	国外交通问题解决的影响					
	政府财政支持的影响					
	相关行业经济发展的影响					
	社会价值观及传统思想的影响					

再一次感谢你对我们的支持！祝你工作顺利！

如果你需要本次研究的成果，请留下你的电子邮件地址，我们将会在数据处理完毕后，将分析结果发送到你的邮箱中。

你的 E-Mail 地址：________________

后　　记

一　研究路线及目标

（一）将公共政策决策引入风险分析的意义

对公共政策决策过程的研究，历来是政策科学的热点。近年来，由于我国改革开放和现代化建设的不断发展，市场经济的发展和政治—行政体制改革的不断深化，政策科学在一批青年学者的推动下研究进展不断加快，正处于有重大突破的酝酿阶段。但是，政策科学是一个交汇着政治学、行政学、经济学、管理学、社会学等多学科内容的边缘或交叉学科，其内容错综复杂，因此研究手段应相应不断更新，并应注意从其他学科中吸取有益营养，公共政策决策中的风险问题就是明显的例证。

经济学者试图用效用理论来解释并利用它说明风险收益对各类人的诱惑效应不尽相同；而管理决策学者则试图用风险分析理论和技术手段说明风险发生的概率及损害（或收益）程度，并用系统方法予以控制。上述经济学和管理学对风险的研究成果，完全可以满足公共政策决策过程减少或控制风险的目标，正如德洛尔指出："政策决策者在进行决策时大都会面临不确定性的情况，因此在研究政策的行为性时，需要有一套方法来测定不确定性程度及认识组织对不确定性的反应；在论证性方面，需要有一套方法来减少和模拟不确定性……"我们正试图提出一套识别、评价、控制政策风险的程序与模拟方法，以满足政策科学研究以及政府公共政策决策机关的需要。

大多数政策科学研究者均无一例外地提出了政策制定过程及执行中的风险问题，都提出了防范风险的要求，但均未见有具体的程序、模型提出。实际上，风险分析的技术方法早在20世纪40年代就大量用于企业管理中，于60年代开始向工程项目决策与施工管理转移，目前已取得了丰硕成果，并且日渐成熟。若把管理决策科学中的风险分析与控制方法引入政策科学中将是一件富于理论与现实意义的事情。

其理论意义在于，它能为政策科学者所依据的"范式"补充急需填补的"空白"，使政策科学在不确定性问题上摆脱"定性分析"与"定量分析"脱节的烦恼；对于政府公共政策制定部门的实际意义而言，本书能够为政策决策者提供一套简化易行的系统的风险分析、控制的手段，使政策决策者对于未来的不确定性的性质，危害程度、控制方法都能做到“心中有数”，从而提高决策质量，减少政策风险对社会稳定的影响等等。

（二）本书的研究路线

本书文献和参考资料主要来自于政策科学和风险管理科学两大领域。政策科学的决策理论是本研究的理论框架，在本书中公共政策风险识别采用了流程图分析法和环境分析法相结合的识别方法，将政策过程逐层细分，对其子过程结合各自的环境因素进行风险识别。在风险评价的过程中进行风险因素组合、量化评价的一种新技术——CIM 模型，计算出公共政策总的风险程度，从而判断其可行性。最后运用 RBCS 方法对公共政策风险进行相应的控制。其研究过程如下图所示。

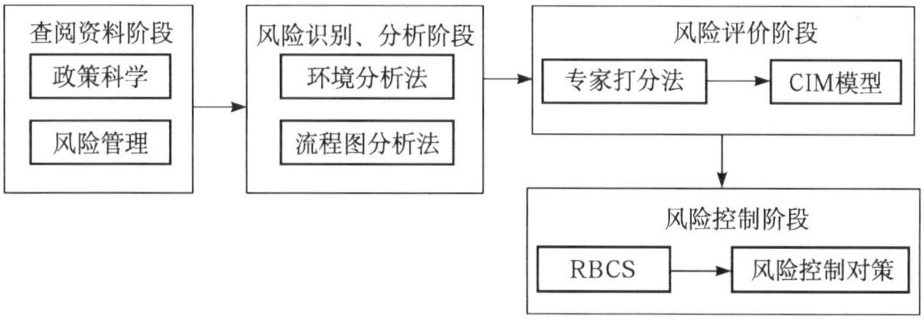

二 本书的重要贡献及突破

通过本书的研究，我们得到了一种可信度高、操作性强且行之有效的公共政策风险管理系统方法，包括公共政策制定及执行过程中风险因素的辨识、测度各风险因素的风险值进而评价该政策总的风险程度及根据风险评价结果采取相应的控制措施，从而使得政府在公共政策采纳阶段就对其风险因素心中有数，预先准备应对风险的资源、措施，做到防患于未然。

具体来说，本书的创新性成果主要包括以下 4 个方面：

（1）本书创造性地将发展较为成熟的风险管理方法引入政策科学研究的领域，提出了公共政策风险分析理论，建立了政策科学研究的新范式，能够解决政策科学的传统理论中所困惑的不确定性的问题。

（2）根据公共政策的特点，本书采取流程图法和环境分析法相结合的一种综合辨识方法实现公共政策制定及执行过程中的风险识别：运用流程图分析法将整个政策过程分解细化为各个独立的末级阶段，再运用环境分析法独立地研究各末级阶段的风险因素。这种方法更加系统化，更具有层次性，有助于公共政策风险因素的完整、快速识别。在公共政策风险控制方面，本书将普遍应用的项目管理技术——WBS 和 SCERT 相整合，取长补短，提出了一种全新的风险控制模式——RBCS，该方法针对识别出的不同层级的各个风险，提出相应的对策，同时，根据风险评价过程中不同层级中各个风险的风险期望值，找出主要风险，针对这些主要风险重点实施相应对策。

(3) 本书原定计划编写《公共政策风险辨识手册》，但是考虑到公共政策风险辨识、评价及控制的一体化和承接性，因此，本书最终形成了《公共政策风险辨识与控制手册》。该手册以本书风险辨识和控制过程研究成果为理论依据，将各公共政策普遍具有的各阶段进行罗列，并提出各阶段存在的风险因素，然后对以上辨识出的各个风险因素都提出相应对策。行政人员执此手册即可对任何公共政策进行风险识别及采取控制措施，易于掌握与操作，对于快速准确地识别公共政策制定与执行过程中的风险因素并采取相应措施具有重大的指导意义。

(4) 通过对现有风险评价各种方法的分析与比较，且考虑公共政策风险的自身特点，本书首次将 CIM 模型应用到公共政策的风险评价中。该方法比较客观且运算简单，但由于公共政策被识别出的风险因素数量很大，因此风险评价的过程是一个简单但是反复的过程，而整个运算过程可以通过简单的计算机程序实现。可依据本书研究结果形成公共政策风险评价软件，政策决策或分析人员就可以将调查数据输入软件系统后，快速得到输出结果，即某一公共政策的风险期望值以及针对该公共政策的决策（采用、监督实施及修正、放弃），从而将复杂的评价过程简化，且可信度高、易于掌握和操作。

值得一提的是，本书对公共政策风险评价的研究在以下两方面取得了突破性进展：

1. 整个公共政策风险管理系统采取了一种科学、先进的决策观

以往对于公共政策的决策思路为：制定并执行某一公共政策，当在实践中产生问题，甚至造成损失后再采取相应措施，修正公共政策，这是一种损后控制的决策理念；而本书以一种全新的研究视角，采取一种科学、先进的决策观，即在风险制定和执行过程中做到事前预测风险，在损失产生之前就积极采取相应的控制措施，尽量阻止重大风险和损失的发生，做到防患于未然。这样，既可以避免贸然将风险偏大的政策引入执行过程，减小公共管理危机爆发可能性；又可以节省大量的政策资源，以及应对危机的成本。

2. 更加注重整个系统的可操作性和可靠性，力求本系统的易于掌握

本书形成了《公共政策风险辨识与控制手册》，并且选取了易于形成计算机

软件的风险评价方法，依据本书中公共政策风险评价的原理可以设计与开发相应的风险评价软件。因此，《公共政策风险辨识与控制手册》与公共政策风险评价软件共同形成了公共政策科学决策的强大技术工具，且该工具对于一般行政人员来说都是易于掌握、操作简单的，同时该工具还不失高度的可靠性，避免了公共政策决策过程中的主观因素。

综上所述，本书通过理论研究和实际案例分析，基本形成了对公共政策风险评价理论的贡献，填补了政策科学中传统理论范式的空白；另一方面，本书为公共政策科学决策提供了强大的技术支持和工具，有助于实现公共政策决策过程的自动化，提高决策的科学性和决策方法的推广。因此，本书的研究成果对于今后公共政策科学决策与风险管理具有重大的指导作用和现实意义。

三 研究局限及展望

本书通过在公共政策中实施风险管理，弥补了目前公共政策科学中研究的一项空白，但由于能力及客观资源有限，在研究中不可避免地存在一些局限。

1. 公共政策的风险管理体系不够细化、深入

目前，除本研究外，国内尚无其他关于公共政策风险评价和控制的相关论述，而本书研究也处于起步阶段，但对于公共政策的风险管理需要丰富的理论积淀和大量的研究数据，这就需要大批相关学者的长期努力。本书仅仅基于已有的研究成果及相应的研究结论对公共政策风险采取了较有效的管理，但是该风险管理体系不够完善、细致，有待进一步的深化。

2. 公共政策的风险因素的识别调查过程存在一定的缺陷

本书运用了问卷调查法对公共政策存在风险进行识别，在调查过程中，根据公共政策系统的特点，将调查对象分为公共政策的制定者、执行者和公共政策的承受者三类分别访谈和发放问卷。整个访谈和问卷的发放及回收过程都很顺利。但是由于公共政策问题的敏感性，在调查过程中，公共政策的制定者一般能够如实回答问卷中的问题，但是其答案存在很大的主观性，往往不能站在政策的承受者的立场思考政策的风险问题。而政策执行者在执行政策时，往往是揣测政策的意图，而较少科学地分析政策如何执行以及执行中的风险，在调查过程中，其答案大都比较保守。只有政策的广大承受者，在调查中能够针对跟自身利益密切相关的公共政策发表最真实的想法，充分识别公共政策的风险因素。针对这种情况，可以采用统计学中的重点调查法，选择公共政策的承受者作为重点调查对象，针对不同层次的承受者分别采用面谈访问法和问卷调查

法，分层次有重点的进行调查统计，找到公共政策在制定和执行中的风险因素；而对于政策制定者和政策执行者，则可采用典型调查法，根据调查的目的与要求，在对被调查对象进行全面分析的基础上，有意识地选择若干具有典型意义的或具有代表性的几个政策制定者和执行者进行调查，力求获得最真实的信息。

3. 公共政策的风险评价需要大量的基础数据资料

由于公共政策问题的敏感性，大量历史数据资料的搜集难度较大。基于此，本书中运用了 CIM 法进行风险评价，但该方法是在专家经验的基础上得出的主观风险概率，其判断结果仍具有一定的主观性。

另外，本书仅仅是站在学术研究的立场上，针对上述公共政策问题，找出更好的理论方法以解决公共政策在制定和执行过程中的风险问题，该过程只是一种理论推导。所得出的结论及风险控制措施可供决策者参考，但较少考虑在公共政策中实施风险管理的实际局限和困难，尚需大量实例验证，本书已考虑到该因素，做了一部分实例研究，其结果能给决策者一定的启发，帮助决策者找到更好的风险控制方法。仍希望读者能够给予批评和指正，以帮助我们完善该理论和体系。

“中国软科学研究丛书”已出版书目

区域技术标准创新——北京地区实证研究	46.00 元
中外合资企业合作冲突防范管理	40.00 元
可持续发展中的科技创新——滨海新区实证研究	42.00 元
中国汽车产业自主创新战略	50.00 元
区域金融可持续发展论——基于制度的视角	45.00 元
中国科技力量布局分析与优化	50.00 元
促进老龄产业发展的机制和政策	45.00 元
政府科技投入与企业 R&D——实证研究与政策选择	55.00 元
沿海开放城市信息化带动工业化战略	58.00 元
全球化中的技术垄断与技术扩散	40.00 元
基因资源知识产权理论	56.00 元
跨国公司在华研发——发展、影响及对策研究	68.00 元
中国粮食安全发展战略与对策	66.00 元
地理信息资源产权研究	75.00 元
第四方物流理论与实践	50.00 元
西部生态脆弱贫困区优势产业培育	68.00 元
中国经济区——经济区空间演化机理及持续发展路径研究	42.00 元
研发外包：模式、机理及动态演化	54.00 元
中国纺织产业集群的演化理论与实证分析	38.00 元
国有森林资源产权制度变迁与改革研究	45.00 元
文化创意产业集群发展理论与实践	46.00 元
中国失业预警：理论、技术和方法	30.00 元
中小企业虚拟组织	40.00 元
黑龙江省大豆产业发展战略研究	48.00 元
公共政策的风险评价	42.00 元